VERLAG
ROBERTO & PHILIPPO

Stefanie Behrendt

Jahrgang 1967, stammt aus einer Kleinstadt in Rheinland-Pfalz. Fast zwanzig Jahre war sie in der freien Wirtschaft tätig, vorwiegend im Vertrieb. Mit dreißig begann sie ihr Selbststudium in Kommunikationspsychologie, dem folgten zahlreiche weitere Seminare und Fortbildungen. Zeitgleich änderte sie komplett ihr Leben, trennte sich nach einem Burn-out von ihrem Mann und begann in eigener Praxis als Psychotherapeutin nach dem Heilpraktikergesetz. Heute lebt sie alleine mit ihren drei Kindern auf dem Land in der Nähe von München.

STEFANIE BEHRENDT

Die *Schwester* von Jesus

VERLAG
ROBERTO & PHILIPPO

ISBN: 978-3-942581-37-0
Druck: CPI books GmbH, Ulm
Umschlagillustration: Ulrike M. Bürger, Wörthsee · fotolia.com · shutterstock.com
Umschlaggestaltung und Satz innen: Ulrike M. Bürger, Wörthsee

1. Auflage 2012
© 2012, Verlag Roberto & Philippo, München

Alle Rechte vorbehalten. Vervielfältigung, auch auszugsweise,
nur mit schriftlicher Genehmigung des Verlages.

Hinweis: Die Handlung dieser Geschichte sowie alle darin vorkommenden
Orte und Personen sowie deren Namen sind frei erfunden. Ähnlichkeiten zu
tatsächlichen Ereignissen, Orten oder lebenden Personen sind rein zufällig.

Inhalt

Einleitung 07

Rückblicke 12
Blitzeis 20
Der Geschmack von Freiheit 31
Die beste Mutter der Welt 40
Der Mensch ist alles 48
Victoria und die Liebe 57
Jesus ist doch Lebensfreude 64
Von Schmetterlingen und Illusionen 72
Ein bisschen verrückt 83
Das Kirchenseminar 97
Arme Kriegerin des Lichts 109
Schlagzeilen und Scheiterhaufen 117
Die Siegerin mit dem Löwenherz 129
Der Halt im Leben 142
Der Prozess 148
Talk um Zehn 161
Die Vision 174
Jedem Gedanken folgt Energie 186
Die Bewegung des Lichts 196

Epilog 210

*Dieses Buch ist meinen Kindern
Melissa, Robin und Marvin gewidmet.*

Mein ausdrücklicher Dank geht an vier Menschen,
die mich auf meinem Weg zu mir selbst besonders geprägt haben.
Dr. Ines Oberscheid: Ohne dich wäre ich nicht da,
wo ich heute stehe, auch wenn es manchmal hart war.
Dr. Lysa Jean Farmer: Von dir habe ich viel mehr gelernt als nur,
meine medialen Fähigkeiten zu nutzen.
Prof. Dr. Gina Kästele: Durch dich habe ich eine reichhaltige innere
Bilderwelt kennengelernt, wodurch diese Geschichte erst entstehen konnte.
Ralf Schäfer: Durch dich bekam mein Leben eine neue Richtung!

Einleitung

Die Wolken hingen tief über der Stadt und obwohl es schon Nachmittag war, wurde es einfach nicht richtig hell draußen. Victoria saß seit Stunden unschlüssig herum und schaute in das trübe Wetter hinaus. Ihre Stimmung war nicht gerade die beste. 'Was mache ich denn bloß heute Abend?', dachte sie. Während ihre 16-jährige Tochter Laura und die 12-jährigen Zwillinge Louis und Anton längst eigene Pläne hatten, wie sie den heutigen Sylvesterabend verbringen wollten, hatte sie noch keine Idee. Seit dem Morgen telefonierten ihre Kinder schon mit Freunden. Mit dem Telefonhörer am Ohr kam Laura nun zum Wohnzimmer herein: „Mama, ich bin ab drei Uhr am Nachmittag weg und komme erst morgen gegen Mittag wieder." Schon war sie aus der Tür und man konnte hören, wie sie im Bad den Föhn anschaltete, um sich schön zu machen. Auch die Jungs machten sich mit ihrem Sortiment an Feuerwerkskörpern auf den Weg. Sie wollten ebenfalls erst am nächsten Morgen wiederkommen. „Also dann, viel Spaß heute Abend, Mama", kam es noch schnell aus Richtung Flur und schon fiel die Haustür hinter ihnen zu. „Ich weiß einfach nicht, was ich machen soll. Es gibt natürlich jede Menge Veranstaltungen heute Abend in der Stadt", sagte Victoria zu Laura als diese abermals, inzwischen frisch gestylt und immer noch telefonierend, an ihr vorbeiging. Aber Laura zuckte mit den Schultern und ging in ihr Zimmer. An Sylvester ging man doch immer auf eine Party, entweder bei Freunden oder irgendwo außerhalb, ging es Victoria durch den Kopf. Auf keinen Fall wollte sie zuhause herumsitzen und Trübsal blasen.

Seit ihrer Trennung von ihrem Mann Walter, mit dem sie 16 Jahre verheiratet gewesen war und der auch der Vater ihrer Kinder war, hatte sie nur noch zuhause mit Freunden gefeiert. Um Mitternacht gab es immer ein Feuerwerk auf der Straße. Aber heute war es ganz anders. Ihre Kinder waren jetzt in einem Alter, in dem sie auf eigene Partys gehen wollten. Sie hatte natürlich gewusst, dass es eines Tages soweit sein würde, trotzdem war es ein sehr komisches und unangenehmes Gefühl. Das Problem war nicht, dass Victoria ihre Kinder nicht loslassen konnte. Im Gegenteil, sie konnte sich noch gut erinnern, dass sie selbst genauso gewesen war in dem Alter. Auch sie hatte mit ihren Eltern nicht mehr allzu viel zusammen unternehmen wollen. Es war vielmehr, dass sie das Gefühl von Einsamkeit beschlich und das gefiel ihr ganz und gar nicht. 'Du bist natürlich auch selbst schuld', durchfuhr es sie. 'Wenn du deine Freunde so vernachlässigst, dann meldet sich keiner mehr freiwillig.' Das stimmte. In den letzten Monaten hatte sie so viel Zeit und Energie in den Aufbau ihrer Psychotherapiepraxis gesteckt, dass kaum freie Zeit übrig blieb. Sie hatte fast alle Einladungen zu Feiern oder Abendessen abgesagt, was ihr von einigen ihrer engeren Freunde auch sehr übel genommen wurde. Susanne fiel ihr ein. Mit ihr war sie ein paar Jahre eng befreundet gewesen und sie hatten sich oft zum Frühstücken getroffen. Aber dann hatte Victoria keine Zeit mehr dafür gehabt und Susanne hatte sehr enttäuscht darauf reagiert. „Seit Wochen höre ich schon nichts mehr von dir", hatte sie sich beschwert. „Ja, ich weiß, du hast ja recht, aber was soll ich machen, ich bin eben mitten im Aufbau und es ist gerade sonst keiner da, der mit Geld verdient, so wie bei dir", hatte sie gekontert.

Wie Susanne hatten auch andere reagiert und die meisten ihrer Kontakte waren abgebrochen. Außer die Verbindung zu Katja, der treuen Seele. Wenn Victoria so über sich und ihre Lebenssituation nachdachte, wurde ihr ziemlich schwer ums Herz und sie verglich sich mit anderen Frauen, die sie kannte. 'Von denen hat aber auch keine so einen Berg an Aufgaben zu stemmen, wie ich', ging es ihr durch den Kopf. Die meisten wurden entweder von ihren Ehemännern versorgt oder waren wenigstens fest angestellt oder sie hatten keine Kinder. In der Tat war es eine ganze Menge, was zurzeit zu tun war. Schon allein den Alltag mit den drei Kindern zu meistern, war ein Vollzeitjob. Haushalt, Schule und Erziehung nahmen schon einen Großteil ihrer Zeit in Anspruch. Hinzu kam der Aufbau der Praxis, mit Sitzungen und Seminaren. Selbst die kleineren Aufgaben kosteten manchmal so viel Zeit, dass Victoria das Gefühl hatte, nur dann wirklich frei zu haben, wenn sie nachts schlief. Ja, das Leben einer Alleinerziehenden, war in diesem Land wirklich kein Zuckerschlecken. Es war, als ob man in dieser Rolle das Schlusslicht der Gesellschaft bildete. Das neue Scheidungsrecht machte dabei alles noch schlimmer. Die Sorge, das nötige Geld, das Monat für Monat zur Tilgung der Schulden und für den Lebensunterhalt gebraucht wurde, nicht verdienen zu können, war ein treuer Begleiter. Victoria litt manchmal sehr darunter. Wenn sie nur daran dachte, fühlte sie sofort den Druck auf sich lasten. Obwohl sie sich schon viel damit auseinandergesetzt hatte und es nicht mehr so schlimm war, wie ein Jahr zuvor, ließ das Angstmonster noch nicht ganz von ihr ab. Es kamen immer wieder Tage, in denen die Verzweiflung zu viel Platz einnahm. In Gedanken hörte sie ständig ihren geschiedenen Mann Walter, der ihr sagte: „Das hast du jetzt davon, dass du mich nicht mehr wolltest. Du wirst es eben nie schaffen, niemals. Wenn du so weitermachst, landest du sowieso in der geschlossenen Anstalt. Das geschieht dir recht. Du bist höchstens gut genug, im Supermarkt die Regale einzuräumen." Sie wollte dann am liebsten jammern und irgendjemandem die Schuld geben. Leider war keiner da.

Victoria schaute auf die Uhr. Es war höchste Zeit, etwas zu unternehmen. 'Katja hat vielleicht Lust heute Abend um die Häuser zu ziehen', hoffte sie. Sofort hellte sich ihre Miene auf. Katja war Victorias beste Freundin. Und weil diese auch mit zwei Kindern im Teenageralter alleinerziehend war, verstand sie genau, was in Victoria vorging. Die Freundschaft war getragen von Leichtigkeit, gegenseitiger Achtung, Wertschätzung, Verständnis und vor allem einem tiefen Vertrauen zueinander.

In Lauras Zimmer fand Victoria unter der Bettdecke das Telefon und wählte Katjas Nummer. „Hallo, hier Katja Berger", meldete die sich auch sofort. „Hallo Katja, hier ist Victoria. Sag mal Süße, was machst du denn heute Abend? Hast du schon was vor?" „Victoria?", kam es aus dem Hörer, „oh wie schön, dass du anrufst. Gehst du denn nicht zum Salsatanzen heute Abend?" „Nein", sagte Victoria in einem anklagenden Tonfall, „also, ich würde schon gehen, aber nicht allein. Was ist? Wollen wir zusammen etwas unternehmen?" Sie hörte, wie Katja am anderen Ende der Leitung lachte. „Das ist ja mal wieder Gedankenübertragung. Gerade habe ich überlegt, ob ich dich anrufen soll, weil heute Abend eine wunderschöne Sylvesterfeier am Sonnenhauser See stattfindet, bei der es einen Bereich mit Salsamusik geben soll. Ich habe auch keine Lust, da allein hinzugehen." „Prima", freute sich Victoria, „dann lass uns doch heute Abend zusammen feiern, ja?" Es entstand eine ganz kurze Pause und Katja antwortete: „Du hast mich schon überredet. Ich bin bis sieben Uhr da, dann ziehen wir uns was Hübsches an und fahren los." Victoria war überglücklich. „Oh, ich freue mich ja so. Dann bis nachher." Sie legten auf. Singend tanzte Victoria durch ihr Wohnzimmer in Richtung Badezimmer. In Gedanken ging sie ihren Kleiderschrank durch. Es musste auf jeden Fall etwas Kurzes sein, etwas ganz Kurzes, entschied sie. Prompt fiel ihr ein, dass sie ihrer Tochter ein sehr schönes schwarzes Minikleid mit silbernem Muster zu Weihnachten geschenkt hatte. Laura hatte sicher nichts dagegen, wenn sie es von ihr auslieh. Schließlich plünderte die auch oft genug Victorias Kleiderschrank. Trotz ihrer drei Kinder und ihrer 44 Jahre konnte Victoria es sich immer noch leisten, ihre schlanken Beine zu zeigen. Sie hatte sogar viel mehr Freude daran als früher, was sich in den ungefähr 50 bunten Miniröcken, die in ihrem Kleiderschrank hingen, widerspiegelte.

Die Aussicht auf eine große Silvesterparty mit Katja war einfach super. Victorias gute Laune steigerte sich von Minute zu Minute. Unter der Dusche sang sie „I' m every woman ... it's all in me" von Whitney Houston. 'Ach passt das gut jetzt', dachte sie, 'mit Katja zu feiern.' Kurze Zeit später stand sie geduscht, angezogen und fix und fertig gestylt vor dem Spiegel und begutachtete sich von allen Seiten. „Ja", sagte sie laut, „ja, so siehst du gut aus", und warf ihrem Spiegelbild einen Kuss zu. Victoria fand, dass ihr Lauras Kleid wirklich gut stand. Die langen weißen Haare noch ein bisschen kämmen, Wimperntusche und Lippenstift, dann war es perfekt. Victoria unterschied sich auf den ersten Blick gar nicht so sehr von ihren Altersgenossinnen. Aber bei genauerem Hinsehen fragte man sich, was sie denn nun tatsächlich für eine Haarfarbe hatte. Die meisten Leute dachten, es sei weißblond, aber tatsächlich war es noch heller. Manchmal sprachen die Leute sie sogar auf der Straße an. „Sagen Sie mal, Ihre Haarfarbe, ist die echt?" Victoria sagte dann ganz stolz: „Ja, das ist weiß. Ich bin schlohweiß, schon seit meinem sechzehnten Lebensjahr". Als Teenager war sie gar nicht glücklich damit gewesen und hatte ihre Haare fast 20 Jahre lang dunkel gefärbt. Erst mit Mitte 30 hatte sie damit aufgehört. Sie hatte entschieden, der Natur ihren Lauf zu lassen und selbst zu ihren weißen Haaren zu stehen. Sie fand mit der Zeit sogar heraus, dass dies eher noch zu ihrer Ausstrahlung beitrug. 'Vielleicht', dachte sie, 'lerne ich ja einen netten Mann kennen, oder ich kann ein bisschen flirten. Wenigstens für heute Abend, wäre das ganz schön.'

Schon klingelte es an der Haustür. „Bin gleich da, Liebes", rief sie, während sie auf den hohen Absätzen ihrer Stiefel die Treppe herunter-eilte. Als sie die Tür öffnete, stand eine strahlende Katja vor ihr. Sie war in ein langes rotes Kleid mit tiefem Dekolleté geschlüpft und sah mit ihren blonden, schulterlangen Haaren und ihrem strahlenden Lächeln einfach umwerfend aus. Ihr sah man ganz und gar nicht an, dass sie bereits auf die 50 zuging. Wenn es nach Victoria ginge, müsste Katja an jedem Finger mindestens fünf Männer haben. „Bist du bereit?", fragte Katja. „Dann nichts wie los." Eine halbe Stunde später waren sie schon da und fanden auf Anhieb einen Parkplatz. Sie waren doch mit Victorias rosa Renault Clio gefahren, weil er so klein war, dass er in jede Parklücke passte. In der Stadt war das ein großer Vorteil, denn die Parkplatzsuche konnte einem schon mal den letzten Nerv rauben. Außerdem war er sparsam im Verbrauch, und bezahlt, betonte Victoria gerne.

„Hey, da ist ja ganz schön was los", freute sich Victoria, als sie von der Eingangshalle aus schon einen Blick ins Innere der Veranstaltungs-halle warf. „Schau mal Katja. ich sehe jede Menge schnuckelige Typen. Hättest du auch Lust zum Flirten?" Victoria hatte wieder diesen frechen Blick, den Katja schon kannte und sie musste unweigerlich grinsen. „Klar, flirten klingt gut, aber erst mal suchen wir uns ein nettes Sitzplätzchen." An der Bar bestellten die beiden einen Prosecco. Victoria atmete tief ein, danach stieß sie mit Katja mit einem leisen „pling" an: „Auf uns und auf das Leben!". Dann stellten sie die leeren Gläser zurück, um in die Party einzutauchen und erst mal ausgiebig zu tanzen.

Rückblicke

Mitternacht rückte langsam näher. „Komm Victoria, lass uns mal gleich eine Flasche Prosecco an der Bar holen, bevor der Ansturm los geht", schlug Katja vor und stand bereits auf. Victoria nickte und folgte ihr. Rasch zogen beide ihre Mäntel über, schnappten sich die Flasche samt Gläsern und bahnten sich einen Weg durch die Menschenmenge nach draußen zur Seeterrasse. Hinter ihnen strömten andere Partygäste nach, die auf die gleiche Idee gekommen waren. Zum Jahreswechsel ging man eben raus, egal wo man war. Die letzten Minuten des alten Jahres verstrichen, dann zählte irgendwer laut rückwärts: „sieben – sechs – fünf – vier – drei – zwei – eins." Schlag zwölf begann ein farbenfrohes und atemberaubendes Feuerwerk zu den Klängen der Feuerwerksmusik von Georg Friedrich Händel. Katja und Victoria umarmten sich, während sich die Menschen um sie herum ein gutes neues Jahr wünschten und ihre Gläser klingen ließen. Es herrschte eine eisige Kälte und trotzdem war es sehr schön mit dem Pfeifen und Krachen über ihren Köpfen. „Oh, … aah, … uii, … wow", war überall zu hören. Über den ganzen See hinweg blitzte und glitzerte es am Himmel in den schönsten Farben.

Die beiden Freundinnen wünschten sich ein gutes neues Jahr und ließen ihre Gläser erneut klingen. Katja zitterte schon ein wenig in der eisigen Kälte und konnte ihr Glas kaum gerade halten. „Liebe Katja, ich wünsche dir ein ganz erfolgreiches neues Jahr. Das hast du echt verdient." Katja strahlte: „Danke Victoria, du doch genauso, auch für dich ein gutes neues Jahr." Sie genossen trotz der Kälte das bunte, glitzernde Treiben am Himmel. An ihrem Prosecco nippend schaute Victoria auf den See. Neben ihr begann Katja vor Kälte zu zittern: „Weißt du was, Victoria, ich gehe schon mal rein, ja? Mir ist es jetzt wirklich zu kalt hier draußen", sagte Katja mit klappernden Zähnen. „Ja, ja, Katja, geh' ruhig vor. Ich brauche noch ein bisschen. Außerdem habe ich ja auch Handschuhe an. Mir ist noch nicht so kalt." Auch die anderen Partygäste gingen nach und nach wieder ins Warme hinein, um dort weiter zu feiern. Das Feuerwerk war fast vorüber. Nur vereinzelt knallte und blitzte es noch.

Katja hatte etwas in Victoria angestoßen. Erinnerungen stiegen in ihr auf. Erneut kämpfte sie gegen die aufsteigenden Tränen an. Noch waren die Gefühle zu lebendig aus dieser Zeit. Vor ihren Augen kamen die Ereignisse des gerade zu Ende gegangenen Jahres wieder hoch, samt den damit verbundenen Gefühlen. Sie musste schlucken, weil ihr sonst die Tränen in die Augen gestiegen wären. Das wollte sie hier in dieser Menschenmenge auf gar keinen Fall. Vor einem Jahr hatte Victoria alles aufgeben wollen, ihr Leben. Über das Jugendamt hatte sie ihren Kindern ein neues Zuhause in einer Pflegefamilie suchen wollen, weil sie sich ihrem Aufgabenberg nicht gewachsen gefühlt hatte. Sie hatte das Ticket für dieses Leben zurückgeben wollen, wie sie es ausdrückte. Die ganze Nacht war sie bei klirrender Kälte am offenen Fenster in ihrem Schlafzimmer gesessen und hatte dabei eine Zigarette nach der anderen geraucht und immer wieder heftige Tränen vergossen. Wahrscheinlich wäre sie da wirklich fällig gewesen für die Unterbringung in der geschlossenen Abteilung der Psychiatrie, die ihr geschiedener Mann Walter ihr prophezeit hatte. Was war sie da verzweifelt gewesen, erinnerte sie sich. Ohne jede Hoffnung auf eine bessere Zukunft. Nur als hellsichtiges Medium auf Festivals und Jahrmärkten zu arbeiten, war einfach zu wenig, hatte sie damals gedacht. Mit so etwas war doch unmöglich genug Geld zu verdienen für ihre Kinder und sie. „Wie lächerlich sich das schon anhörte", hatte sie geschluchzt. „Wer braucht so jemanden wie mich schon? Damit kann man doch keine seriöse Lebensberatung, geschweige denn psychotherapeutische Arbeit machen!"

Alles war damals wie ein tonnenschweres Gewicht auf ihren Schultern gelegen. Erschwert wurde ihr diese Zeit nicht nur durch ihre eigenen massiven Zweifel, sondern durch ihre damalige, katastrophale Beziehung mit dem Gesprächstherapeuten Manfred. „Weißt du", hatte sie noch zu Katja gesagt, „es gibt nichts Schlimmeres, als mit einem Therapeuten zusammen zu sein, der nichts Besseres zu tun hat, als einem den ganzen Tag zu sagen, wo es im Leben lang zu gehen hat. Und das in einer solch penetranten Art, dass man sich so minderwertig fühlt, dass man am liebsten vom Dach springen würde. Ich fühlte mich als jemand, der für die Umwelt die größte Belastung darstellt, die man sich nur vorstellen kann." Die Erinnerung daran tat ihr immer noch weh. „Am liebsten hätte ich mich vor ihm in Luft aufgelöst, nur damit er nicht mehr unter mir leidet. So sehr hat er auf mich eingeredet!" Das war ihr Fazit nach fünf Monaten Beziehung. Wenn sie daran zurückdachte, hätte sie Manfred dafür heute noch eine runterhauen können. Wut stieg in ihr auf. 'Der und Therapeut', dachte sie und schüttelte den Kopf. Dann hatte sie schnell begriffen, was mit Manfred wirklich los war und was sich hinter seiner besserwisserischen Therapeutenfassade verbarg: ein armes, ungeliebtes, trotziges Kind, das gerne Machtspiele spielte und nur auf die Probleme der anderen schaute, um von seinen eigenen abzulenken. Mit dieser Erkenntnis hatte sie ihn zwei Wochen später aufgefordert, seine Sachen zu packen und jemand anderem auf die Nerven zu gehen.

Noch immer gedankenverloren sah Victoria sich um. Inzwischen waren alle gegangen und sie stand allein in der Kälte. Immer noch hielt sie das halbvolle Sektglas in der Hand. Was war sie seinerzeit froh gewesen, Manfred endlich los zu sein, erinnerte sie sich. Sie wusste nicht, welcher von den beiden schlimmer war, Manfred oder Walter. Danach hatte sie einfach nur noch ihre Ruhe haben wollen. Sie wollte akzeptiert werden wie sie war, oder sie sollten sie einfach lassen. Jetzt hatte sie nur noch einen Weg finden müssen, von der Hellseherin zur Psychotherapeutin zu werden. Schon war die nächste Enttäuschung vorprogrammiert gewesen. Schmerzlich hatte sie nämlich erkennen müssen, dass sie für diesen Weg ungefähr zehn Jahre Zeit gebraucht hätte. Außerdem fehlten ihr mindestens 30000 Euro, die Kosten für Studium, Ausbildung und Krankenkassenzulassung. Nachdem sie dafür etwa 20 Jahre zu spät dran gewesen war, hatte sie diesen Weg wieder verworfen.

Es war nur noch eine Möglichkeit übrig geblieben, doch noch als Psychotherapeutin auf freiberuflicher Basis zu arbeiten. Sie hatte beim Gesundheitsamt eine bestimmte Erlaubnis erwerben müssen, eine Alternative, die einen dazu berechtigt, sich „Heilpraktiker für Psychotherapie" zu nennen. Diese Möglichkeit war ihr wie ein Lichtblick am Horizont erschienen. Das einzig Komplizierte daran war gewesen, dass die Prüfung dafür schon in eineinhalb Monaten stattfinden sollte. Victoria erinnerte sich, wie sie mit sich gerungen hatte. Aber es hatte dieser Prüfungstermin sein müssen und das hatte bedeutet, die gesamte Psychiatrie in kürzester Zeit zu lernen. Normalerweise hätte die Ausbildung zwischen sechs Monaten und anderthalb Jahren gedauert. Aber ihr waren nur sechs Wochen geblieben und die hatten reichen müssen. Dass das Ganze auch schiefgehen hätte können, weil es eine Durchfallquote von 75 Prozent gab, hatte sie versucht, so gut es ging zu ignorieren. Einen weiteren Prüfungstermin hätte es erst wieder Mitte Oktober gegeben. Sie hatte es gleich schaffen müssen. Ihre Ersparnisse hätten sonst womöglich nicht gereicht. Walter hatte schon dafür gesorgt gehabt, dass sie so wenig wie möglich bekommen hatte. Um das zu erhalten, was ihr gerechterweise zugestanden hätte, hätte sie vor Gericht gehen müssen. Doch so wie sie ihn kannte, hätte er alles getan, was in seiner Macht gestanden hätte, um sie ganz zu zerstören. Womöglich hatte er sogar nur darauf gewartet. Den Gefallen hatte sie ihm ganz sicher nicht tun wollen. Was sie anstrebte, war ganz für sich allein zu stehen und erfolgreich zu sein. Unabhängig mit ihrer eigenen Praxis. Victoria lachte leise vor sich hin, wenn sie an die Prüfungsvorbereitung zurückdachte. Lustig hatte es damals ausgesehen in ihrem Zuhause. Sie hatte den größten Teil der Lerninhalte auf Plakate geschrieben und in der Küche und im

Wohnzimmer aufgehängt. Die Kinder hatten sich darüber köstlich amüsiert. Von einer Freundin hatte sie noch ein paar Hörbücher bekommen und überall hatten die Lehrbücher herum gelegen. 'Ach ja', fiel ihr ein, 'geschieden wurde ich ja auch noch zwischendurch.'

Walter hatte die Scheidung dann doch schneller gewollt, als sie ursprünglich gedacht hatte und ihr damit einen Tag Zwangspause vom Lernen gebracht. Bestimmt nur wegen seiner Babsie. Es war alles so schnell gegangen. Sie war an diesem Tag, ganz früh am Morgen, ins Amtsgericht gefahren und hatte sich fast wie in Trance angehört, was die Richterin verlas. Victorias Anwalt hatte sie darauf vorbereitet, dass sie von der Richterin gefragt werden würde, ob sie die Ehe für gescheitert erklärte und dass sie, Victoria, darauf nur mit „ja" antworten musste. Genauso war es auch gekommen und nach fünf Minuten war alles vorbei gewesen. Sie hatte sich gewundert, wie ruhig sie das alles überstanden hatte. Anschließend hatte sich ihr Anwalt von ihr verabschiedet, ihr die Hand geschüttelt mit den Worten: „Wenn ich Ihnen einen guten Rat geben darf, Frau Leonhardt, dann werden Sie erfolgreicher als er. Das ist garantiert das Schlimmste, was Sie Ihrem Exmann antun können!" Dann war er in sein Auto gestiegen und davongefahren. Sie war allein zurückgeblieben und hatte versucht zu verstehen, was er damit gemeint haben könnte. Am Nachmittag dann hatte ein tiefer Schmerz sie doch noch eingeholt. Wie gut, dass sie Katja gehabt hatte. Mit einer Schachtel Zigaretten und einer Flasche Rotwein hatte sie den ganzen Abend und die halbe Nacht weinend und schluchzend bei ihr verbracht. Was hatten die Erfahrungen dieser Trennung doch für tiefe Wunden in ihrem Herzen hinterlassen. Doch am nächsten Tag hatte sie, verkatert und übermüdet, alles weit von sich geschoben und sich wieder über ihre Lehrbücher gesetzt. Je näher der Prüfungstermin herangerückt war, desto schlafloser waren die Nächte geworden. In der Nacht davor hatte sie gar kein Auge zugetan. Ihr Herz hatte so geklopft während der Prüfung, dass es ihr fast unmöglich gewesen war, sich zu konzentrieren. Dennoch hatte sie ihr Bestes gegeben und wurde mit einer bestandenen Prüfung belohnt. Am Nachmittag desselben Tages hatte sie die Ergebnisse bereits aus dem Internet entnehmen können und prompt wieder Tränen vergossen, aber dieses Mal vor Freude und Glück. Ungefähr zwei Wochen später hatte dann die mündliche Prüfung stattgefunden, für die sie sich genauso intensiv vorbereitet hatte. Aber auch hier hatte sich herausgestellt, dass Victoria sich viel zu viele Sorgen und Gedanken gemacht hatte. Nach nur wenigen Fragen hatte man ihr mitgeteilt, dass sie die Prüfung bestanden hätte. An einem verregneten, grauen Tag, war das gewesen, erinnerte sie sich. Wie betäubt war sie aus dem Gebäude heraus durch den Regen zu ihrem Auto gegangen, während sie versucht hatte zu begreifen, dass es vorüber war und sie es tatsächlich geschafft hatte.

Diese vielen Zweifel und Sorgen, die sich nicht hatten abschütteln lassen, hatten ihr in der ersten Hälfte des vergangenen Jahres sehr zu schaffen gemacht. Gleichzeitig hatte sie versucht, sich auszumalen, wie es sein würde, erfolgreich zu sein. Sie hatte sich bereits in ihrer eigenen Praxis gesehen: kraftvoll, zielstrebig und erfolgreich. Victoria hatte sich nicht unterkriegen lassen und sich eine Agentur gesucht, die ihr sowohl die Internetseite, Visiten- und Postkarten als auch das heiß ersehnte Türschild entworfen hatte. Das war das Beste überhaupt gewesen, erinnerte sich Victoria, und ein breites Grinsen erschien auf ihrem Gesicht. Ein riesiges Schild an der Hauswand, auf dem jetzt in großen Buchstaben zu lesen war: „Praxis für heilkundliche Psychotherapie", und darunter, „Victoria Leonhardt". Was war sie stolz gewesen.

Sie atmete die kühle Nachtluft tief ein und blickte auf den vor ihr in der Dunkelheit liegenden See. Es war zwar ganz schön kalt, aber sie wollte noch eine Weile hier stehenbleiben und die Erinnerungen des letzten Jahres weiter Revue passieren lassen. Schließlich war es ja nicht ruhiger geworden nach all dem, ganz im Gegenteil. Es hatte vielmehr noch einmal ein richtiges Aufbäumen sämtlicher Ängste gegeben. Nachts, wenn sie Zeit zum Nachdenken gehabt hatte, war es am schlimmsten gewesen. Kälteschauer und Schweißausbrüche hatten sich abgewechselt. Während sie sich von einer Seite auf die andere gewälzt hatte, waren ihr immer wieder die gleichen Fragen gekommen: 'Ist das wirklich die Arbeit, die ich machen möchte – psychotherapeutische Sitzungen?' oder 'Bin ich der Selbstständigkeit überhaupt gewachsen?', 'Wie werde ich denn so schnell wie möglich bekannt?' und 'Wie kriege ich meine Praxis voll mit Klienten?' Die quälende Unsicherheit, was genau die selbstständige Zukunft nun an Früchten des Erfolgs bringen würde, die hatte sie zu diesem Zeitpunkt noch fast um den Verstand gebracht. Und dann war es soweit gewesen. Ihre Homepage war online gestellt gewesen und sie war, bewaffnet mit druckfrischen Visitenkarten, mutig von einer Arztpraxis zur nächsten gezogen um sich vorzustellen. Ein guter Weg, wie sie gehofft hatte, sich und ihre psychotherapeutische Arbeit vorzustellen. Die Resonanz war unerwartet gut gewesen und sie erinnerte sich noch, wie sie über die freundlichen und offenen Reaktionen gestaunt hatte. Es hatte sogar einige Ärzte gegeben, die sie persönlich kennenlernen wollten und offensichtlich hatte sie überall einen kompetenten Eindruck hinterlassen. Abermals musste sie grinsen. Ab diesem Zeitpunkt waren ihre Ängste weniger geworden. Nachdem sich erst einmal der erste Klient angemeldet hatte, begann sich der Terminkalender zunehmend zu füllen.

Sie wusste noch so genau, wie sie nach jeder einzelnen Sitzung durch ihr Wohnzimmer gehüpft und getanzt war. So sehr hatte sie sich gefreut. Laura hatte immer die Augen verdreht, wenn sie ihre Mutter so sah, aber Victoria war es egal gewesen. Sie hatte einfach die tiefe Freude, die sie in dem Moment gefühlt hatte, auf diese Weise ausleben müssen. Ein paar Wochen später hatte sie bereits die Einnahmen der vorangegangenen Wochen zählen können. Sicher, es war noch nicht genug gewesen, um damit alle Kosten abdecken zu können, aber es war ein Anfang gewesen. Victoria hatte zum ersten Mal in ihrem Leben das Gefühl gehabt, mit sich selbst im Einklang und rundum zufrieden zu sein. Dank Manfred hatte sie die Nase sowieso voll von Männern gehabt. „Irgendwelche Typen, die sich von mir nur emotional durchfüttern lassen wollen, will ich auf keinen Fall mehr", hatte sie sich versprochen. Dabei war sie auch geblieben. Ja, so ereignisreich war das zurückliegende Jahr gewesen. Victoria schloss für einen Moment die Augen. Geradezu überwältigt war sie von der Fülle der Erinnerungen und den Gefühlen, die sie mit sich brachten. Inzwischen war ein ganzes Jahr vergangen und sie schien jetzt langsam ihren neuen Platz gefunden zu haben. Vor allem aber glaubte sie auch herausgefunden zu haben, was sie von den anderen Therapeuten unterschied. Aus ihrer Intuition heraus verknüpfte sie verschiedene therapeutische Arbeitsweisen miteinander. Sogar spirituelle und familiensystemische Ansätze hatte sie integriert. Zudem hatte sie neue Möglichkeiten entdeckt, womit sie jedem Klienten aus nahezu jeder Not helfen konnte. Victoria fühlte sich oftmals sehr demütig, angesichts dessen, wie gut sich die Klienten nach der Sitzung wieder fühlten. Einigen von ihnen war sie inzwischen so ans Herz gewachsen, dass sie ihr kleine Geschenke mitbrachten. Es war schon eine besondere Art der Therapie, die Victoria anbot und ihre Klienten liebten sie dafür. Erst nach und nach war ihr bewusst geworden, dass ihr ganzes Wissen hier zusammenfloss und sie es kreativ für ihre Arbeit einsetzen konnte.

In diesem Moment, hier am See, kurz nach Mitternacht, in diesem, erst wenige Minuten alten, neuen Jahr, realisierte sie das alles erst so richtig. Sie machte die Augen wieder auf und trank den letzten Schluck aus ihrem Glas. Ihre Finger waren inzwischen trotz der Handschuhe von der Kälte taub geworden, und sie konnte das Glas kaum noch festhalten. Das erste große Ziel ihrer Reise war erreicht. Gott schien tatsächlich bereit, sie für all das, was sie bisher durchgestanden hatte, zu belohnen. „Das ist mein Jahr, das heute beginnt. Mein Jahr, meine Zeit!" Victoria atmete tief ein und versprach diesem neuen Jahr, dass sie jetzt aufbrechen würde und dass das Bisherige erst der Anfang ihres neuen Weges war. Bilder entstanden vor ihrem geistigen Auge. Sie ging näher an den See heran, lehnte sich auf die Brüstung und ließ den Blick über das dunkle Wasser schweifen. 'Die Reise geht weiter', sagte sie sich. Jetzt wollte Victoria den richtigen, großen Erfolg. In ihren Augen blitzte es. Zum ersten Mal seit Walter weg war, hatte sie das Gefühl, es wirklich schaffen zu können, eine solide Selbstständigkeit aufzubauen, mit der sie genug Geld verdienen könnte, damit es für sie und die Kinder reichte. Was für eine Nacht, was für ein Leben und vor allem – was für eine verrückte Welt. Victoria überfielen plötzlich Erkenntnisse und Gefühle, die sie bis dahin nicht gekannt hatte. Sie begann zu beten und Gott, ihrem Schöpfer zu danken. Er hatte sie inzwischen zu eigenem Schöpfertum befähigt. Diese Flut von tiefen Gefühlen, die sie geradezu überwältigte, war einfach nur schön. In ihrem Herzen entstand ein tiefes Gefühl von Freiheit, so intensiv, wie es nach alldem, was hinter ihr lag, nur sein konnte. Ganz sicher wollte sie niemandem mehr erlauben, Macht über sie auszuüben. Sie atmete die kalte Nachtluft noch einmal tief in sich ein. Jetzt fror sie doch mehr als ihr lieb war. Sie warf einen Blick hinter sich und sah durch die Fenster in den Saal. Die Menschen tanzten und feierten. Victoria lächelte.

Mit dem Gefühl lebendig und kraftvoll zu sein, warf sie einen letzten Blick auf den See, bevor sie sich langsam umdrehte, um zu Katja und dem Partygewühl zurückzukehren. Wenn Victoria auch nur im Entferntesten geahnt hätte, welche Ausmaße ihre Gedanken und Pläne noch annehmen sollten, welche Ereignisse sie damit ins Rollen bringen würde, wäre sie vermutlich so weit gelaufen wie ihre Füße sie hätten tragen können. Sie konnte in dieser Nacht ja noch nicht wissen, wie sehr sich ihr Leben bald verändern sollte.

Blitzeis

So begann das Jahr sehr vielversprechend. Victoria genoss den Neujahrstag und verbrachte ihn gemütlich mit den Kindern vor dem Fernseher. Gleich morgen würde ihre Arbeit in der Praxis weitergehen, die Kinder hatten noch Ferien. Am nächsten Tag stand sie zeitig auf, denn der erste Termin war bereits für acht Uhr angesetzt.

Ein paar Minuten vor acht erklang die Türglocke. Victoria öffnete. Vor der Tür stand ein großer Mann in dunkelgrauem Anzug und schwarzem Mantel, der aussah wie ein Manager. Er hatte blonde, kurze Haare und markante Gesichtszüge. Sein Alter schätzte sie auf Mitte 30. Victoria bat ihn herein. „Guten Morgen Herr Nastrovitsch, haben Sie gut hierher gefunden?" „Ja, Ihr rotes Haus ist in dieser Straße leicht zu finden", antwortete er ein wenig verlegen und legte seinen Mantel ab. „Bitte kommen Sie einfach mit", sagte sie. Er lächelte und folgte ihr in ihren Praxisraum. „Bitte nehmen Sie doch Platz Herr Nastrovitsch, fühlen Sie sich wie zuhause. Wenn Sie möchten, können Sie gerne ihre Schuhe ausziehen." Er folgte auch sogleich dieser Aufforderung und machte es sich auf dem großen Rattansessel mit dem dicken, dunkelroten Polster bequem. Dann sah er sich im Raum um. Neben ihm stand ein kleiner Tisch mit einem Glas Wasser auf einer rosafarbenen Tischdecke. Ihm gegenüber war ein weiterer Rattansessel, der gleiche, wie der in den er sich gerade gesetzt hatte. Die Wände waren hellgrün gestrichen. Links stand eine Liege an der Wand und rechts, am anderen Ende des Raumes, ein Schreibtisch mit einem PC, einem Drucker und jeder Menge Papier. Igor Nastrovitsch fühlte sich soweit wohl und war neugierig, was jetzt passieren würde. Victoria setzte sich ihm gegenüber. Sie nahm ein Klemmbrett mit Papier und ihre Brille und wendete sich ihrem neuen Klienten zu. „Herr Nastrovitsch, was genau führt Sie zu mir?", begann sie.

Er holte tief Luft und erzählte von sich: „Ich bin überarbeitet und schlafe ganz schlecht. Oft wache ich nachts schweißgebadet auf. Zudem rauche ich eine Schachtel Zigaretten pro Tag und ohne ein bis zwei Bier am Abend kann ich überhaupt nicht einschlafen." „Was machen Sie denn beruflich?", wollte Victoria wissen. „Ich arbeite in einer Computerfirma und bin viel unterwegs." Er sah sie aus übermüdeten Augen an und schüttelte den Kopf. „Das kann so in meinem Leben einfach nicht weitergehen." Es entstand eine kurze Pause, dann fuhr er fort: „In der Apotheke habe ich ihre Visitenkarte mitgenommen." Sie fragte weiter: „Seit wann geht das schon so, dass Sie sich so überlastet fühlen?" Er zuckte mit den Schultern und antwortete: „Schon eine ganze Weile. Bestimmt schon ein Jahr. Können Sie mir helfen?" Victoria lächelte ihn an und sagte mit weicher Stimme: „Ja, das kann ich." Er setzte ein gequältes Lächeln auf. Sie schrieb, was er erzählt hatte, auf, schaute ihn an und sagte: „Dann schließen Sie bitte die Augen und schildern Sie mir die Situation, in der Sie zuletzt die Belastung am schlimmsten empfunden haben." Er schloss die Augen und begann: „Es war vor zwei Tagen. Mein Chef hat eine seltsame Bemerkung gemacht. Er sagte, manche Mitarbeiter würden nur das Nötigste tun. Damit hat er bestimmt mich gemeint. Seitdem habe ich Angst meinen Arbeitsplatz zu verlieren. Ich bemühe mich, noch besser zu sein und noch länger zu arbeiten." Auf seiner Stirn standen Schweißperlen, und die Belastung war ihm deutlich anzusehen. Victoria fragte ihn: „Was haben Sie denn gedacht in dem Moment, als Ihr Chef das sagte?" Mit Zeige- und Mittelfinger tippte sie abwechselnd auf seine Knie, um die Verarbeitung im Gehirn anzuregen. Er sagte hastig: „Ich dachte, ich bin nicht gut genug. Egal, wie viel ich arbeite, die anderen sind immer besser." Sein Atem ging schwer und er wurde ganz unruhig. Mit sanfter Stimme fragte sie weiter: „Wie fühlen Sie sich denn in dem Moment, wenn Sie das über sich denken?" Er schluckte, dann sagte er: „Ich bin traurig, ich komme mir so wertlos vor." Victoria fuhr fort ihn zu befragen: „Wie fühlt sich Ihr Körper mit diesen Gedanken und diesen Gefühlen? Fühlen Sie doch mal, was es mit Ihrem Körper macht?" Er ließ sich ein Stück nach hinten in den Sessel sinken. Leise entgegnete er: „Meine Arme sind so schwer und meine Beine. Mein Herz fühlt sich so schwer an, als ob Steine darin wären." Sie tippte weiter auf seine Knie und ermutigte ihn alle seine Gefühle zuzulassen.

Als sie spürte, dass der Klient tief in seiner Wahrnehmung war, ging sie zum nächsten und schwierigsten Teil der Sitzung über. „Herr Nastrovitsch", begann sie ganz ruhig, „wir reisen jetzt in der Zeit zurück, dahin, wo Sie noch klein waren. Ohne zu denken, erinnern Sie sich, wann Sie sich das erste Mal genau so gefühlt haben. Ihre Seele weiß ganz genau, wann das war." Es dauerte nur zwei Sekunden. Victoria staunte, wie schnell das jedes Mal doch ging. Der Kopf konnte sich nicht mehr erinnern, die Seele aber schon. Keine Information geht verloren. Igor Nastrovitsch schilderte, was er vor seinem geistigen Auge für Bilder hatte. „Ich bin ungefähr acht Jahre alt. Ich sehe mich mit meiner Mutter. Sie ist enttäuscht von mir, weil ich eine schlechte Note von der Schule mitgebracht habe." Er schluckte und machte eine Pause. „Es tut mir weh, meine Mutter so zu sehen. Es ist so schlimm, dass ich sie enttäuscht habe." „Wo ist denn der Vater von dem kleinen Igor gerade?", fragte Victoria. Er schüttelte den Kopf. „Mein Vater hat immer gearbeitet, damit wir genug zu essen hatten." „Ich verstehe. Was wünscht sich denn der Kleine von seiner Mutter und seinem Vater?" Er schüttelte wieder den Kopf und sagte: „Ich weiß nicht." „Mhm, vielleicht, dass er um seinetwillen geliebt wird? Dass Mama und Papa ihn als ihren kleinen Sohn lieb haben?" Das Schluchzen ließ sich nicht mehr unterdrücken, es brach aus ihm heraus. „Ja. Ich wollte ihnen nie eine Last sein." Victoria arbeitete die ganzen Erkenntnisse, die jetzt aus ihm heraussprudelten, auf. Sie löste die Probleme mit ihm über seine inneren Bilder auf. In seinem Inneren war er als Achtjähriger bei seinen Eltern. Endlich konnte er das, was ihn so belastete, selbst erkennen. Allerdings nicht nur mit dem Verstand, sondern viel mehr über die Gefühle auf Herzensebene.

Das war das Geheimnis ihrer Arbeit. Am Ende der Sitzung sah Igor Nastrovitsch ziemlich mitgenommen aus, aber auch sehr erleichtert. Sein Gesichtsausdruck schien vollkommen verändert. Victoria erklärte ihm was passiert war. „Sie haben als Kind gelernt, dass Sie nur geliebt werden, wenn Sie etwas leisten. Ihr Vater hat es Ihnen ebenfalls vorgelebt." Er sah sie an und nickte stumm. Sie erläuterte weiter: „Das ist ein Irrtum, denn auf dieser Welt gibt es nichts zu holen, sondern nur zu sein." Wieder nickte er. Sie entließ ihn und er versprach, bald wieder einen neuen Termin zu vereinbaren. Victoria war dankbar, dass es ihr wieder einmal gelungen war, einen Heilungsprozess in Gang zu setzen. Eigentlich erlebte sie alle Sitzungen auf diese Weise. Es folgten noch weitere drei an diesem Tag. Als sie hinter dem letzten Klienten die Tür geschlossen hatte, rief Anton schon von oben: „Mum, ich hab Hunger." Und Louis meldete sich mit: „Ich auch." Laura wollte ebenfalls wissen, ob ihre Mutter noch etwas kochen würde. „Klar", sagte Victoria, „für meine lieben Kinder ist mir doch nichts zu viel oder zu anstrengend."

Sie suchte alles zusammen, was sie für eine große Portion Spaghetti mit Sahnesauce brauchte. Während sie aufpasste, dass nichts überkochte, machte sie sich Gedanken, was sie am Abend noch anstellen könnte. Wenn sie noch weggehen wollte, würde sie es allein tun müssen. Katja hatte keine Zeit heute Abend. Es blubberte vor ihr im Topf. Kurz darauf hatte sie ein schnelles Abendessen gezaubert. „Kommt ihr bitte", rief sie ins Treppenhaus, „Essen ist fertig." Sie verteilte Nudeln mit Sauce auf vier Teller und stellte sie auf den Tisch. Laura, Anton und Louis kamen aus ihren Zimmern und setzten sich. „Kinder, ihr kommt doch ohne mich aus heute Abend, oder?" „Immer. Warum?", fragte Laura mit vollem Mund. „Ich will gleich noch zum Salsatanzen gehen." „Mach doch", meinte Louis und drehte Spaghetti auf eine Gabel. Eine halbe Stunde später stand Victoria, in schwarzem Minirock mit roten Rosen, knallroten Overknee-Strümpfen in schwarzen Stiefeln, Paillettentop und schwarzem Mantel mit rotem Schal an der Haustür. Sie nahm ihre Tasche, die Schlüssel, die Tanzschuhe und rief: „Ich bin dann weg. Bis später." Die Haustür fiel hinter ihr ins Schloss. 'Morgen ist sowieso Sonntag', dachte sie, 'und ich muss nicht ganz so früh aufstehen.' Das heißt, sie hatte zwar keinen Klententermin, aber sie war mit Urs zum Frühstück verabredet.

Urs Quandt war ein richtiger Heilpraktiker und das schon seit 20 Jahren. Sie hatte ihn vor vielen Jahren bei einem Seminar, bei dem es um geistige Heilung ging, kennengelernt. In sieben Jahren war zwischen ihnen eine enge Freundschaft gewachsen. Er war ein Bär von einem Mann, groß und etwas füllig um Hüften und Bauch. Gleichzeitig hatte er die sanfte Ausstrahlung von einem Lamm. Mit seinen ganz kurzen graumelierten Haaren und seinem vollen Gesicht strahlte er tiefe Ruhe und Gelassenheit aus. Für Victoria war Urs zu jemandem geworden, dem sie, wie Katja, alles anvertrauen konnte. Er war ihr schon oft ein guter Ratgeber gewesen, mit seiner spirituellen Betrachtung der Dinge. Sie waren sich sehr nah, auch wenn sie sich mal über mehrere Wochen nicht sahen. Durch ihn hatte Victoria viel gelernt, vor allem seit der Trennung von Walter. Er hatte ihr erklärt, dass sie eine Frau war, die ganz andere Vorstellungen von einer Beziehung hatte, als ihr geschiedener Mann. Urs hatte ihr klargemacht, dass für sie ein aufrichtiger Umgang miteinander wichtig war. Das war für Walter damals zu viel gewesen. In seinem Leben war kein Platz für echte Gefühle. Er brauchte eine Frau, die er nicht lieben musste und die das ebenso wenig tat. 'Deshalb ist er jetzt bei seiner Babsie besser aufgehoben', dachte Victoria. Ihr war durch die Gespräche mit Urs viel klar geworden über sich. Darüber hinaus gab es auch weitere Interessen, die Urs und sie gemeinsam hatten. Sie philosophierten gerne über Heilung, Energie, Religionen, Gott und die Welt. „Wenn du etwas haben möchtest, musst du deine Gedanken darauf ausrichten. Formuliere sie so, als ob es schon da wäre", hatte er ihr erklärt. „Gib mir mal ein Beispiel", hatte sie ihn aufgefordert. „Ganz einfach. Du willst doch einen vollen Terminkalender, oder?" „Ja, natürlich, das weißt du doch", gab sie sofort zurück. „Eben", sagte er, „dann formuliere 'ich habe viele Termine' oder 'ich habe viele Klienten'. Stell dir dabei vor, dass es schon so ist. Ich verspreche dir, es kommt genau so." „Gut, ich probiere es aus", versprach Victoria. Natürlich hatte sie sofort am nächsten Tag damit angefangen. Bei allen möglichen Arbeiten im Haushalt beschäftigte sie sich damit. Sie dachte und tat genau wie Urs ihr gesagt hatte. „Denk` immer daran", ermahnte er sie, „jedem Gedanken folgt Energie!" Manchmal redeten sie bis in die frühen Morgenstunden über diese Themen. Urs kannte sich einfach so gut aus und Victoria klebte an seinen Lippen. Die Aussage, dass der Gedanke die Realität erschafft, hatte ihr eingeleuchtet. Mehr noch sogar – wie einen Schlüssel zu ihrem Erfolg hatte sie es empfunden. Beim Autofahren, Putzen, Bügeln oder Kochen dachte und sang sie: „Ich bin erfolgreich, ja das will ich Erfolg und reich sein ...", oder: „Ja er ist voll, ja er ist voll, mein Terminkalender, er ist voll ...", und was ihr sonst noch einfiel. Das alles wusste sie von Urs. Er hatte ihr gesagt, es gäbe interessante Filme darüber und ihr angeboten, einen davon mit ihr gemeinsam anzuschauen. 'Sicher ist morgen genug Zeit dafür',

25

dachte sie. Heute Abend wollte sie sich aber erst mal den Kopf frei tanzen.

Es war für Victoria kein Problem allein zum Salsatanzen zu gehen. Inzwischen kannte sie genug Tänzer, die sie zum Tanzen aufforderten. Es waren immer die gleichen Gesichter, die ins 'Latino Y Salsa' kamen. Sie überlegte, dass zwei Stunden an diesem Abend reichen würden. Dann wäre sie sowieso ganz nassgeschwitzt und müde. Sie parkte den Wagen und ging hinein. Wie meistens, war viel los und die Musik weckte die Lebensgeister in ihr. Der Abend verlief wie sie es vermutet hatte, und sie tanzte mit verschiedenen Salseros. Nach etwa einer Stunde setzte sie für zwei Lieder aus und fächerte sich an der Bar bei einem Glas Wasser Luft ins Gesicht. Die Schweißperlen liefen ihr über Gesicht und Nacken. Wie sehr war das Tanzen doch inzwischen zu ihrer Leidenschaft geworden. Ein attraktiver Kubaner, den sie vom Sehen kannte, kam auf sie zu und forderte sie zum Tanzen auf. Er war einen halben Kopf größer als sie, hatte etwas längere dunkle Locken und einen trainierten Körper. Nach drei Tänzen fragte er Victoria, ob sie etwas trinken wolle. „Gerne", antwortete sie erfreut, „ein großes Mineralwasser bitte." Er stellte sich als Carlos vor. Er würde aus Havanna kommen, aber er sei schon seit zehn Jahren in Deutschland. Sie fand ihn sehr sympathisch und stellte sich ebenfalls vor. Auf den Stühlen, die an der Seite standen, nahmen sie Platz. Er reichte ihr das gewünschte Getränk. „Kommst du oft hierher?", wollte er wissen. „Ja, in den letzten Monaten mehr oder weniger regelmäßig. Und du?", fragte sie. Carlos schaute sie mit seinen dunklen Augen an und meinte: „Nicht so oft. Tanzt du gerne?" „Es macht mir großen Spaß, aber ich kann es noch nicht so gut", erklärte sie ihm. „Komm, dann lass uns weiter tanzen", sagte er kurzerhand und zog sie von ihrem Stuhl. Er tanzte ganz eng mit ihr. Nach zwei Tänzen wurde es Victoria etwas unbehaglich zumute. „Wir könnten doch den weiteren Abend gemeinsam verbringen, vielleicht bei mir oder bei dir?", hauchte er ihr ins Ohr. Victoria schluckte und tat als ob sie nicht verstand. „Was meinst du denn genau damit?", fragte sie naiv. Er lächelte verführerisch und zog sie von der Tanzfläche weg. Er nahm ihre Hände und sagte:

„Wir könnten viel Spaß haben heute Nacht, du und ich." Sie lächelte zurück und gab ihm das Gefühl, ihr ein unwiderstehliches Angebot gemacht zu haben. Dann zog sie ihn zu sich heran, schaute ihm in die Augen und sagte gerade heraus: „Du meinst wohl, du kannst mich hier abschleppen für eine Nacht, nur weil du mir ein lausiges Getränk spendiert hast? Vergiss es!" Damit drehte sie sich um, nahm ihre Sachen und verließ das 'Latino Y Salsa'. Fassungslos schaute Carlos ihr hinterher. Typen wie Carlos konnte Victoria eiskalt abblitzen lassen. Sie hatte von ihnen die Nase voll.

Am nächsten Morgen stand Victoria gut gelaunt auf. 'Heute mag ich dicke lila Strumpfhosen und darüber das schöne rosa Wollkleid mit den Blumen anziehen', entschied sie. Es war schließlich noch kalt draußen und diese Kombination war schön warm. Sie war spät dran. „Nur dass ihr Bescheid wisst, Louis, Anton und Laura. Ihr müsst heute ohne mich frühstücken. Urs hat mich zum Brunch eingeladen." „Davon wussten wir aber nichts", maulte Louis gleich. „Ich weiß. Ich habe gestern vergessen, es euch zu sagen." Victoria schlüpfte in ihre dicken Winterstiefel und nahm den lila Poncho vom Bügel an der Garderobe. „Ist nicht so schlimm. Wir können selbst beim Bäcker etwas einkaufen.", lenkte Anton ein. „Ja, warum nicht?", begrüßte sie sein Angebot und nahm ihre Tasche und den Autoschlüssel. „Ich fahre jetzt in die Stadt. Es kann spät werden, bis ich wieder da bin. Wenn etwas ist, ruft mich an." Die Haustür fiel hinter ihr ins Schloss. Sie startete den Renault Clio und brauste los.

Der Himmel war bewölkt und es fielen ein paar Regentropfen auf die Windschutzscheibe. "Wieso regnet das jetzt eigentlich?", wunderte Victoria sich. War es nicht viel zu kalt dafür? Könnte das bedeuten, dass es glatt war? Sie blickte auf die Uhr. „Mist, ich bin spät dran", sagte sie laut, denn sie hasste es, sich zu verspäten. Nein, entschied sie, es war ganz sicher nicht glatt auf der Straße. So kalt war es nun auch wieder nicht. „Ich fahr` ein Stück auf der Stadtautobahn, das ist schneller", beschloss sie kurzerhand und war schon nach wenigen Minuten auf dem Beschleunigungsstreifen. Wenn sie 120 fuhr, dann konnte sie fast pünktlich sein. Allerdings gehen die Gesetze von Geist und Materie nicht immer konform. Vor allem bei Victoria kam es vor, dass der Geist schneller unterwegs war, als die Gesetze der Physik es vorsahen. Sie überholte ein Fahrzeug nach dem anderen. „Warum fahren die alle so langsam?", fragte sie sich laut. „Ach egal." Sie wollte sich nicht weiter damit beschäftigen. Vielmehr freute sie sich, Urs zu berichten, wie gut es inzwischen bei ihr lief. Sie war so stolz auf ihren Erfolg. Dennoch war ihr bewusst, dass sie nicht nachlassen durfte, mit den Bemühungen ihre Praxis bekannter zu machen. Wie sie gleich feststellen würde, geschah auch manches, das sie nicht bewusst herbei beschwor, geschweige denn beim Putzen besang. Sie setzte an, einen Lastwagen zu überholen. Es war nicht mehr weit. Noch zwei Ausfahrten, dann wäre sie da. Während sie überholte, bemerkte sie, wie der Clio aus der Fahrspur auszubrechen begann. Victoria schluckte und sagte laut zu sich: „Ganz ruhig. Bleib ganz ruhig." Es half nichts. Der Wagen geriet aus der Spur, kaum dass sie den LKW überholt hatte. Er kam ins Schleudern und schoss quer über die Fahrbahn. Intuitiv nahm Victoria die Hände vom Lenkrad und hob die Arme über den Kopf. Dann schloss sie die Augen. Das Fahrzeug überschlug sich zweimal und landete auf dem Dach. Auf dem Seitenstreifen kam es kopfüber zum Stehen. Als das Auto sich nicht mehr bewegte, öffnete Victoria die Augen und befreite sich vom Sicherheitsgurt. Durch die geplatzte Seitenscheibe kroch sie hinaus, dort gaben ihre Knie nach, dann lag sie der Länge nach am Fahrbahnrand.

Regen fiel auf Victorias Gesicht. Sie konnte nicht glauben, was da gerade passiert war. Die Reste von ihrem Renault Clio sahen nicht gut aus. Beim Anblick des auf dem Dach liegenden Autos begann sie leise zu schluchzen. Es sah aus wie ein Totalschaden. Victoria war sofort klar, was das bedeuten würde. Sie musste von dem Ersparten ein Auto kaufen. 'Musste das jetzt sein?', dachte sie, '25 Jahre unfallfrei und dann das'. Sie hatte das Wetter unterschätzt. Dass der Regen doch zu überfrierender Nässe führen würde, hatte sie sich nicht vorstellen können. Was war eigentlich mit ihr? Sie spürte nicht, dass ihr etwas fehlte. „Geht es Ihnen gut?", rief jemand. Eine ältere, dicke Frau kam herbeigeeilt.

„Sind Sie verletzt?", rief ein junger Mann mit hellblonden Haaren und runder Brille. Victoria wusste nicht wie ihr geschah und sagte nur: „Alles bestens. Mir geht es gut." Dann wollte sie aufstehen. „Nein. Das dürfen Sie nicht. Vielleicht stehen Sie unter Schock und spüren nicht, dass Sie verletzt sind", mischte sich ein weiterer Mann ein. Jemand sagte: „Der Notarzt ist schon verständigt. Die Polizei auch." 'Auch das noch', dachte Victoria. Weitere Autos hielten an, aus denen Leute ausstiegen um nachzusehen, was passiert war. „Frieren Sie?", fragte ein Mann um die 50 mit türkischem Akzent und schwarzem Schnauzbart. „Warten Sie, ich hole eine Decke aus meinem Auto." Kurz darauf war Victoria mit einer rotblau karierten Wolldecke, die nach nassem Hund roch, zugedeckt, lag aber immer noch auf dem gefrorenen Asphalt des Seitenstreifens. Und dann passierte es, sie hörte jemanden sagen: „Lassen sie mich durch, ich bin Arzt!" Ein Mann, etwa um die 30 mit braunen kurzen Haaren eilte heran und bückte sich neben Victoria. Bitte nicht wie in diesen kitschigen Filmen, ging es ihr durch den Kopf. Sie fand das Getue um sie völlig übertrieben. Gerade wollte sie sagen: „Hören Sie, mir fehlt doch gar nichts." Da beugte er sich schon zu ihr herunter und ging neben ihr auf die Knie. „Ich bin Notarzt, wie geht es Ihnen?", fragte er etwas nervös.

Als sie Anstalten machte, sich aufzurichten, protestierte er heftig: „Bleiben Sie ruhig liegen, wir wissen ja nicht, ob Sie innere Verletzungen oder ein Trauma erlitten haben." Sie kam nicht umhin die Augen zu verdrehen, obwohl sie wusste, dass er es nur gut meinte. Leise brummte sie vor sich hin: „ … es geht mir gut." Er überhörte ihren Kommentar und begann an ihr herumzutasten. Dabei schob er den lila Poncho hoch, nahm eine Schere und zerschnitt ihr bestes Kleid. Na toll, durchfuhr es sie. Das auch noch. Ich hätte es doch ausziehen können, schmollte sie innerlich. Ach ja, sie durfte sich ja nicht bewegen. Sie wusste, dass er nur prüfen wollte, ob sie verletzt war. Ein Seufzer durchfuhr sie und sie ergab sich in ihr Schicksal. Die gerade eingetroffenen Rettungssanitäter hievten sie auf eine Trage und schoben sie in den Rettungswagen. Inzwischen war auch die Polizei da. Ein junger Polizist mit schwarzen kurzen Haaren kletterte zu ihr in den Rettungswagen. „Wie schnell sind Sie denn gefahren?", fragte er gerade heraus. Natürlich wollte sie nicht sagen, wie schnell sie tatsächlich unterwegs gewesen war und machte vage Angaben. „So ungefähr 80 oder 90 Stundenkilometer", gab sie zögerlich an. Der Polizist riss die Augen auf. „Haben Sie denn keine Meldungen im Radio gehört?" „Nein", sagte Victoria kleinlaut, „warum?" Mit ernstem Tonfall antwortete er: „Weil alle Sender heute Vormittag vor Blitzeis gewarnt haben. Sie waren viel zu schnell unterwegs. Sie hätten höchstens halb so schnell fahren dürfen." Er erging sich in Belehrungen. Das konnte sie jetzt wirklich gut brauchen, fand Victoria. „Wissen Sie eigentlich wie viel Glück Sie hatten", wetterte er, „dass kein weiterer Verkehrsteilnehmer zu Schaden gekommen ist!" Vor allem hätte sie großes Glück gehabt, dass sie schon vorbei gewesen war an dem Lastwagen, den sie überholt hatte. Nicht auszudenken, wie der Unfall sonst ausgegangen wäre. Seiner Ansicht nach, hätte sie das gar nicht überlebt. Victoria schluckte und musste ihm insgeheim recht geben. Aber das alles half jetzt nicht mehr. Schrott war nun einmal Schrott. „Sie hören dann von mir, Frau Leonhardt. Rechnen Sie mit einem Bußgeld wegen zu hoher Geschwindigkeit." Damit verabschiedete sich der Polizist. Die Türen des Rettungswagens schlossen sich.

Auf dem Weg in die Unfallklinik ging es Victoria dann immer schlechter. Ihr Kreislauf brach zusammen. Sie fühlte sich ganz taub. Anscheinend hatte sie doch einen Schock erlitten. Die Sanitäter versorgten sie und wenig später kam sie wieder zu sich. Sofort arbeiteten ihre Gedanken. „Hätte ich mein Auto doch nur in der Spur halten können", jammerte sie, „dann wäre alles gut gegangen." Einer der Sanitäter antwortete: „Ja, das wäre bestimmt das Beste gewesen. Vor allem, darauf hätten Sie auch gleich ein Patent anmelden können." „Wieso?", wollte Victoria wissen. Er beugte sich herunter und sagte: „Weil das noch nie jemand geschafft hat." Er ließ eine Flüssigkeit in ihre Vene hineinlaufen. „Wissen Sie, eine kleine Unebenheit in der Fahrbahn genügt. Dann gerät ihr Auto aus der Spur, da können Sie nichts mehr tun." Das wollte sie nun noch weniger hören. Sie fror erbärmlich und zitterte am ganzen

Körper. Ganz toll, dachte sie. Das kann ich jetzt wirklich gut gebrauchen. Victoria begann mit sich zu hadern. Die Gedanken trieben ihr die Tränen in die Augen und sie konnte sie nicht zurückhalten. Sie hatte keine Kraft mehr. Wieder brach ihr Kreislauf zusammen. Langsam wich das Bewusstsein aus ihr. Die Sanitäter begannen erneut hektisch irgendwelche Flüssigkeiten in sie hineinzupumpen. Sie fühlte sich elend und so entsetzlich ausgeliefert. 'Wie weit war es denn noch? Sie mussten doch bald mal ankommen, damit endlich jemand feststellen konnte, dass ihr wirklich nichts fehlte', dachte sie und schluchzte heftig, als der Rettungswagen endlich vor der Notaufnahme anhielt. Zwei Stunden später war ihr Kreislauf wieder stabil und sie konnte Katja anrufen. „Sag mal, was machst du denn für Sachen?", fragte Katja besorgt, als sie von der Klinik wieder nachhause fuhren. „Sag jetzt bitte nichts", bat Victoria kleinlaut.

Der Geschmack von Freiheit

Alle, die von dem Unfall hörten, waren froh, dass Victoria nichts passiert war. Nur Laura weinte heftig, als Victoria mit Katja bei ihren Kindern eintraf. Laura machte sich manchmal Sorgen um ihre Mutter, obwohl die ihr versicherte, dass sie das schon alles schaffen würde. Schade, dass der Clio jetzt einen Totalschaden hatte, fanden alle. Das Auto, meinte Urs, als er sie am Abend anrief, könne man aber ersetzen, Victorias Gesundheit nicht. Den ganzen nächsten Vormittag telefonierte Victoria. Das Abschleppen des Autos vom Bergungsdienst zur Werkstatt musste organisiert werden. Bei zahlreichen Gebrauchtwagenhändlern erkundigte sie sich nach passenden Angeboten, die im Rahmen ihres Budgets lagen. In einer nahen Werkstatt besorgte sie dann noch einen Mietwagen für die nächsten Tage. Ohne Auto kam sie nirgendwo hin. Bis Mittag hatte sie es tatsächlich geschafft, alles zu erledigen. Unter all den angebotenen Gebrauchtfahrzeugen fiel ihre Entscheidung auf einen roten Opel Zafira. „Können wir mit dem auch in Urlaub fahren?", wollte Louis gleich wissen. „Ich denke schon", entgegnete ihm Victoria, „so in etwa drei Tagen kann ich ihn abholen. Leider geht dafür unser Erspartes drauf. Aber vielleicht bekomme ich noch etwas für den Schrottwert des Clio." Sie seufzte und fügte dann hinzu: „Das ist auf jeden Fall ein prima Familienauto, fast besser als der Renault Clio." „Sind wir jetzt pleite?", kam es von Anton. „Lies es mir von meinem Gesicht ab, mein Kind." Victoria war gerade nicht in besonders fröhlicher Stimmung. Das Vorgefallene passte so gar nicht in ihr Lebenskonzept. Glücklicherweise erlaubte es ihre Zeit nicht, länger darüber nachzudenken. Inzwischen war es schon ein Uhr. Am Nachmittag war der Terminkalender wieder voll mit Sitzungen. Abends rief Katja an: „Hallo Victoria ", sagte sie, „wie läuft es denn so? Hast du dich schon ein bisschen erholt?" Victoria atmete durch.

„Kann ich dir gar nicht so genau sagen. Aber ich habe alles geregelt." „Ehrlich? Wie machst du das nur? Hast du einen eingebauten Beschleuniger?" Katja war sprachlos. Sie kannte niemanden, bei dem in so kurzer Zeit so viele Dinge passierten, wie bei Victoria. „Einfach Glück gehabt, Katja." Sie unterdrückte ein Gähnen. „Und bei dir?", Katja lachte. „Nicht so aufregend, wie bei dir jedenfalls. Du weißt ja. Ich mache mir nicht so viele Gedanken über alles. Deshalb bin ich zurzeit gerade sehr entspannt." „Klingt gut", sagte Victoria fast ein bisschen neidisch. Katja fuhr fort: „Aber deshalb rufe ich nicht an. Ich habe einen Vorschlag für dich." Victoria setzte sich aufrecht auf ihrem Sofa hin und hörte zu. „Hast du Lust, zu meinem Unternehmer-Netzwerk morgen Abend mitzukommen? Von dem habe ich dir schon mal erzählt. Ich war bereits zweimal da. Die treffen sich einmal wöchentlich um sich gegenseitig zu empfehlen mit allem Möglichen." Victoria dachte kurz nach, lächelte und antwortete: „Das klingt gut. Dein Vorschlag gefällt mir." „Gut, dann hole ich dich morgen Abend um sechs Uhr ab." Eine Sache wollte Victoria noch klären: „Was zieht man denn da an?" Katja musste lachen.

Sie wusste, warum ihre Freundin diese Frage stellte. Am liebsten ging Victoria mit bunter Kleidung aus dem Haus. Vorzugsweise in Strumpfhosen, Minirock und Glitzershirt in ihren Lieblingsfarben pink, lila und türkis. „Zieh dir ein schickes Kleid an, etwas Seriöses", empfahl Katja. „Außerdem brauchst du einen Stapel Visitenkarten zum Verteilen. Jeder stellt sich mit seinem Geschäft in einer kurzen Präsentation vor, die dauert aber höchstens fünf Minuten." Victoria kannte durch Katja schon ein paar andere Netzwerke mit Leuten, die sich regelmäßig zur gegenseitigen Vergabe von Aufträgen trafen. Aber nicht alle waren gleich. Katja hatte ihr erklärt: „Dadurch lernt man sich ganz gut kennen, kann sich vernetzen und sich gegenseitig Kunden empfehlen." Dafür war Victoria ihr sehr dankbar. „Schön", freute sich Katja. „Dann sehe ich dich morgen, Liebes. Vielleicht ruhst du dich noch ein bisschen aus", empfahl sie ihr. Dann fragte sie noch: „Wie war denn dein Salsatanzen neulich?" Victoria musste kurz überlegen, dann fiel es ihr wieder ein. „Ach, ich habe schön getanzt. Aber so ein Kubaner, Carlos, wollte mich abschleppen. Der hat mir ein Glas Mineralwasser spendiert und dachte dann, er könnte sein angestautes Testosteron bei mir loswerden. Ohne mich." „Hast du den anderen Mann mal wiedergesehen?", fragte Katja. Sofort entfuhr Victoria ein tiefer Seufzer. „Der Gutaussehende? Ich sehe ihn immer wieder. Schon seit Monaten ist er genau dort beim Salsatanzen, wo ich auch bin." In Victoria stieg das Bild eines attraktiven dunkelhaarigen Mannes auf. Er hatte weiche Gesichtszüge und eine sportliche Figur, wie sie fand. Ein weiterer Seufzer entfuhr ihr. „Aber er sieht mich nicht. Für den bin ich Luft", ereiferte sie sich und nach einer kurzen Pause fügte sie hinzu, „Ich bin bestimmt nicht sein Typ." Das konnte sich Katja allerdings überhaupt nicht vorstellen. Sie ließen das Thema ruhen und verabschiedeten sich. „Na dann, gute Nacht, meine Liebe." „Ja, schlaf gut, Katja." Wenig später fielen Victoria beinahe die Augen zu und sie ging schlafen. Als dann am nächsten Morgen viel zu früh der Wecker klingelte, kroch sie, immer noch müde, aus ihrem Bett.

Heute war ja der Abend bei diesen Unternehmern, zu dem Katja sie mitnehmen wollte, durchfuhr es sie sofort. Kleine Zweifel machten sich breit. Victoria wusste nicht, ob sie dort neue Klienten gewinnen konnte. Aber sie wollte auch nichts unversucht lassen. Schließlich hatte sie schon in den ungewöhnlichsten Situationen Menschen für ihre Arbeit begeistern können. Gähnend zog sie sich an und ging hinunter in die Küche. Während sie die Brotzeit für ihre Kinder vorbereitete, dachte sie weiter darüber nach. „Seriös anziehen, soll ich mich, meint Katja", sagte sie nachdenklich. „Was heißt seriös?" Anton kam als Erster zum Frühstück runter. Victoria stapelte drei gefüllte Brotzeitboxen aufeinander. Dann wandte sie sich um und erklärte ihm: „Heute Abend gehe ich mit Katja auf ein Unternehmer-Treffen. Sie meinte, ich soll mich ordentlich anziehen, so geschäftsmäßig eben." „Das machst du jetzt ganz schön häufig, auf solche Treffen gehen, Mum." „Ja, Anton." Sie nickte und lächelte ihn an. „Ich will dem lieben Gott einfach zeigen, dass ich es ernst meine." Sie setzte sich zu Anton an den gedeckten Frühstückstisch. Louis setzte sich dazu. „Sag mal Mama, was ist eigentlich mit deinem Psychodoktor?" Victoria runzelte die Stirn und fragte: „Wen meinst du?" „Na, diesen Dr. Rosenstock. Mit dem wolltest du doch auch zusammenarbeiten, oder?" Laura kam zur Küche herein und hörte gerade noch, was Louis sagte. Sie setzte sich, nahm eine Scheibe Brot und belegte sie mit Salami und Käse. Victoria runzelte die Stirn und überlegte einen Moment, wen Louis meinte, dann nickte sie. „Du meinst Konrad Rosenstock, Facharzt für Psychiatrie und Psychotherapie. Ich glaube, die Zusage, mich seinen Patienten zu empfehlen, war nur heiße Luft", sagte sie etwas deprimiert. Laura mischte sich ein: „Wenn du mich fragst, Mama, wollte der nichts anderes, als dir an die Wäsche." Sie mussten alle schallend lachen. Victoria schüttelte den Kopf. „Da könntest du recht haben, Laura. Wenn man mit Ende 30 noch zuhause bei Mama wohnt, ist das wirklich etwas merkwürdig." Victoria hatte Konrad Rosenstock kennengelernt, als sie sich bei ihm mit ihrer Praxis vorgestellt hatte. Sie hatten sich anfangs blendend verstanden und sich hin und wieder getroffen, um sich über die Arbeit auszutauschen. Das dachte Victoria jedenfalls. Dabei hatte sie nach und nach festgestellt, dass er vom Therapieren eigentlich gar keine Ahnung hatte, seine Finger aber nicht bei sich lassen konnte. Was ihre therapeutische Arbeit betraf, interessierte er sich sehr dafür, wie sie die Themen ihrer Klienten anging und auflöste. Mehr aber auch nicht. Victoria wurde sehr ernüchtert, als sie erkannte, was er unter Therapie verstand. „Wisst ihr", resümierte sie, „der kriegt nur wegen seiner Kassenzulassung 80 Euro pro Sitzung von der Krankenkasse. Dabei kann der gar nicht therapieren. Er redet ein bisschen mit den Patienten und denkt, das sei Therapie. Mit Heilung hat das nicht viel zu tun." Im Gegensatz zu den wahren „Aufräumarbeiten", die sie mit Ihren Klienten leisten durfte, hielt Konrad mehr oder weniger Kaffeekränzchen über 25 Therapiesitzungen. Danach erklärte er seinen Patienten, dass die Therapie jetzt beendet sei. Er entließ sie in ihr Leben, ohne dass das Thema aufgearbeitet war. „Ich muss aufhören, mich darüber aufzuregen", seufzte sie. Anton winkte ab. „Ach Mum, du wirst auch ohne den Psychodoktor reich." „Danke mein Schatz. Das baut mich echt auf", strahlte sie ihren Sohn an. Es war Zeit, zum Schulbus zu gehen. Heute hatte Victoria nicht so viele Sitzungen vor sich.

Am Nachmittag klingelte das Telefon. „Victoria Leonhardt", meldete sich Victoria. Ein Räuspern, dann hörte sie eine heißere Katja: „Hallo Victoria. Ich habe Halsschmerzen und meine Stimme ist fast weg. Jedenfalls kann ich heute Abend nicht mit." „Ach du Arme", sagte Victoria mitfühlend, „das ist aber schade." Katja flüsterte mehr, als dass sie redete: „Du musst leider allein gehen." Victoria schluckte. „Allein?" „Du gehst doch sonst auch zu allen möglichen Veranstaltungen allein", sagte Katja. „Ja, aber du weißt doch, ich bin immer noch ganz schön nervös dabei." Doch dann lenkte sie schnell ein. „Na gut, dann erzähle ich dir morgen, wie es gelaufen ist." „Du machst das schon. Viel Erfolg, Liebes", flüsterte Katja. Dann legte sie auf. Irgendwo in den tiefen Weiten ihres Kleiderschranks fand Victoria später ein schwarzes, figurbetontes Kleid mit weißen Nadelstreifen. Das sah doch seriös genug aus, entschied sie. Pünktlich um sieben Uhr betrat sie das Lokal, das Katja ihr genannt hatte. Sie fand sich in einer Runde mit 25 anderen Selbstständigen wieder. Dazwischen, welche Überraschung, ein bekanntes Gesicht. „Urs", rief sie und strahlte. Dann eilte sie zu ihm. „Hallo Victoria. Das ist aber eine schöne Überraschung", begrüßte er sie. Urs war wie immer ganz weiß angezogen. Wie ein Arzt sah er aus, fand Victoria. Es passte aber zu ihm. Liebevoll lächelte er sie an und umarmte sie. „Ich bin ja so froh, dass dir nichts passiert ist. Du machst vielleicht Sachen." Victoria entgegnete: „Es ist mir auch noch nicht klar, warum mir das passiert ist." Sie setzte sich auf einen freien Stuhl neben Urs und er stellte sie den anderen Gästen am Tisch vor. Links neben ihr saß ein Malermeister, der höchsten 25 Jahre alt war. Ein junger aufgeweckter Bursche mit großen Plänen, wie es schien. Gegenüber hatte ein Architekt Platz genommen, er war um die 50 und fertigte Gutachten an, wie er sagte. Neben ihm saß eine Frau mit langen blonden Haaren. Sie stellte sich als Weinhändlerin vor. Urs bot Victoria an, für sie die Vorstellung ihrer Praxis zu übernehmen. Victoria überlegte einen Moment und sagte: „Warum nicht? Danke Urs, dein Angebot nehme ich sehr gerne an." Als Victoria mit der Vorstellung an der Reihe war, stand Urs auf. Er schaute zuerst sie an und dann in die Gesichter der Gäste, bevor er begann. „Heute Abend ist es mir eine Freude, Ihnen Victoria Leonhardt vorzustellen. Sie ist Psychotherapeutin – aber keine gewöhnliche. Egal, was Sie für Probleme oder Sorgen haben, welche Ängste oder Umstände Sie auch belasten, Victoria findet immer das, was dahinter steckt. Aber vor allem erarbeitet sie mit Ihnen Ihre individuelle Lösung. Das macht sie auf Herzensebene, mit ganz viel Engagement und Liebe." Victoria war sprachlos. Sie wurde sogar ein bisschen rot. Er setzte sich wieder. „Danke Urs", stotterte sie ein wenig verlegen. Sie lächelte ihn mit geröteten Wangen an und fügte hinzu: „Das hast du wirklich schön gesagt." Er zuckte mit den Schultern und meinte nur: „So sehe ich dich eben." Nachdem die Vorstellungsrunde beendet war, gab es Gelegenheit, sich untereinander auszutauschen. Einige der Gäste kamen auf Victoria zu und wollten Näheres über ihre Therapien wissen. Sie erklärte noch etwas ausführlicher wie sie arbeitete und verteilte fleißig ihre Visitenkarten. Sie lächelte und war zufrieden. Was für ein schönes Gefühl, sich mit seiner eigenen, selbstständigen Arbeit in so einem Rahmen zeigen zu können. Das war es, was ihr das Gefühl gab, immer mehr auf eigenen Beinen zu stehen. Am meisten genoss sie die damit verbundene Freiheit. Keiner konnte ihr mehr sagen, was sie zu tun oder zu lassen hatte. Diese Freiheit war mit nichts in der Welt aufzuwiegen oder zu bezahlen. Ja, die Freiheit schmeckte gut. An den Unfall wollte sie sich nicht mehr erinnern. Auch dieses Ereignis sollte sie nicht davon abhalten, ab jetzt erfolgreich zu sein. Gegen zehn Uhr ging sie zu Urs und sagte: „Ich muss jetzt nach Hause fahren, mir tun die Füße weh. Außerdem habe ich schon Fransen am Mund." Er drückte sie noch einmal ganz fest und sie verabschiedete sich von ihm. Zuhause angekommen, fiel sie todmüde ins Bett und war sofort eingeschlafen. Kurz nachdem die Kinder am nächsten Tag das Haus verlassen hatten, rief bereits Katja an. Sie war neugierig und wollte erfahren, wie es am Abend zuvor gelaufen war. Immer noch klang ihre Stimme etwas heißer als sie fragte: „Wie viele Karten hast du denn verteilt gestern Abend?" „So ungefähr zehn Stück, würde ich sagen", antwortete Victoria. „Weißt du, wen ich getroffen habe?" Katja fragte neugierig nach. „Wen denn?" „Urs war da", sagte sie ihr. „Stell dir vor, er hat mich in der Runde vorgestellt. Es war toll." Victoria atmete hörbar auf. „Ich bin froh, dass du mich dorthin eingeladen hast. Es war wirklich eine weitere Möglichkeit, Kontakte und Interessenten zu gewinnen." Katja sagte: „Das ist schön. Ich wünsche dir, dass dadurch ganz viele neue Klienten zu dir finden." Victoria freute sich über Katjas Wohlwollen und antwortete: „Oh danke, Liebes."

Katja genoss das Telefonat mit Victoria und fragte weiter: „Sag mal Victoria, hast du eigentlich mal wieder Alexandra getroffen?" Victoria musste überlegen bevor sie antwortete. „Gute Frage. Ich habe sie bestimmt schon ein paar Monate nicht mehr gesehen. Warum?" „Mich interessiert, ob es mit ihrer Firma inzwischen besser läuft", erwiderte Katja. Alexandra war eine gemeinsame Bekannte. Sie hatte ein Institut für Lebensberatung, aber der wirtschaftliche Erfolg wollte sich einfach nicht einstellen. „Warum? Meinst du, dass sie sich immer noch so schwer tut Kunden zu finden und so herum krebst?" Damit beschrieb Victoria diejenigen, bei denen sich der berufliche Erfolg einfach nicht einstellte, egal wie sie es anpackten. „Ist sie nicht schon seit acht Jahren selbstständig?", fragte sie. „Nein", meinte Katja, „erst seit fünf oder sechs Jahren, oder?" „Ist ja auch egal, wie lange. Ich kann dir schon sagen, warum sie keine Kunden hat", kam es von Victoria. Wenn man Alexandra zuhörte, erfuhr man von unzähligen teuren Ausbildungen, Qualifikationen und Fortbildungen in diversen Coaching- und Therapiemethoden. Alexandras Schulden wurden nicht kleiner, aber anscheinend störte sie das nicht sonderlich. Schließlich hatte sie einen wunderbar großzügigen Vater. Dank ihm konnte sie ihre Privatinsolvenz immer wieder etwas aufschieben. „Es ist ja auch nicht wirklich notwendig mit fast 50 Jahren endlich sein eigenes Geld zu verdienen", entfuhr es Victoria. Für sie wäre so ein Zustand unvorstellbar. „Also ich würde in dieser Lage wahrscheinlich drei Minijobs annehmen, angefangen beim Einräumen von Regalen im Supermarkt über das Putzen von Büros bis hin zum Austragen von Zeitungen." „Na ja", meinte Katja, „Alexandra hat nur sich und wir wissen ja, ihre Eltern unterstützen sie noch finanziell." „Weißt du Katja", fuhr Victoria fort, „das Traurige ist, dass ich ihr schon so oft angeboten habe, mit ihr echte Ziele auszuarbeiten und ihre Luftschlösser zu hinterfragen." „Und?", wollte Katja wissen. Victoria seufzte: „Sie sagte, das hätte sie nicht nötig. Sie würde es auch in meiner Nähe kaum aushalten. Außerdem sei das zu viel Aufwand. Sich zu vernetzen und Visitenkarten zu verteilen, sei viel zu anstrengend." Alexandra hatte keine Ratschläge von Victoria annehmen wollen. Aber sie hatte es sich auch nicht nehmen lassen, Victoria ständig zu belehren. „Die hat vor niemandem Achtung, Katja. Das sag' ich dir", erklärte Victoria, „Sie will anderen sagen, was sie tun sollen, um erfolgreich zu sein, dabei hat sie selbst keinen Erfolg." Katja pflichtete ihr bei: „Das macht wirklich keinen Sinn. Was steckt denn da dahinter?" Victoria holte tief Luft und antwortete: „Das kann ich dir schon sagen. Alexandra hat ihre Mutter nicht im Rücken."

Katja fragte entgeistert: „Was hat sie nicht?" „Erinnere dich, Katja. Da haben wir schon mal drüber gesprochen. Es ist ein Muster, das dahinter steckt. Frauen wie Alexandra haben keine Achtung vor ihrer Mutter. Warum auch immer. Du merkst es schon daran, wie sie über ihre Mutter spricht. Sie lässt kein gutes Haar an ihr." Katja hakte weiter nach: „Was hat die Achtung vor der Mutter noch mal mit dem Erfolg zu tun?" Victoria überlegte einen Moment wie sie es am besten erklären konnte und sprach weiter. „Es ist so, eine Frau, die keine Achtung hat vor ihrer Mutter, ist nicht in ihrer Kraft. Die echte, richtige und größte Kraft kommt von ganz weit hinten und fließt immer von Mutter zu Tochter. Die Tochter wird Mutter und gibt die Kraft an ihre Tochter wieder weiter." „Ach ja, jetzt verstehe ich, was du meinst. Aber dann hat sie vor niemandem Achtung, oder?", sagte Katja. „Genau. Du hast es erfasst", gab Victoria zurück. „Wer seine Mutter nicht achtet, steht nicht in der Kraft der weiblichen Linie und hat somit auch keinen Erfolg. Es stimmt vielleicht nicht immer. Aber wenn jemand keinen Erfolg im Beruf hat, ist es meistens so. Es gilt das Prinzip, dass Geld für Lebensenergie steht." „Das ist ja spannend", sagte Katja. „Wie ist das umgekehrt, bei den Männern, eigentlich?" „Da ist es genau gleich. Der Mann braucht seinen Vater im Rücken, damit er in seine Kraft kommt", endete Victoria ihre Ausführungen und fragte: „Wie geht es dir denn mit deiner Mutter, Katja?" Sofort antwortete sie: „Sehr gut, ich liebe meine Mutter. Sie hat ihr Bestes getan für mich. Außerdem hat sie mir das Leben geschenkt. Und du, Victoria?" „Ähm, ich habe mich inzwischen auch ausgesöhnt mit meiner Mutter. Es war ein ganz schön langer Prozess, aber jetzt sehe ich es genauso wie du." Victoria hatte viele Jahre darunter gelitten, dass sie von ihren Eltern nicht gefördert worden war. Viele Male hatte sie damit gehadert, dass sie nur einen einfachen Schulabschluss hatte. Erst spät war ihr klar geworden, dass sie Spaß am Lernen hatte. Sie konnte sich in wissenschaftliche Bücher vertiefen, wie andere in Krimis. „Ich habe mich inzwischen damit ausgesöhnt", seufzte sie, „dass ich kein Prof. Dr. für Psychiatrie und Psychotherapie bin. Wer weiß, vielleicht wäre ich dann ein genauso verkopfter Fachidiot wie Konrad Ro…, na du weißt schon wer, geworden." Katja musste lachen. „So wie du jetzt bist, mag ich dich viel lieber." „Weißt du Katja", sagte Victoria, „ich habe früher das gleiche Muster gelebt wie Alexandra. Genauso, mit den gleichen Sprüchen." Sie lachte. „Ich kann heute sagen, dass mir vieles, was ich da erkennen musste, ganz und gar nicht gefiel. Weißt du, dieses Muster, Vaters Tochter zu sein und sich besser zu fühlen als die Mutter, war mir viele Jahre nicht bewusst. Es hat mir nicht gefallen, überhaupt nicht, ganz und gar nicht sogar, als ich mir das eingestehen musste. Es war heftig sich damit auseinander zu setzen und dennoch befreite es mich." Es entstand eine kurze Pause. Victoria wurde ernst, dann fügte sie hinzu: „Ich habe viele selbst geschaffene Ketten gesprengt." Katja bemerkte: „Ja, ich kann mich noch daran erinnern, es zog ja auch weite Kreise. Ich denke mal, das ist der eigentliche Prozess des Erwachsenwerdens." Victoria atmete auf und gab ihr recht. „Vor allem habe ich so viele neue Erkenntnisse daraus gewonnen. Allen voran die, dass niemals der andere an der eigenen Situation schuld ist, sondern dass es immer etwas mit einem selbst zu tun hat." „Ja, Liebes. Ich weiß, es ist nicht immer einfach, sich das einzugestehen", gab Katja zurück. „Diese Einsicht hat viele alte Überzeugungen in mir schmerzhaft zum Einsturz gebracht. Vor allem ist mir dadurch auch viel zu meiner Ehe mit Walter klar geworden." Damit beendete Victoria dieses Thema. Es war alles immer noch zu schmerzhaft für sie, vor allem das Ende. „Wie sieht denn dein Tag aus heute?", wollte Katja wissen. „Hast du viele Termine?" „Nein, Katja. Heute backe ich Torten für die Jungs, sie haben morgen Geburtstag."

Die beste Mutter der Welt

Wie bei jedem Geburtstag ihrer Zwillinge, dachte Victoria auch heute an den Tag der Geburt zurück. Die beiden auf die Welt zu bringen selbst war, dank der modernen Anästhesie, ein Spaziergang gewesen. Aber die Monate danach, als die beiden noch sehr klein gewesen waren, waren sehr anstrengend gewesen. Victoria hatte sich oft gefragt, ob wohl jemals der Tag kommen würde, an dem ihre Kinder selbstständig sein würden. Wann würden sie sich alleine anziehen, auf die Toilette gehen oder selbstständig essen können? Inzwischen war viel Zeit vergangen. Seit drei Jahren lebte sie nun allein mit ihren Kindern und wie an jedem Geburtstag der Jungs gab es üppige Buttercreme- und Sahnetorten. Immer mit der entsprechenden Anzahl Kerzen, dieses Jahr also bereits 13. Es war noch früh an diesem Samstagmorgen und die Küche glich einer chaotischen Backstube. Becher mit Schlagsahne, Puddingpulver und geöffnete Mehltüten standen herum, Schüsseln türmten sich übereinander. Im Haus war es noch still. Monika war mit einem Teigschaber zugange und versuchte die Buttercreme einigermaßen gleichmäßig auf der „Schneewittchentorte" zu verteilen als plötzlich Louis herein kam. "Nicht doch", entfuhr es Monika, die sichtlich angespannt war. "Ich dachte, du und dein Bruder schlaft heute genauso lange wie sonst auch, ich wollte euch doch mit euren Geburtstagstorten überraschen." Grinsend schaute Louis ihr über die Schulter und sagte begeistert: „Das sieht aber lecker aus, ist die für mich?" Monika seufzte und antwortete: „Ja, das ist deine, aber aus irgendwelchen Gründen ist die Buttercreme nicht richtig fest geworden und ich muss noch mal von vorne anfangen." Sie wischte sich die Hände an ihrer Schürze ab, drehte sich zu ihrem Jungen um und strahlte ihn an. „Alles Gute zu deinem 13. Geburtstag mein Schatz!", und nach einem Blick auf die Uhr, die kurz nach neun anzeigte, sagte sie feierlich: „Heute vor 13 Jahren warst du schon ein paar Minuten auf der Welt." Sie umarmte ihren Sohn und drückte ihm einen lauten Kuss auf die Wange. Louis lächelte verschmitzt und sagte leise "danke", dann lenkte er seine Aufmerksamkeit aber schnell auf die Buttercremeschüssel auf dem Küchentisch. Er steckte den Zeigefinger in die Creme und dann in den Mund. Ein lautes "Mhm" war zu hören. Derweil hantierte Monika wieder mit einem Schneebesen und rührte Tortengusspulver in einen Topf mit Kirschsaft hinein. „Sag mal Louis, hast du eigentlich etwas von deinem Vater gehört? Hat er dir eine Karte geschickt oder wenigstens ein bisschen Geld für deinen Geburtstag auf dein Konto überwiesen?", fragte sie. „Na ja", gab er leicht bedrückt zurück, „er hat mir eine SMS auf mein Handy geschickt." Er schaute auf, als sein Bruder ebenfalls die Küche betrat. Der sah noch ein wenig müde aus und gähnte. Sofort ließ Monika den Schneebesen in die Schüssel vor sich gleiten, wischte ihre Hände erneut an ihrer Schürze ab und wünschte auch ihrem zweiten Sohn Anton mit einer innigen Umarmung und einem dicken Kuss auf die Backe alles Gute zum 13. Geburtstag. Louis schaute grinsend zu seinem Bruder, dem der Kuss der Mutter anscheinend etwas peinlich war. Laura kam von oben die Treppe herunter. Sie ging an ihren Brüdern vorbei und öffnete die Kühlschranktür. Sie nahm Milch heraus und goss sie in ein Glas. Dann sah sie kurz auf und sagte in ihrem gekonnt überheblichen Tonfall: „Jetzt stellt euch doch nicht so an. Eine SMS reicht doch." Sie warf theatralisch den Kopf zurück und beendete ihren Auftritt mit dem Satz: „Habt ihr etwa mehr erwartet?" „Mindestens einen Kulturbeutel aus dem Discount-Supermarkt!", antwortete Louis mit Ironie in der Stimme. Anton winkte ab. „Ach was, die hat er doch noch nicht mal selbst gekauft, die Geschenke hat immer Babsie besorgt. Die letzten Weihnachtskarten hat auch sie geschrieben, samt seiner Unterschrift." Victoria mischte sich ein. „Eine Tasche für Waschzeug als Weihnachtsgeschenk", sagte sie in einer gespielten Begeisterung, als ob es sich um eine goldene Rolex handeln würde, „Und vor allem, nicht zu vergessen, seine abgetragenen Schuhe und ausgemusterten Taschen, die er uns bei jeder Gelegenheit schenken wollte", setzte Anton nach. Sie brachen alle drei in lautes Gelächter aus.

Es war einfach zu unglaublich, was sie mit ihrem Vater erlebten. Vor allem seit er ausgezogen war. Natürlich war es auch deprimierend, wie wenig sich ihr Vater für sie interessierte. Wenn man es genau nahm, interessierte er sich gar nicht für sie. Er hatte seine Kinder einfach aus seinem Leben gestrichen. Es war bitter. Laura konnte sich nicht verkneifen, noch ein bisschen nachzulegen und seufzte theatralisch: „Sicher hatten er und seine Babsie etwas ganz Wichtiges zu tun. Sie hatten einfach keine Zeit, sich um euren Geburtstag zu kümmern." Victoria wandte sich erneut an Louis und Anton und fragte: „Was ist mit seinen Eltern, euren Großeltern? Haben die sich bei euch gemeldet?" In Louis' Gesicht erschien ein breites Grinsen. „Oh, sie haben mir eine Geburtstagsemail geschickt." Victoria rührte ihre Kirschmasse um. Sie schüttelte eine Haarsträhne aus dem Gesicht. Im Topf vor ihr dampfte es schon. Ihr einziger Kommentar zur Email war: „Sieh einer an, dann haben wir mit dieser Sippe doch noch etwas mehr gemeinsam, als nur den Nachnamen." Wieder mussten sie alle lachen, was sollten sie sonst auch tun. Es war besser, das Ganze mit Humor zu nehmen, als sich davon runterziehen zu lassen. Victoria verteilte die heiße Kirschmasse auf ihren Tortenböden. Dabei versank sie in Gedanken. Die Kinder gingen ihren eigenen Aktivitäten nach und verließen die Küche. Sie konnte sich schon denken, was ihr geschiedener Mann überall erzählte, warum er seine Kinder nicht mehr sah und sie ihn nicht mehr besuchten. Dafür kannte sie ihn einfach zu gut. Walter konnte herrlich Sachverhalte konstruieren. Er war ein Meister darin, sie so glaubhaft darzustellen, dass er einen prima Schauspieler abgegeben hätte. Bestimmt ließ er sich bei allen darüber aus, wie sehr seine böse Exfrau doch die Kinder manipulierte. Sie, Victoria, würde die Kinder aufhetzen gegen ihn, den armen, unschuldigen, hilflosen Vater. Bestimmt sei alles ihre Schuld. Louis kam erneut zur Küche herein, weil es einfach so gut duftete nach Kuchen. Er wollte sehen, wie weit seine Torte schon war.

Als er seine Mutter ansah, ahnte er, was in ihr vorging. „Ach Mama, das holt ihn bestimmt irgendwann noch ein. Es wird ihm sogar noch mal furchtbar leidtun." Victoria schaute von ihrer Torte auf und hinüber zu ihrem Sohn. Sie entgegnete: „Ich weiß nicht, Louis. Manche leben damit bis ans Ende ihrer Tage. Das Schlimmste ist, dass er das alles nicht nur euch antut, sondern am meisten sich selbst." Sie verteilte die Sahne auf dem obersten Tortenboden. Damit war das Thema beendet. Zumindest dachte das Victoria.

Auf keinen Fall wollte Victoria, dass ihre Jungs Muttersöhne wurden. Das bedeutete nicht, dass Louis und Anton sich so verhalten sollten wie Walter. Aber sie konnten alle Fähigkeiten ihres Vaters, die ihnen gefielen, übernehmen. Immerhin war er ein guter Geschäftsmann und ein guter

Buchhalter, hatte sie ihren Jungs schon oft erklärt. Seine Firma schrieb immer schwarze Zahlen. Victoria fand, das waren sehr gute Eigenschaften, die es wert waren, übernommen zu werden. Obwohl auch Walter das Prinzip „Mutters Sohn" lebte, war er erfolgreich. Deswegen hütete sich Victoria auch davor, zu verallgemeinern. Sie war sich allerdings nicht sicher, wie es ihm gesundheitlich gehen mochte. Irgendwo suchte sich die Energie ihr Ventil. Aber es ging sie ja jetzt alles nichts mehr an. Jetzt hatte Babsie das Vergnügen, sich um ihn zu kümmern.

Am Nachmittag war das Haus dann voller Jugendlicher. Victoria deckte den großen Tisch im Wohnzimmer. Laura half ihr die Kerzen auf den Torten anzuzünden. Als alle brannten, schrien sie laut: „Louis, Anton. Ihr könnt jetzt kommen." Schnell ließ Victoria die Jalousien noch etwas herunter, damit es dunkler wurde und die brennenden Kerzen auf den Torten noch besser wirkten. Jedes Jahr genoss Victoria diesen Moment sehr. Für sie war es etwas Besonderes, weil sie es als Kind nicht so erlebt hatte. Außerdem konnte sie nicht aus ihrer Haut. Immer wieder fand sie sich in einem Gewissenskonflikt. Sie wollte alles so perfekt wie möglich machen, damit es ihren Kindern gut ging. Obwohl sie genau wusste, dass das eigentlich gar nicht notwendig war. In ihren Sitzungen sagte sie jedem, dass alle Eltern es so gut machten wie sie eben konnten. Es kann auch jede Mutter und jeder Vater nur das weitergeben, was er oder sie selbst zuhause, als Kind, erfahren hatte. Das leuchtete auch jedem sofort ein. Was noch viel wichtiger war, als die schöne Feier, war, Louis und Anton zu erlauben, so zu werden wie ihr Vater. Sie waren ihm, von ihrem Aussehen her, sowieso so ähnlich.

Die Jungs kamen aus ihren Zimmern mit ihren Freunden im Schlepptau. Insgesamt waren sie zwölf. Laura brachte noch ein paar Stühle aus dem Keller, dann setzten sich alle hin. „Was wünscht ihr euch denn?", wollte Laura wissen. Anton sagte, ohne lange zu überlegen: „Das wisst ihr doch. Ich wünsche mir einen Traktor. Aber einen richtigen. Einen echten Traktor, mit dem ich auch herum fahren kann." Anton liebte Traktoren und Victoria würde ihm den Wunsch noch erfüllen. Nur wann, das wusste sie noch nicht so genau. „Ich sag` meinen

Wunsch nicht, sonst geht er nicht in Erfüllung", rief Louis. Sie holten tief Luft und bliesen die Kerzen auf den Geburtstagstorten aus. Alle klatschten und Laura zog die Jalousien wieder hoch. Wenig später war von beiden Torten fast nichts mehr übrig. Das war das beste Kompliment, fand Victoria. 'Dann hat es ihnen ja wohl geschmeckt', dachte sie. In aller Ruhe räumte sie den Tisch wieder ab und stellte das ganze Geschirr in die Spülmaschine.

Die Horde Jungs im Haus war nicht zu überhören. Spätestens da dachte Victoria, dass sie froh sein würde, wenn dieser Tag sich dem Ende zuneigte. Laura beschwerte sich ebenfalls: „Die machen vielleicht einen Krach da oben. Bist du sicher, dass sie schon 13 werden und nicht erst drei?" Victoria musste lachen, insgeheim gab sie Laura recht. Als am Abend dann alle Freunde von Louis und Anton gegangen waren, bat Victoria ihre Söhne zu sich. Sie nahmen auf dem Sofa Platz, die Jungs rechts und links von Victoria. Die schaute erst zu Louis, dann zu Anton, der fünf Minuten jünger war als sein Bruder. „Ich wollte euch noch etwas sagen. Es hat mit dem zu tun, worüber wir heute Vormittag gesprochen haben." Louis fragte nach: „Was meinst du? Wegen Papa?" „Ja", antwortete Victoria. „Wisst ihr, euer Papa hat alles richtig gemacht. Er hat sich nämlich die beste Mutter auf der ganzen Welt ausgesucht für seine Kinder." Beide Jungs schauten mit großen Augen auf ihre Mutter. 'Was kam denn jetzt schon wieder', fragten sie sich. „Euer Papa wusste ganz genau, dass er sich auf mich zu 100 Prozent verlassen kann. Selbst wenn er euch verlassen würde, wusste er, dass ich immer mein Bestes für euch und eure Schwester geben würde. Er war überzeugt, dass ich alles dafür tun würde, dass es euch immer gut geht." Die Zwillinge schauten jetzt noch fragender auf ihre Mutter. Die strahlte ihre Jungs an und fügte hinzu: „Er hatte recht. Ihr und eure Schwester seid das Wichtigste auf der ganzen Welt für mich." „Ja. Mum", sagte Anton etwas ungehalten. „Ist ja gut. Ist sonst noch was?" Victoria nahm zwei Kuverts vom Couchtisch und reichte jedem ihrer Söhne eines mit den Worten: „Nochmals alles Gute zu eurem Geburtstag." Louis riss sein Kuvert schnell auf. Ein Gutschein für eine Stunde Gokartfahren und ein grüner Geldschein kamen zum Vorschein. Antons Kuvert hatte den gleichen Inhalt. Seine Augen leuchteten: „Danke Mum." Freudig nahmen die Jungs ihre Geschenke und ließen eine zufriedene Mutter im Wohnzimmer zurück. Sie atmete tief durch und genoss den restlichen Abend vor dem Fernseher, bevor sie schlafen ging.

Schon am nächsten Tag kam Laura von ihrer Freundin Johanna mit Neuigkeiten nachhause. Johanna war die Tochter des ortsansässigen Bäckers und schon lange mit Laura befreundet. An diesem Tag stürmte Laura zur Haustür herein und rief: „Ich weiß jetzt, warum der Papa den Kontakt zu meinen Brüdern und mir abgebrochen hat." Victoria beschlich ein komisches Gefühl. Ihr Magen begann sich zu verkrampfen, ohne dass sie es verhindern konnte. 'Was kommt denn jetzt wieder für eine Story', fragte sie sich. „Na dann. Erzähl doch mal, Laura. Was spricht man denn so beim Bäcker?" Laura holte tief Luft und begann: „Die Johanna hat mit erzählt, was ihre Mutter zu ihr gesagt hat. Der Papa hätte sich beschwert, wir würden ihn nicht grüßen, wenn er an uns vorbeifahren würde. Er findet, hat er gesagt, das sei eine Frechheit, hat sie gesagt." Laura war ganz außer Atem. Für einen kurzen Moment wurde es still, dann hörte man von oben wie die Türen der Jungs aufflogen. Sie stürmten hintereinander die Treppe herunter. Laura wiederholte ihre Geschichte. Louis Gesicht war ein einziges Fragezeichen. Victoria wusste gerade nicht, ob sie darüber lachen oder weinen sollte. Louis überlegte kurz. Dann sagte er: „Ich kann mich überhaupt nicht erinnern, wann er an uns vorbeigefahren sein soll." Anton winkte ab und sagte: „Er hat uns doch schon länger wie Fremde behandelt. So kam ich mir zumindest vor. Immer wenn wir ihn bei Babsie besucht haben, hat er vor ihr mit uns die Show abgezogen. Einen auf strengen Vater gemacht. Wir mussten wegen jeder Kleinigkeit fragen." Louis fuhr sich mit der Hand durch die Haare, schaute zu seinem Bruder und gab ihm recht: „Stimmt. Schließlich seien wir dort nicht zuhause und wenn uns etwas nicht passen würde, bräuchten wir nicht mehr kommen." Laura schüttelte den Kopf. „Also wenn ihr mich fragt, habe ich inzwischen jede Achtung vor ihm verloren. Ehrlich, so ein Kleinkindverhalten und das von einem erwachsenen Mann. Ich glaube, mich kann nichts mehr überraschen." Für einen Moment entstand eine drückende Stille.

Schließlich seufzte Laura und erzählte: „Eine Freundin von mir hat ihn neulich gesehen, wie er mit Babsies 16-jährigen Sohn David Schischah geraucht hat." Victoria runzelte die Stirn. „Ach ehrlich?" „Ja Mama. Da habe ich ihr gesagt, da sind die beiden ja auf gleichem geistigen Niveau." Laura machte eine kurze Pause und dachte nach. „Obwohl? Nein! Wenn ich recht überlege, ist David geistig weit überlegen!" Damit verließ Laura wieder die Küche.

Victoria fühlte sich hilflos. Ihr fiel nichts ein, was sie hätte sagen können um ihre Kinder zu trösten. Zu oft hatte sie deren Vater bereits in Schutz genommen. Victoria hatte schon mehrmals versucht zu erklären, dass Walter einfach von seinen Gefühlen abgespalten war. Er könne es nicht besser, hatte sie ihn verteidigt. Hätte es allerdings einen Wettbewerb gegeben „Wer verletzt seine Kinder am tiefsten", hätte er ihrer Meinung nach den ersten Preis gewonnen. Alle anderen nominierten Väter wären um Längen hinter ihm zurückgeblieben.

Am nächsten Morgen stellte Victoria fest, dass der Kühlschrank fast leer war. Zwischen den Sitzungen des heutigen Tages würde sie zum Supermarkt fahren müssen. Kurz vor Mittag schrieb sie rasch einen Einkaufszettel und fuhr los. Wenig später stand sie mit einem übervollen Einkaufswagen an der Kasse des Supermarktes. Es sah aus, als ob sie sich für die nächste Hungersnot rüsten wollte. Hinter ihr stand eine Frau, die so um die 70 Jahre alt war. Sie schaute erst auf Victoria und dann auf den übervollen Einkaufswagen. Dann schnauzte sie die Kassiererin an der Kasse an: „Können Sie nicht eine weitere Kasse aufmachen, das dauert ja ewig hier!" Dahinter stand ein älteres Ehepaar, das ebenfalls sehr ungeduldig wirkte. Victoria machte sich nichts daraus. So etwas konnte sie schon lange nicht mehr aus der Ruhe bringen. Gott sei Dank auch die Kassiererin nicht. Dann wurde Victoria auf das Geschehen an der Nachbarkasse aufmerksam, an der ebenfalls einiges los war. Eine junge südländisch aussehende Frau, die nicht älter als vielleicht 20 Jahre war stand hinter einem untersetzten, älteren Mann mit grauen Haaren und Stoppelbart. Sein Gesichtsausdruck war alles andere als freundlich. Die junge Frau fragte den Mann, ob sie vielleicht vor ihm an die Kasse gehen dürfe. Sie tat dies ganz freundlich und lächelte ihn mit ihren großen dunklen Augen an. „Bitte kann ich vorgehen? Ich habe nur eine Kiste mit Wasser." Er reagierte nicht. Sie fragte ihn ein zweites Mal ganz höflich. Er schaute grimmig auf sie herab. „Was glaubst du denn, wer du bist? Vorlassen soll ich dich? Meine Zeit ist auch kostbar, sogar kostbarer als deine!" Damit war für ihn das Ganze beendet und er legte seine Sachen auf das Band. Die junge Frau schaute ihn entsetzt an. Victoria konnte nicht mehr. Sie musste einfach lachen. Ihre Sachen waren alle schon wieder im Einkaufswagen. Dann bezahlte sie. Sie schüttelte den Kopf und schob ihren vollen Wagen vor sich her. So deutlich hatte sie das noch nie in der Öffentlichkeit gesehen. Das war der blanke Hochmut. Sie musste immer noch lachen. Es gab also noch mehr „Walter" auf der Welt, dachte sie. Mit dem Gefühl, sich aus ihrer Tyrannei befreit zu haben, sang sie laut vor sich hin. „Guten Morgen, guten Morgen, guten Morgen Sonnenschein …", obwohl es in Strömen regnete. Das machte ihr nichts aus. Bis sie alle Sachen aus dem Einkaufswagen in ihr Auto geräumt hatte, war sie ganz schön durchnässt. Doch sie sang einfach weiter. Sie stieg in ihr Auto und schaute auf die Uhr. „Oh, ich muss mich beeilen. Der nächste Klient kommt bald."

Der Mensch ist alles

Victoria musste sich tatsächlich beeilen, sollten ihre gerade gekauften Lebensmittel nicht ganz nass werden. Im strömenden Regen lud sie ihr Auto aus. Nachdem sie dreimal hin und her gelaufen war, waren alle Sachen im Haus. Weitere 15 Minuten später im Kühlschrank und auf dem Vorratsregal. Sie kochte schnell noch einen Eintopf mit Gemüse und Kartoffeln. Wieder schaute sie auf die Uhr. Die Zeit reichte gerade noch für einen Kaffee, bis der nächste Klient kam. Kurze Zeit später öffnete sie einem gut aussehenden Mann um die 40 mit blonden Haaren die Tür. Er trat ein und sie begrüßte ihn mit: „Herr Vincent Müller?" „Ja, der bin ich. Hallo", grüßte er zurück. Als sie in Rattansesseln Platz genommen hatten, bat ihn Victoria ihr zu erzählen, was ihn zu ihr führte. Sie nahm ihr Klemmbrett und schrieb mit. „Ich habe immer wieder Panikattacken. Mein Arzt sagt, das sei was Psychosomatisches und ich solle eine Therapie machen. Da hat er mir Ihre Karte gegeben." Victoria nickte und schrieb mit. „Ja, da hat ihr Arzt recht. Seit wann geht das denn schon so?" Er rechnete in Gedanken nach. „Vielleicht vier oder fünf Monate. Erst dachte ich, es geht von alleine wieder weg. Aber es ist schrecklich, wenn ich so einen Angstanfall habe. Außerdem werden die Abstände immer kürzer." „Ich verstehe", sagte Victoria. „Erzählen Sie mir doch bitte von dem letzten Anfall, den Sie hatten. Wie war das?"

Sein Körper spannte sich etwas an, er atmete flach und begann zu erzählen: „Ich war unterwegs auf der Autobahn. Es war viel Verkehr an dem Tag und es war heiß. Ich fuhr auf der Mittelspur und der Verkehr wurde immer dichter. Dann stand ich im Stau. Urplötzlich habe ich Panik bekommen, weil es nicht weiterging. Außerdem konnte ich nicht aussteigen." Er schluckte und atmete immer flacher. „Schließen Sie die Augen, Herr Müller", bat ihn Victoria. „Versetzen Sie sich noch einmal in diese Situation hinein. Was haben Sie gedacht in dem Moment?" Er atmete schnell mit offenem Mund und antwortete: „'Ich kann hier nicht weg.' Ich habe mich hilflos gefühlt und schwach. Ich hatte keine Kontrolle über die Situation." „Und das Gefühl in dem Moment? Wie war das?", wollte Victoria wissen. Sie tippte auf seinen Knien herum. „Furchtbar. Ich hatte Angst, große Angst. Mein Gott, ich hatte Panik. Ich wollte am liebsten schreien, aber ich war dann wie gelähmt." „Wie erstarrt, ja? Was fühlen Sie denn in Ihrem Körper?", fragte Victoria. Er schluckte, dann redete er weiter: „Es kribbelt in meinem ganzen Körper, wie wenn mein Körper voller Ameisen wäre. Ein ganz unangenehmes Gefühl. Ich weiß gar nicht genau, wie ich es beschreiben soll." „Das ist gar nicht so wichtig", meinte Victoria. Mit weicher Stimme sprach sie weiter: „Hauptsache, Sie können es spüren." Sie wartete zwei Minuten und ließ ihm Zeit, noch tiefer in die Wahrnehmung seiner Gefühle hinein zu sinken. Dann begann sie ihn zurück zu führen. Er hatte sofort Zugang zu einer Erinnerung und berichtete, was er in seinem inneren Bild wahrnahm. „Ich bin in meinem Zimmer und spiele mit meiner Eisenbahn. Da müsste ich etwa fünf Jahre alt gewesen sein. Unten im Haus höre ich meine Eltern. Sie streiten schon wieder. Sie haben ständig gestritten." Sein Atem ging flach und heftig. „Meine Mutter hat meinen Vater ständig fertig gemacht. Sie war immer so unzufrieden und gab ihm die Schuld daran. Er war aber auch so schwach und konnte sich nicht durchsetzen."

Vincent Müller beschrieb, wie er seinen Vater als Kind wahrgenommen hatte. Dass der sich nicht hatte wehren können gegen die Vorwürfe seiner Frau. Die hatte sich immer nur beklagt, wie viel sie doch schuften müsste, damit sie ein Dach über dem Kopf hätten. Er sah die Situation des Vaters, seine Schwäche. Deshalb entschied er sich, niemals schwach sein zu wollen. Außerdem gelangte er zu der Überzeugung, dass man immer die Kontrolle über alles haben musste. Und, dass man sich trauen musste, sich anderen gegenüber durchzusetzen. „Ich wollte niemals so sein wie mein Vater", sagte er mit energischer Stimme. Jetzt stiegen ihm die Tränen in die Augen. Victoria reichte ihm ein Taschentuch und ließ ihn weiter reden. „Ich habe es so verabscheut, wenn ich ihn so schwach gesehen habe. Aber genauso war es mit meiner Mutter. Einerseits fand ich richtig, was sie zu meinem Vater gesagt hat. Manchmal tat er mir auch leid. Sie war so gemein zu ihm." Wieder machte er eine Pause. Er musste erneut weinen. „Herr Müller. Holen Sie doch mal Ihren Vater in Ihr inneres Bild. Daneben können Sie seinen Vater stellen, Ihren Großvater. Was können Sie dann wahrnehmen?" Victoria konnte erkennen, dass etwas in Vincent Müller vorging und wartete ab, was er sagen würde. Es dauerte zwei, drei Minuten. Er schluckte und wurde plötzlich ganz ruhig. Er erkannte die Zusammenhänge. Mit einem Mal ging ihm ein Licht auf. Dann begann er zu erzählen: „Mein Vater hat seinen Vater ja genauso erlebt. Sein Vater war auch schwach. Er hat ihn ebenfalls abgelehnt." Eine Erkenntnis nach der anderen brach über Vincent Müller herein. Victoria ging mit ihm weiter durch die Sitzung. Schritt für Schritt konnte er seine eigenen selbst geschaffenen Gedankenmuster erkennen und gleichzeitig deren Sinnlosigkeit. Ein tiefes Aufatmen ging durch ihn. Victoria lächelte und fragte: „Können Sie Ihrem Vater in Ihrem inneren Bild etwas sagen?" „Ja." „Sagen Sie ihm doch mal 'Papa, ich bin wie du, ich bin auch manchmal schwach' und dann schauen Sie in sein Gesicht." Vincent Müllers Gesichtszüge wandelten sich zu einem Strahlen. „Er freut sich. Das Verrückte ist, ich habe gar keinen Vorwurf mehr an ihn. Jetzt kann ich ihn sogar umarmen." So ging es noch eine ganze Zeit. Victoria fragte nach, wie er sich fühlte und leitete ihn behutsam an. Am Ende der Sitzung stand Vincent in seinem inneren Bild, als der heutige Erwachsene vor seinem Vater und nahm dessen ganze Kraft in sich auf. Er wirkte auf Victoria wie ausgewechselt. Sie war hoch zufrieden. Wenn die Sitzungen der Männer so verliefen, wie diese, war sie sehr erfüllt. Schließlich war es ja für Männer oft das Schwierigste, an ihre Gefühle heran zu kommen. Er öffnete die Augen. „Eine allerletzte Aufgabe gibt es noch", sagte Victoria. „Wenn Sie jetzt die Augen schließen und noch einmal in die Situation im Stau zurück gehen. Wie fühlen Sie sich dann?" Er lächelte. „Ich sage über mein Mobiltelefon Bescheid, dass ich später komme und lehne mich in meinem Fahrersitz entspannt zurück." Er hielt die Augen noch einen Moment geschlossen und war ganz ruhig. Victoria beobachtete ihn und fand, dass er wirklich sehr gut aussah. Aber Klienten waren tabu. Außerdem war er ja auch etwas jünger als sie. Sofort verwarf sie jeden Gedanken daran. So etwas ging ja gar nicht. „Dann, Herr Müller, dürfen Sie Ihre Augen wieder öffnen. Ich entlasse Sie aus der Sitzung. Ruhen Sie sich zuhause aus und schauen Sie, wie es Ihnen in den nächsten Tagen geht. Wenn noch etwas auftaucht, dann rufen Sie mich an. ja?" „Ja", strahlte er aus seinen verheulten Augen. „Aber ich habe noch ein paar Fragen. Haben wir dafür noch Zeit?" „Schießen Sie los", gab sie ihm als Antwort.

„Ich verstehe noch nicht ganz alle Zusammenhänge. Warum hatte ich denn diese Angstanfälle?" Victoria machte eine kurze Pause, überlegte und erklärte ihm dann: „Alles was man ablehnt, kommt auf irgendeinem Weg zu einem selbst zurück. Wenn Sie die Schwäche Ihres Vaters ablehnen, dann kommen Sie über kurz oder lang in Situationen, in denen Sie selbst schwach sind. Das passiert so lange, bis man liebevoll auf der Herzensebene hinschaut. Dann kann man erkennen, dass man eben nicht immer nur stark sein kann. Die Schwäche", erklärte sie ihm, „ist auch ein Teil des Menschen." Vincent Müller hakte nach: „Aber warum hat es mich so heftig erwischt? Warum hatte ich so starke Angstanfälle?" Victoria antwortete: „Nun, womöglich hat es sich im Laufe der Zeit einfach gesteigert. Vielleicht haben Sie früher schon Situationen erlebt, in denen Sie sich dagegen gewehrt haben, Schwäche zu zeigen." Er überlegte einen Moment. „Da könnten Sie recht haben. Ich habe mir gerne schwache Frauen ausgesucht, dann war ich in jedem Fall immer stärker." Er schaute zu Victoria. Sie nickte. „Genau. Der Mensch ist alles. Jede Eigenschaft, die es auf der Welt gibt, ist in uns. Der Mensch ist nicht nur lieb, oder hilfsbereit, oder glücklich. Das ist eine Illusion. Wir sind auch manchmal neidisch, unfreundlich oder eben schwach." Er begann zu begreifen, was Victoria versuchte ihm zu erklären. Sie fuhr fort: „Es ist auf jeden Fall eine Aufgabe, die wir uns ausgesucht haben. Jeder von uns ist aufgefordert, alles, was wir an Eigenschaften ablehnen, wieder zu integrieren." Nach einer kurzen Pause sagte sie abschließend: „Das sind Wachstumsprozesse. Sie können ja wieder kommen, wenn Sie den nächsten Schritt in Ihrem Prozess gehen wollen." „Ja", meinte er, „das ist eine gute Idee. Es gefällt mir sehr, wie Sie hier arbeiten, auch wenn es anstrengend ist. Aber ich fühle mich jetzt so leicht, so ruhig, einfach unglaublich." Sie brachte ihn zur Tür und verabschiedete ihn. Inzwischen waren die Kinder von der Schule nachhause gekommen. Sie hatten sich etwas von Victorias Eintopf geholt und waren schon wieder in ihren Zimmern verschwunden.

Das gab Victoria ein bisschen Zeit für sich selbst. Draußen war wunderbares Wetter. Man spürte, wie der Winter langsam zu Ende ging und der Frühling vor der Tür stand. Sie beschloss, sich mit Jacke und Stiefeln ein wenig in die Frühlingssonne zu setzen. Bis der nächste Klient kam, hatte sie noch eine halbe Stunde Zeit. Wie sie so da saß und das Gesicht nach oben, in die Sonne richtete, musste sie unweigerlich an ihre eigenen Erfahrungen denken. Das ganze Wissen, das Victoria mitbrachte, hatte sie sich ja schließlich nicht aus den Fingern gesaugt, oder aus Büchern gelernt. Sie wusste das alles aus ihrer eigenen Lebenserfahrung. Sie erinnerte sich, wie sie über ihre Eltern gedacht hatte. Sie wusste noch gut, dass sie niemals so sein wollte wie ihre Mutter. Jahrelang hatte sie sich mit Händen und Füßen dagegen gewehrt. Dabei hatte sie sich immer mit ihrer Mutter verglichen. Hochmütig war sie gewesen und überzeugt, sie sei diejenige von ihnen, die gebildet, intelligent, schlank und gutaussehend sei. Victoria hatte sich im Vergleich zu ihrer Mutter immer als etwas Besseres gefühlt. Nachdem sie mindestens zehn Jahre mit Walter verheiratet gewesen war, musste sie dann doch der Wahrheit ins Auge schauen. Am Ende war sie genauso geworden wie ihre Mutter. Sie hatte haargenau das gleiche Verhalten angenommen. Wenn Victoria heute darüber nachdachte, war sie sogar noch viel schlimmer gewesen. Inzwischen konnte sie darüber lachen, weil sie es besser wusste. Wie das ärmste Opferlamm unter der Sonne hatte sie sich gefühlt. Walters Aufgabe in diesem Spiel wurde ihr auch erst viel später, durch die Gespräche mit Urs, klar. Walter hatte ihr das alles perfekt gespiegelt, indem er sie behandelt hatte wie den letzten Dreck. Er hatte Victoria letztlich nur ihre mangelnde Selbstliebe gezeigt und wie sie mit sich selbst umging. Wehe, er hätte sich erdreistet zu ihr zu sagen: „Du bist wie deine Mutter." Das wäre das Schlimmste gewesen, was er zu ihr hätte sagen können. Victoria erinnerte sich noch daran, wie es dazu kam, dass sie umzudenken begann. Urs war es. Er hatte zu ihr gesagt: „Weißt du Victoria, wie dein Partner mit dir umgeht, zeigt dir nur, wie du selbst zu dir stehst. Das kommt aus der Kindheit. Es hat damit zu tun, wie als Kind mit dir umgegangen worden ist." Das hatte Victoria sich gemerkt und daraufhin angefangen, bis in ihre Kindheit hinein, aufzuräumen. Ein Aufräumen mit dem Herzen und weniger mit dem Verstand, wie ihr nach und nach klar geworden war. Sie hätte nicht gedacht, dass da so viele alte Verletzungen waren, die in der Kindheit entstanden waren und nun aufgeräumt werden mussten. Aber gerade deshalb konnte sie ihre Klienten so gut begleiten. Sie kannte das alles aus eigener Erfahrung. Ihre Klienten hatten es sogar richtig gut, fand Victoria. Bisher hatte sie jeden Einzelnen mit seinem Thema abholen können. Als sie selbst in ihren Entwicklungsprozessen steckte, gab es außer Urs kaum jemand, der ihr die Zusammenhänge so hätte erklären können, wie sie es heute ihren Klienten erklären konnte. Sie atmete durch.

Welche Ironie des Schicksals. Ihre Ehe hatte sie allerdings nicht retten können. Walter hatte sich zunehmend nur noch für seine Hobbies interessiert und sich benommen, als würde er nicht bei seiner Familie wohnen, sondern in einem Hotel. Er hatte irgendwann entschieden, lieber sein altes Muster weiter zu leben. 'Nein, er hatte es sogar noch vertieft nach und nach', dachte Victoria oft. Ihr war nichts anderes übrig geblieben, als eine Entscheidung zu treffen. Mit diesem Mann wollte sie keinesfalls alt werden. Sie hatte begonnen, ihn zu ermuntern, seine Freizeitaktivitäten mit jemand anderem zu teilen. Damit war das Ende vorprogrammiert gewesen. Bei den zahllosen Veranstaltungen, die er besucht hatte, hatte er dann Babsie kennen gelernt. Die Ereignisse waren ins Rollen gekommen und hatten sich nicht mehr stoppen lassen. Babsie hatte sich angehört, wie schlecht ihn seine Ehefrau zuhause behandelte. Darin war er einfach spitze. Sie hatte dann auch nicht lange gezögert und sich seiner erbarmt. Wenn Victoria daran dachte, konnte sie Babsie direkt sagen hören: „Ach du Armer. Wo du doch so einen tollen trainierten Körper hast und so einen coolen Sportwagen. Ganz abgesehen von deinem dicken Bankkonto und deinem erfolgreichen Unternehmen." Wie auch immer es tatsächlich gewesen war. Er hatte sich anscheinend sofort so gut bei Babsie gefühlt, dass er schon zwei Wochen später mit all seinen Sachen bei ihr eingezogen war. Er hatte Ehefrau und Kinder einfach wie ein altes Paar Hosen abgelegt. Von der freundschaftlichen Trennung, die Victoria sich erhofft hatte, war keine Spur gewesen. Vielmehr hatte sie ihren Walter dann erst so richtig kennen gelernt.

Warum er sich für Babsie entschieden hatte, war ihr lange nicht klar gewesen. Babsie hatte dunkelblonde, schulterlange Locken, war in etwa in Victorias Alter, aber dicker und sah verlebt aus im Gesicht. Er hätte sich doch locker eine junge Blondine, die halb so alt wie er und doppelt so hübsch wie Victoria war, aussuchen können. Der Grund lag auf der Hand. Bei Babsie hatte er weiter leben können wie bisher. Er hatte sich nicht ändern müssen. Genau wie Urs es ihr schon gesagt hatte. Walter musste Babsie nicht lieben und verlangte das auch nicht von ihr. Bereits kurz nach der Scheidung von Walter und Victoria hatten die beiden geheiratet. Victoria versuchte, ihnen so gut sie konnte, zu wünschen, dass sie glücklich würden. Das Gleiche entschied sie für sich selbst. Der Weg nach der Trennung war sehr hart gewesen für Victoria. Das Schlimmste für sie war nicht gewesen, dass er von ihr und den drei Kindern nichts mehr wissen wollte. Es war vielmehr der Krieg, den er eröffnet hatte. Sie hatte nicht verstanden, warum er das getan hatte. Urs hatte ihr gesagt, dass es vielleicht für Walter die einzige Möglichkeit war, mit der Trennung umzugehen. Dadurch musste er sich nicht mit dem Trennungsschmerz konfrontieren. Mit Urs hatte sie viel darüber gesprochen. Ihm hatte sie damals wütend erzählt: „Mit der Korrespondenz mit seinem Rechtsanwalt könnte ich inzwischen alle Zimmer tapezieren. Und dann wäre immer noch etwas übrig, falls mir mal das Klopapier ausgehen sollte." Später hatte sie versucht, das alles nicht so ernst zu nehmen. Dann wieder hatte sie Rotz und Wasser geheult. Unter Tränen hatte sie Urs ein anderes Mal berichtet: „Er hat mir Dinge schreiben lassen Urs, das kannst du dir nicht vorstellen." „Ja", hatte er bestätigt, „da lernst du den Menschen mit dem du so viele Jahre deines Lebens verbracht hast, erst richtig kennen." Er hatte ihr erklärt: „Victoria, du hast dir was vorgemacht. Es war eine Illusion zu glauben, dass mit einem Mann wie Walter ein friedliches, liebevolles und entspanntes neues Miteinander entstehen würde." Wenn Victoria daran dachte, war sie sehr froh, dass das alles schon so lange zurück lag.

Der Trennungsprozess war für sie schmerzhaft gewesen. Wenn sie das vorher gewusst hätte, sie hätte es sich womöglich damals noch mal anders überlegt. Es brachte ihr so viele Erfahrungen. Wie in einer zerstörten Stadt, nach der Verwüstung durch einen Bombenangriff, hatte sie sich gefühlt. Völlig zerbrochen, nackt und hilflos war sie sich vorgekommen. Sie hatte schnell begriffen gehabt, dass sich das nur jemand vorstellen konnte, der das selbst einmal erlebt hatte. Über Monate hinweg hatte sie sich gefühlt, als ob sie ein tiefes, dunkles, kaltes und trauriges Tal durchqueren würde. Sie hatte nur vermuten können, dass irgendwann das Ende kommen würde. Sie hatte gehofft, dass dahinter die Sonne eines Tages wieder aufging. Einige Male hatte sie Urs angerufen, weil sie es nicht mehr ausgehalten hatte. „Urs, es tut mir so weh, ich habe das Gefühl, als ob ich sterbe", hatte sie ihm gesagt. Als er ihr antwortete, hatte sie gewusst, dass er recht hatte. „Ja, es ist auch so. Es stirbt etwas in dir, Victoria. Lass es zu und geh' da durch." Sie hatte so heftig geweint. „Es ist dein Weg in die Freiheit", war alles, was er dazu sagte. Victoria ging hindurch. Etwa fünf Monate nach der Trennung hatte sie das Gefühl, den tiefsten und schlimmsten Teil des Tals durchschritten zu haben. Dann hatte sie begonnen, ihr Leben wieder selbst in die Hand zu nehmen. Die Kinder hatten jetzt nur noch sie. Sie hatte stark sein müssen. Ihr war schnell bewusst geworden, dass sie von ihrem Vater höchstens noch die Unterhaltszahlungen bekommen würden. Alle Versprechungen, die er ihnen bezüglich gemeinsamer Aktivitäten anfangs gegeben hatte, waren heiße Luft gewesen. Wenn sie heute darüber nachdachte, gab es oft Momente, in denen Victoria auch das kaum aushielt. Aber mit der Zeit heilten die Wunden. Sie wurde gelassener und hörte auf, über ihn zu schimpfen. Schließlich wusste sie doch, wie wichtig es war, den Kindern immer wieder zu sagen, dass ihr Papa es eben so gut machte wie er konnte. Mehr war ihm nicht möglich. Dann hatte sie begonnen sich auf sich zu konzentrieren. Victoria wusste: Wollte sie eine erfolgreiche Praxis aufbauen und dauerhaft führen, brauchte sie ihre Mutter und alle Frauen ihrer weiblichen Linie im Rücken. So war das gewesen. Mit all diesen Erfahrungen konnte sie ihre Klienten jetzt durch deren Prozesse begleiten. Victoria lächelte und genoss die Sonne in ihrem Gesicht. In ein paar Minuten müsste der nächste Klient auch schon wieder vor der Tür stehen. Es gab nichts mehr, wovor sie Angst hatte. So dachte sie zumindest.

Victoria und die Liebe

Mehr und mehr zeigte sich der Frühling. In Victorias Garten begannen die Schneeglöckchen, Krokusse und Osterglocken zu wachsen. Die grünen Halme reckten sich und wurden von Tag zu Tag immer mehr. Am Ende dieser Woche stand im Terminkalender eins von Victorias Seminaren über Selbsterfahrung. Mit zwölf Teilnehmern würde sie an diesem Samstag wieder einen interessanten Tag verbringen. Selbsterfahrung war überhaupt das Beste, wie Victoria fand. Keine Worte konnten in einem Menschen so viel bewirken, wie das, was er in sich an solch einem Tag fühlte. Entsprechend war das Selbsterfahrungsseminar ein voller Erfolg. Zwar hatte Victoria davor immer noch jedes Mal eine Art Lampenfieber, aber gleichzeitig war sie mit der Leitung des Seminars ganz in ihrem Element. Dieses Mal ging es für ihre Teilnehmer darum, sich in ihrer ganzen Größe zu zeigen und das innere Potenzial zu entdecken, das jeder Einzelne von ihnen mitbrachte. Zu erleben, wie so viele erwachsene Menschen nach einer inneren Bilderreise auf dem Boden sitzend mit Wachsmalkreiden und Buntstiften die Bilder, die sie vor ihrem inneren Auge sahen, auf ein Blatt Papier malten, lies sie immer wieder aufs Neue demütig werden. Victoria saß dann ganz still daneben und beobachtete nur. Im Hintergrund lief leise, ruhige Musik, während jeder in sich versunken malte. Als alle fertig waren, konnte sie in ihren Gesichtern sehen, wie tief sie berührt waren, von dem was sie bei ihrer Reise zu sich selbst gefühlt hatten. Sie strahlten es aus. Das war genau der richtige Zeitpunkt, um eine Flasche Prosecco zu öffnen, fand Victoria. Sie holte ein Tablett mit Sektgläsern und ließ den Korken knallen. Alle Teilnehmer stellten sich in einen Kreis, während sie die Gläser verteilte. Sie ging zu jedem Einzelnen, füllte sein Glas und stieß mit ihm an. „Auf das Leben", sagte sie. Danach wurde getanzt und alle machten mit. Meistens spielte sie „Sing Hallelujah" von Dr. Alban, in der maximalen Lautstärke. Victoria war überzeugt, dass ihre Aufgabe darin bestand, den Menschen wieder in Kontakt mit sich und seiner Lebensfreude zu bringen. Nach jedem Seminar stand für sie fest, dass sie nur noch diese Arbeit machen wollte. Auf gar keinen Fall konnte sie sich vorstellen, noch mal in einem Büro hinter einem Schreibtisch zu sitzen. Nach zwei weiteren ausgelassenen Tänzen drehte sie die Musik wieder herunter und strahlte.

Sven, einer der Teilnehmer, der auch schon seit einiger Zeit zu ihr in die Praxis kam, strahlte zurück und meinte: „Ich habe seit 30 Jahren nicht mehr gemalt und es hat mir so viel Spaß gemacht heute bei dir. Du bist wirklich jemand, den der liebe Gott geschickt hat." Überrascht schaute sie ihn an und er sprach weiter: „Du wirst noch ganze Stadien füllen mit dem, was du da machst." Jetzt wurde sie ganz verlegen. „Ach was", winkte sie ab. „Doch", blieb er hartnäckig, „du gehörst auf eine große Bühne. Dann kannst du das, was du hier mit uns machst, mit ganz vielen Menschen durchführen." Einerseits gefiel Victoria diese Vorstellung, andererseits war sie dafür noch nicht mutig genug, sie wechselte schnell das Thema. „Wer von euch zum nächsten Seminar kommen möchte, der schickt mir einfach eine E-Mail, dann weiß ich Bescheid, ja?" Nach einer Weile hatten alle ausgetrunken und verabschiedeten sich mit einer herzlichen Umarmung und einem letzten „Danke" an Victoria für einen wunderschönen, ereignisreichen und erfüllten Tag. Sie beeilte sich mit dem Aufräumen, dann ging sie erst mal unter die Dusche.

'Soll ich jetzt noch tanzen gehen oder nicht?', fragte sie sich. 'Eigentlich bin ich ja auch ganz schön geschafft von so einem langen Arbeitstag.' Sie trocknete sich ab und warf einen Blick aus dem Fenster.

Draußen schien die Sonne, freundlich und warm. Ein Lächeln zog über ihr Gesicht, die Entscheidung war gefallen und sie öffnete ihren Kleiderschrank. Wenn sie tanzen ging, dann wollte sie wieder ein ganz kurzes Kleid anziehen, das war eh das Beste. Mit buntem Minirock, goldenem Glitzeroberteil, schwarzen Netzleggings, hohen Absätzen und kurzem grünem Jäckchen, die Tanzschuhe lässig in der Hand hin- und herschwingend, zog sie los. Die Kinder waren sowieso bei Freunden und wollten dort auch übernachten, also musste sie sich um sie keine Gedanken machen. Auf dem Parkplatz war die südamerikanische Musik schon zu hören und durch die Fenster konnte man die sich im Takt drehenden Paare sehen. Also nichts wie hinein, schnell noch ein Getränk bestellt und die Tanzschuhe angezogen. So stand sie wenige Minuten später bereits an der Tanzfläche und hoffte, bald zum Tanzen aufgefordert zu werden.

Plötzlich, wie aus dem Nichts, stand er vor ihr. Er blickte sich nach allen Seiten um und dann sah er sie. Erst musterte er sie von oben bis unten, zögerte aber noch einen Moment. Victoria sah ihn ebenfalls. Äußerlich wirkte sie ganz lässig. Das war der gut aussehende, Mann, der ihr schon so lange gefiel. Er kam tatsächlich näher und fragte sie: „Möchtest du mit mir tanzen?" Sie lächelte ihn an. „Ja, gerne", kam es ein wenig schüchtern aus ihrem Mund. Während sie zusammen tanzten, gingen ihre Gedanken und Gefühle auf eine Achterbahnfahrt. 'Oh mein Gott', dachte sie überwältigt, 'was du alles für Überraschungen für mich bereithältst.' In ihrem Bauch fühlte es sich an, als ob ein Schwarm Schmetterlinge hindurch flog. Ach, was sieht er gut aus, mit seinen dunklen Haaren und er riecht vielleicht gut, durchfuhr es sie. Tief atmete sie den Duft seines herben Parfums ein. Das Tanzen mit ihm machte ihr großen Spaß und aus irgendeinem Grund, wollte er auch gar nicht mehr aufhören damit. Er hieß Marius, wie sich herausstellte, und ehe sie sich versah, stand sie mit ihm an der Bar und fand sich mit einem Glas Prosecco in der Hand wieder. Das war einfach unglaublich. Schon seit Monaten schielte sie doch immer wieder hin zu ihm, wenn sie ihn sah und heute kam er von ganz allein auf sie zu. Es war eine sehr angenehme Unterhaltung, in der sie sich über ihre Leidenschaft für das Tanzen austauschten. Bereits nach kurzer Zeit fand Victoria den Umgang mit Marius erstaunlich vertraut, so vertraut, dass er sie schon für den nächsten Tag für einen gemeinsamen Spaziergang abholen wollte. „Es war wirklich sehr schön, Marius, dich kennen zu lernen und es war mir eine große Freude mit dir zu tanzen. Aber jetzt bin ich doch ganz schön müde und möchte nach Hause." Sie drückte ihm ihre Visitenkarte in die Hand, verabschiedete sich und war plötzlich verschwunden. Manchmal war es wohl auch für Victoria nicht so einfach, ständig mit der Beschleunigung, die in ihrem Leben stattfand, mitzuhalten. Obwohl sie sehr müde war, schlief sie unruhig und wachte viel zu früh auf.

Zähneputzend stand sie am Sonntagmorgen vor dem Spiegel und schüttelte den Kopf. Es war gerade mal acht Uhr. Immer noch konnte sie nicht glauben, was sie am Abend zuvor erlebt hatte. Dieser gut aussehende Marius hatte sie zum Tanzen aufgefordert und kam heute, um mit ihr den Sonntagnachmittag zu verbringen. Was sollte sie denn bloß anziehen? Erst mal einen Jogginganzug, beschloss sie. Schließlich war noch jede Menge Zeit, bis Marius sie gegen Mittag abholen wollte, bis dahin konnte sie sich noch etwas überlegen. Erst mal mit ihren Kindern gemeinsam frühstücken. Dann fiel ihr ein, dass diese ja gar nicht da waren und so frühstückte sie gemütlich allein. Doch der Vormittag verging schneller als sie dachte und die Frage, was sie anziehen sollte, holte sie bald wieder ein. Ihr Gefühl sagte ihr, dass es wohl das Beste war, eine weiße Jeans und ein bequemes rosa T-Shirt anzuziehen. Etwas Einfaches und Helles, das zur Frühlingssonne passte.

Kurz nach zwölf klingelte es an der Tür. Victorias Adrenalinspiegel stieg an und ihr Herz schlug schneller. Da stand er vor ihr. Wie gut und sportlich er wieder aussah. „Hallo Marius", hauchte Victoria. Marius machte einen ganz entspannten Eindruck und begrüßte sie mit einem: „Hallo Victoria." „Hier bei mir", begann sie, „gibt es jede Menge Möglichkeiten spazieren zu gehen. Wie du siehst, wohne ich schon etwas ländlich. Ganz in der Nähe ist auch ein großer See, an dem es viele schöne Wege gibt." „Das klingt doch gut", entgegnete Marius, „von mir aus können wir dort gerne hin gehen." Es war ein traumhaft sonniger Tag, geradezu perfekt für einen Sonntagsspaziergang am See und Victoria war kurz davor, die Bodenhaftung zu verlieren. Während sie am Seeufer entlang liefen unterhielten sie sich ganz entspannt. Marius begann von sich zu erzählen „Ich bin auch selbstständig, als Kameramann beim Fernsehen. Vor 20 Jahren habe ich damit angefangen, war dann lange bei einem Sender angestellt und seit ungefähr neun Jahren arbeite ich nur noch freiberuflich. Meine Eltern kommen aus Italien, genauer gesagt aus Florenz und sind mit mir nach Deutschland gezogen, als ich noch sehr klein war. Ich kann mich heute kaum noch daran erinnern, aber ich habe natürlich noch viel Familie in Italien und war auch jedes Jahr über die Sommerferien dort." Victoria kannte Florenz. Sie hatte eine der wenigen gemeinsamen Urlaubsreisen mit Walter und den Kindern in der Toskana verbracht und dabei waren sie einen Tag nach Florenz gefahren. Eine wunderschöne italienische Stadt, erinnerte sie sich wehmütig.

Sie gingen eine Weile schweigend weiter. Dann begann Victoria zu erzählen: „Ich bin in der Nähe der französischen Grenze aufgewachsen, ganz im Südwesten von Deutschland, in einer Kleinstadt, die niemand kennt. Als ich zwanzig Jahre alt war, wurde es mir dort zu langweilig und am liebsten wäre ich nach Kanada ausgewandert", lachte sie, „aber die wollten mich nicht, ich war zu dieser Zeit auch nur eine einfache Sekretärin. Dann bin ich eben hierhergekommen. Erst mal im eigenen Land, in der Großstadt ein neues Leben aufbauen, dachte ich damals, dann vielleicht erst ins Ausland." Sie seufzte, bevor sie weiter erzählte: „Das Schicksal hatte es sich wohl anders mit mir gedacht. Hier traf ich dann meinen Mann und es kam das, was ich mir davor nie hätte vorstellen können. Wir heirateten, ich bekam drei Kinder und wir zogen in ein Haus mit Garten am Stadtrand. Aber ich war auf Dauer nicht glücklich mit ihm und vor drei Jahren wollte ich dann auch unbedingt, dass er endlich auszog. Er tat mir auch den Gefallen, aber alles was danach kam, war nicht sehr schön. Seit einigen Monaten bin ich von ihm geschieden. Es ist eine lange Geschichte." Wieder gingen sie eine Weile schweigend nebeneinander her. „Was ist das für eine Arbeit die du machst?", fragte Marius nach. Victoria grinste ihn an und antwortete: „Ich bin Psychotherapeutin, inzwischen jedenfalls." Natürlich wollte er es genauer wissen und hakte nach: „Warum? Was hast du davor gemacht?" „Davor habe ich als hellsichtiges Medium gearbeitet und noch davor – aber das ist lange her – war ich Sekretärin. Na ja, eigentlich habe ich alles gemacht, was es in einer Firma eben so zu tun gibt." Jetzt war er erst recht neugierig geworden. „Was machst du genau als Psychotherapeutin? Wer kommt denn da alles zu dir? Sind die alle psychisch krank?" Victoria musste lachen. „Weißt du Marius", erklärte sie ihm, „wir sitzen alle in einem Boot. Jeder von uns bringt Themen mit, denen er sich im Leben zu stellen hat. Genauso hat auch jeder seine Erfahrungen zu machen. Es gibt in letzter Konsequenz keine guten oder schlechten. Dafür ist der Mensch überhaupt auf der Erde. Die Seele kann dort, wo sie herkommt, keine Erfahrungen machen. Manche Menschen machen mehr Erfahrungen als andere. Manche Erfahrungen sind heftiger als andere." Sie sah ihn an. Er hatte anscheinend nicht ganz verstanden, was sie ihm damit sagen wollte. „Was genau meinst du damit?" Nach einem kurzen Räuspern erklärte sie ihm: „Wenn ein Mensch den Krieg erlebt hat, zum Beispiel, oder einen geliebten Menschen verloren hat, können das sehr schmerzhafte Erfahrungen sein, die einen viele Jahre begleiten. Dabei geht es aber immer darum, diesen Erfahrungen zuzustimmen, erst dann ist man frei und muss nicht mehr unter ihnen leiden. Dann erst hat man seine Aufgabe in diesem Thema erfüllt." „Ach, jetzt verstehe ich", sagte Marius. „Was genau machst du dann mit den Menschen, die zu dir kommen?" 'Jetzt wollte er es wohl ganz genau wissen', dachte sie und freute sich über sein Interesse. „Meine Aufgabe ist, diesen Menschen dabei zu helfen, sich mit ihren Erfahrungen auszusöhnen, ganz egal welche es sind, Kindheitserfahrungen oder traumatische Erlebnisse. Auch bei Trauer, Schicksalsschlägen oder scheinbar ausweglosen Situationen und Problemen. Sinnbildlich gesprochen, nehme ich sie an die Hand und führe sie zu ihrem Herzen. Indem sie sich wieder fühlen und ihren Schmerz befreien, kommen sie wieder in

Verbindung mit ihrer Seele und ihrer Lebensenergie." Victoria strahlte. Man sah ihr an, wie sehr sie mit ihrer Arbeit verbunden war und auch Marius war ganz verzückt über ihre Schilderung. Er sagte: „Das klingt ja sehr interessant. So was macht ein Psychotherapeut? Ich dachte, die reden alle nur und man muss da jahrelang hingehen. Am Ende hat es den meisten nicht wirklich viel gebracht. Das ist zumindest das, was ich immer so gehört habe." „Mhm", kam es von ihr, „ich bin eben ein bisschen anders als die anderen." Dann fügte sie noch hinzu: „Nach meinem Sternzeichen bin ich Jungfrau, die lieben nun mal die Ordnung und sie räumen gerne auf. So sehe ich mich im übertragenen Sinne. Ich räume bei meinen Klienten die Keller der Seele auf. Aus meiner Sicht ist das die einzige und tiefste Heilung die es gibt und zwar nicht nur für die Seele sondern auch für den Körper." Sie konnte sehen, wie es in ihm arbeitete und er über das, was sie gerade sagte, nachdachte. In diesem Moment drehte sich Victoria um und sah zwei vertraute Gesichter, die mit dem Fahrrad an ihnen vorbei fuhren.

Es waren Walter und dahinter seine Babsie. 'So was aber auch', wunderte sich Victoria. Das war ihr auch noch nicht passiert. Obwohl sie nicht weit voneinander entfernt wohnten, war Victoria den beiden seit Walters Auszug noch nie zufällig begegnet. Sie konnte sich ein Lachen kaum verkneifen. Vor allem wie die beiden sie anschauten. Victoria fand, dass weder Walter noch Babsie einen glücklichen Eindruck machten. 'Komisch, sie waren doch erst ein paar Monate verheiratet und wirkten nicht sehr glücklich', ging es ihr durch den Kopf. 'Vor allem Babsie, wie sie da hinter Walter her radelte und sich tierisch anstrengte, nicht zu weit hinter ihm zurück zu fallen.' Victoria kicherte in sich hinein. Ach du Arme, jetzt hast du ihn am Hals und ich bin ihn Gott sei Dank los, dachte sie und fühlte sich großartig dabei. Marius hatte von all dem natürlich nichts mitbekommen. Er war immer noch damit beschäftigt, über Victorias Worte nachzudenken. Sie war jedenfalls im Glück und genoss sehr, wie sie da nebeneinander her spazierten an diesem herrlichen Tag. Ein Lächeln war wie in ihr Gesicht gemeißelt, während durch ihren Bauch schon wieder Schwärme von Schmetterlingen zogen.

Jesus ist doch Lebensfreude

Gähnend deckte Victoria den Tisch für das Frühstück. Es war schon wieder Montag und die Kinder mussten bald aufbrechen in die Schule. „Kommt jetzt bitte alle herunter!", rief sie durch das Treppenhaus, „Es ist schon höchste Zeit." Obwohl sie so früh aufstanden, wurde es immer knapp mit dem gemeinsamen Frühstück, auf das Victoria, im Gegensatz zu ihren Kindern, großen Wert legte. Anton kam gähnend zur Küche herein und setzte sich. Von dem Brot mit Butter und Honig, das schon fertig geschmiert auf seinem Teller lag, biss er ein großes Stück heraus. Als nächstes stürmte Louis die Treppe runter, setzte sich ebenfalls und nahm eine Scheibe Brot mit Haselnusscreme. Eine Minute später trottete Laura aus dem Badezimmer heraus, dann saßen sie alle um den Tisch herum. „Was wollen wir eigentlich an Ostern machen?", fragte Laura. Anton platzte gleich heraus: „Ich will mal wieder zu Oma und Opa fahren", worauf Louis trocken meinte: „Gute Idee." „Von mir aus", raunte Victoria und stützte den Kopf in die Hände. Sie war noch müde. „Mir graut es zwar vor der langen Fahrt, ihr wisst schon, wir sind bestimmt fünf Stunden unterwegs. Aber wenn ihr wollt, können wir Oma und Opa gerne besuchen. Die freuen sich bestimmt auch, uns mal wieder zu sehen." Ein Blick auf den Kalender zeigte, dass es nur noch zehn Tage bis Gründonnerstag waren. „Wenn wir am Karfreitag fahren, ist auf der Autobahn bestimmt nicht so viel los und wir müssten gut vorankommen", meinte Victoria. „Okay, ich rufe bei Oma und Opa heute Abend an und sage Bescheid, dass wir über die Feiertage kommen." „Jaaaa", riefen alle drei begeistert und stürmten schon zur Haustür heraus, um den Schulbus noch zu erreichen.

Am Abend, nachdem der letzte Klient gegangen war, rief Victoria bei ihrem Vater an. „Hallo Papa, hier ist Victoria." Am anderen Ende der Leitung raschelte es. „Wer? Victoria? Oh wie schön, du bist es. Was gibt es?", meldete sich ihr Vater. Sie musste ein bisschen lauter sprechen, er war schon ein wenig schwerhörig. „Sag mal, ist es okay für euch, wenn ich mit den Kindern über die Osterfeiertage komme?", fragte sie. „Aber natürlich", kam die prompte Antwort, „du weißt doch, wie sehr wir uns freuen, wenn ihr uns besucht. Ich werde es gleich deiner Mutter sagen und dann bereiten wir alles vor." Victorias Eltern mochten sie und vor allem ihre Enkelkinder sehr gerne. Dass sie so weit auseinander lebten, war nicht leicht. Für sie wäre es schöner gewesen, wenn die Entfernung nicht so groß gewesen wäre und sie sich dadurch öfter hätten besuchen können. Früher, als ihre Eltern noch bei besserer Gesundheit waren, kamen auch sie gerne zu Besuch und halfen ihr mit den Kindern. Manchmal blieben sie sogar etwas länger, so dass Victoria ein paar Tage mit Walter allein verbringen konnte. Inzwischen war das Reisen einfach zu anstrengend, vor allem für Victorias Mutter, die vor einigen Jahren schwer an Diabetes erkrankt war. „Wie geht es eigentlich Paul?", wollte Victoria wissen. Ihr jüngerer Bruder lebte wieder zuhause, im Hotel Mama. Das war aber nicht das, worüber sich Victoria Sorgen machte. Seine Freundin, mit der er viele Jahre zusammen gelebt hatte, war vor nicht ganz zwei Jahren unerwartet gestorben und der Verlust hatte ihn schwer getroffen. Er hatte sich von ihrem Tod immer noch nicht wieder erholt und war seitdem innerlich zerbrochen. Das war etwas, was Victoria allein schon deshalb traurig machte, weil sie mit ihrer Arbeit so vielen Menschen helfen konnte, aber ausgerechnet bei ihrer eigenen Familie war sie hilflos. Ihr Vater antwortete: „Ach, du weißt ja, wie es ist. Es geht ihm den Umständen entsprechend. Es hat sich nichts verändert." Sie ließ es dabei und fragte nicht weiter nach. „Na gut, dann sehen wir uns am Karfreitag. Ich hoffe, ich komme ohne großen Stau durch und dann haben wir drei Tage zusammen." „Ja, ich freue mich auf euch. Dann bis Freitag", sagte ihr Vater und legte den Hörer auf. Die verbleibenden Tage vergingen schnell. Am Karfreitag fuhren sie vormittags gegen zehn Uhr los. Leider verlief die Fahrt ganz anders, als Victoria sich das vorgestellt hatte und sie kamen von einem Stau in den nächsten.

 Es war unerwartet heiß und trotz der Klimaanlage unangenehm warm im Auto. „Können wir jetzt mal meine Musik spielen?", nörgelte

Laura von hinten schon zum dritten Mal. „Nee", kam es von Louis, „ich bin dafür, dass wir jetzt meine Musik hören, oder das Hörbuch." „Nicht schon wieder das!", protestierte Laura. Anton schlief neben Laura und bekam von alldem nichts mit. Victoria ging dazwischen: „Hört jetzt endlich auf zu streiten, am besten machen wir das Radio an, dann bekommen wir auch die Verkehrsmeldungen mit." Schon hörte man den Nachrichtensprecher: „ ... das wichtigste Fest der Christen, das an diesem Wochenende von den Gläubigen in aller Welt gefeiert wird. Auch in Rom, auf dem Petersplatz werden wieder Tausende von Menschen erwartet, die gekommen sind, um den Segen des Heiligen Vaters zu hören. Im Vatikan wird bereits alles für die Feierlichkeiten, bei denen des Leidens Christi gedacht wird, vorbereitet. Die Stationen seines Leidenswegs werden ..." Das war einfach zu viel. Victoria begann zu toben. „Wie bitte? Die feiern das Leiden Christi? Ich glaube, ich hör' wohl nicht richtig! Da mühe ich mich ab, in meinen Sitzungen und Seminaren den Menschen klar zu machen, dass Jesus Lebensfreude ist und ganz sicher mit Leiden gar nichts zu tun hat", eiferte sie sich, „und die da in Rom erzählen ihren Gläubigen immer noch die Story vom toten Hund, oder besser, dem armen leidenden Jesus." Sie wollte sich gar nicht mehr beruhigen. „Das kann doch wohl nicht wahr sein, in welcher Zeit leben wir eigentlich? Im Mittelalter? Was glauben die eigentlich, wer sie sind? Wie lange will denn die Kirche die Menschen noch klein halten? Kein Wunder, dass keiner mehr Lust hat, in die Kirche zu gehen. Und das Allerschlimmste ist, so einen abgemagerten armen Kerl an einem Holzkreuz aufzuhängen. Da muss man ja deprimiert werden, wenn man sich den anschaut."

Louis, der neben ihr saß, schaute sie mit großen Augen und völlig sprachlos an. So hatte er sie auch noch nicht erlebt. Sicher, er wusste, dass sie manchmal merkwürdige Ansichten hatte, aber so was hatte er sie bisher noch nicht sagen hören. „Mama, wenn du so weiter machst, sperren sie dich noch ein", sagte er ganz ruhig. Und von Laura kam ganz nebenbei die Bemerkung: „Wenn du so was vor 300 Jahren gesagt hättest, wäre das Feuer auf deinem Scheiterhaufen wohl schon angezündet." „Ach ist doch wahr", grummelte Victoria weiter. Das Thema hatte sie so aufgewühlt und es arbeitete immer noch in ihr. „Wenn ihr mich fragt, macht mich das so wütend", fuhr sie fort, „dass ich am liebsten meine Selbsterfahrungsseminare in der Kirche machen und den armen leidenden Christus durch eine lebensfrohe, tanzende Figur ersetzen würde." „Mama", sagte Louis, „das kannst du nicht machen. Wie gesagt, dann kommen die Männer mit den weißen Kitteln und verpassen dir so eine komische weiße Jacke mit langen Ärmeln." Er schlang seine Arme um seinen Oberkörper und verdrehte die Augen. Victoria musste lachen, als sie ihn so sah. Es war für einen kurzen Moment still im Auto, dann sagte sie ganz ruhig: „Wenn ich in der Kirche 'sing Hallelujah' spielen würde, hätte das bestimmt eine gute Akustik. Mit Räucherwerk und Kerzen könnte man dann noch eine tolle Stimmung erzeugen und es würde der ganzen Selbsterfahrung noch mehr Tiefe geben." In den Augen von Victoria begann es zu leuchten und zu blitzen. Ein breites Grinsen erschien auf ihrem Gesicht. Es ging etwas in ihr vor, das war unübersehbar. Louis wurde unruhig. „Mama, du machst mir Angst, du heckst doch schon wieder etwas aus." „Wie kommst du denn darauf, Louis? Ich mache mir eben so meine Gedanken, weißt du." Der Stau löste sich auf und endlich konnte die Fahrt weitergehen. Zwei Stunden später kamen sie bei den Großeltern an. Victoria ließ alle Gedanken, die diese neue, verrückte Idee betrafen, erst mal los und freute sich, die Fahrt hinter sich gebracht zu haben.

Die Kinder stürmten mit Freudengeheul auf ihre Großeltern los und alle umarmten sich innig. „Jetzt kommt erst mal rein", sagte Victorias Vater. „Was kann ich dir denn Gutes tun, Victoria?", fragte er. „Och Papa, so ein Gläschen Prosecco wäre jetzt fein. Hast du einen da?" Er grinste zurück: „Klar, mein Schatz, weiß ich doch, dass du das gerne trinkst. Setz dich, ich hole dir ein Glas und bringe mir auch eins mit, dann können wir einen Prosecco zusammen trinken." Ihre Mutter setzte sich dazu. „Schön, dass ihr mal wieder gekommen seid. Wie war eure Fahrt?" Victoria stöhnte: „Frag lieber nicht, beim fünften Stau bin ich fast durchgedreht im Auto, aber danach kamen wir gut durch." So saßen sie noch ein paar Stunden zusammen und unterhielten sich über dies und das. Victorias Vater bohrte gerne nach, ob Walter oder seine Eltern sich denn auch mal um die Kinder kümmern würden. Victoria wollte nicht so gern mit ihren Eltern über dieses Thema reden. „Du weißt doch, wie das ist, Papa. Für Walters Eltern sind wir weit weg, die haben sich noch nie wirklich für ihre Enkelkinder interessiert, warum sollte es jetzt anders sein." „Aber, dass Walter sich nicht mehr um seine Kinder kümmert, das verstehe ich wirklich nicht, die sind doch sein eigen Fleisch und Blut", seufzte er. „Ach Papa, Walter ist einfach selbst viel zu verletzt und er verdrängt das Ganze, weil es bequemer ist. Lass uns lieber über etwas anderes reden." „Na gut, Victoria, dann erzähl doch mal, wie es mit deinem Kameramann so läuft", seine Miene hellte sich auf. Victoria hatte Marius bei einem ihrer Telefonate mit ihrem Vater erwähnt und natürlich auch darüber gesprochen, was er beruflich machte. Sie wusste ja, wie wichtig ihrem Vater diese Information war. Er wollte schließlich keinen „Nixkönner" für seine Tochter, obwohl ihn das, wie Victoria fand, eigentlich schon lange nichts mehr anging. „Was?", fragte ihre Mutter. „Hast du wieder jemanden kennen gelernt?" „Jaaa", gab Victoria etwas widerwillig zu „aber ich kann noch nichts sagen, wir haben uns erst ein paar Mal gesehen. Er ist aber ganz nett und wir mögen uns." „Ach wie schön Victoria, ich freue mich ja so für dich. Vielleicht willst du ihn ja mal hierher mitbringen?", fragte ihre Mutter. „Mama", entfuhr es Victoria, „ich weiß doch noch gar nicht, ob daraus etwas wird. Es ist noch viel zu früh, etwas in dieser Richtung zu planen." „Na gut Schätzchen, ich drücke dir die Daumen", Nach einer Weile verabschiedete sich Victoria und ging schlafen. Die Fahrt war doch anstrengender gewesen, als sie gedacht hatte. Sie trug ihre Reisetasche in das Gästezimmer hinauf, in dem sie schlief, wenn sie bei ihren Eltern war, und packte ihren Schlafanzug aus. Noch schnell Zähne putzen und dann einfach schlafen, dachte sie müde.

In dieser Nacht träumte sie merkwürdige Dinge: An Händen und Füssen gefesselt und in Lumpen fand sie sich in einem Gerichtssaal wieder. Sie saß auf einem Hocker in der Mitte des Saals, vor ihr thronten mehrere Männer in dunkelroten Gewändern, die finster auf sie herab schauten. Der Mann in der Mitte war Walter, ihr geschiedener Mann. Er schaute so grimmig auf sie hinunter und wenn sein Blick sie hätte töten können, wäre sie wohl durch diesen gestorben. „Dir wird vorgeworfen, an der Kirche gezweifelt zu haben. Du hast andere aufgehetzt und die Leitsätze der Kirche in Frage gestellt. Du hast behauptet, Jesus Christus sei Lebensfreude, das ist größte Ketzerei. Du hast dich gegen Gott versündigt, du Hexe. Dein Urteil lautet: Tod durch das Feuer." Victoria blickte sich von ihrem Hocker aus um und sah viele Menschen um sich herum, die jetzt alle lachten. Sie lachten sie aus. Einige riefen, „Du Hexe, brennen wirst du", und aus einer anderen Ecke hörte sie, „Verflucht sollst du sein". Jetzt sah sie, wie Walter von seinem Platz in dem Gerichtssaal aufstand und langsam auf sie zukam, dabei wurde er immer größer und sein Gesichtsausdruck immer finsterer, „Das hast du jetzt davon, dass du mich nicht mehr wolltest. Ich freue mich schon, das Feuer auf deinem Scheiterhaufen persönlich anzünden zu dürfen. Das ist das, was du verdienst, du Hexe. Selbsterfahrungsseminare in der Kirche, das hättest du wohl gerne. Was glaubst du eigentlich wer du bist? Die Schwester von Jesus?

Schweißgebadet und mit wild pochendem Herzen wachte sie auf. Was war das denn gerade? Nach ein paar Minuten konnte sie sich wieder beruhigen, trotzdem lag sie noch eine ganze Weile wach und wälzte sich von einer Seite auf die andere. Erst nach fast zwei Stunden fiel sie in einen leichten Schlaf. Der Morgen war schon weit fortgeschritten, als sie erwachte. Bruchstückhaft kamen die Bilder des nächtlichen Traums zurück und jetzt konnte sie nur noch darüber lachen. „Ja, mein lieber Walter, das hättest du wohl gerne, was? Mich als Hexe verbrennen. Daraus wird aber leider nichts in diesem Leben", sagte sie laut. Sie stand auf und ging hinunter. In der Küche ihrer Eltern ging es schon hoch her. Die Kinder saßen gerade mit Oma und Opa beim Frühstück. „Na, mein Kind", fragte Victorias Vater, „hast du gut geschlafen?" Er schaute sie genauer an und fügte hinzu: „Du siehst etwas mitgenommen aus." „Geht schon, Papa." Ganz sicher wollte sie von ihrem Albtraum nichts erzählen. Es war Karsamstag und sie beschlossen, nach dem Frühstück einen Einkaufsbummel zu machen. Dazu hatte Victoria sowieso sonst keine Zeit und hier gab es eine schöne Einkaufsstraße. Die Zeit verging wie im Flug und sie kehrten mit jeder Menge Einkaufstüten am frühen Abend zurück. Laura konnte es kaum erwarten, die Kleidungsstücke, die sie sich ausgesucht hatte, anzuziehen. Typisch Teenager eben, wie Victoria fand. Über das Sofa, im Wohnzimmer, breitete sie alles aus und schnitt die Preisschilder heraus. Louis und Anton sahen sich lieber einen lustigen Film im Fernsehen an. Weil Victoria die Nacht davor schlecht geschlafen hatte, verabschiedete sie sich an diesem Abend schon früh. „Willst du denn gar kein Gläschen Prosecco mit deinem alten Papa trinken heute?", fragte ihr Vater. Sie lächelte ihn liebevoll an und schüttelte den Kopf. „Morgen wieder, Papa. Ich bin einfach todmüde jetzt. Gute Nacht." Sie ging wieder hinauf, in das ihr zugeteilte Zimmer. Auch sie hatte sich ein paar bunte Kleidungsstücke gekauft. Auf dem Bett stellte sie die Einkaufstüten ab und begutachtete die Sachen. Ein kurzer Wickelrock in lila mit rosa Blümchen. Dazu passend eine lila Wickeljacke und silberne Leggings. Victoria gähnte und hängte alles über einen Stuhl. Danach zog sie sich um, ging Zähneputzen und knipste die Nachttischlampe aus, kaum dass sie im Bett lag. Hoffentlich träume ich diese Nacht etwas anderes, als in der letzten, dachte sie noch und war bereits wenige Minuten später eingeschlafen. Auch diese Nacht bescherte ihr wieder einen Traum, allerdings einen ganz anderen.

Victoria war in ihrem Haus und hörte es an der Tür klingeln. Ein junger Mann mit Bart und schwarzen längeren Haaren stand davor, wie sie von ihrem Wohnzimmerfenster aus sehen konnte. Sie kannte ihn nicht und wollte ihn nicht hereinlassen. Er hatte ganz feine, weibliche, weiche Gesichtszüge. Er sieht fast aus wie ein Mädchen, dachte sie in ihrem Traum, als sie ihn anschaute und fand das sehr merkwürdig. Dann ließ sie ihn doch herein. Sie setzten sich in Victorias Arbeitszimmer. Er schaute sie eindringlich und ruhig an. Sie fragte sich immer noch, was er von ihr wollte. Dann begann er plötzlich zu reden: „Es ist deine Aufgabe, die Menschen wieder daran zu erinnern, wer sie in

Wahrheit sind." Er schaute sie wieder so merkwürdig an. Der Traum begann schon zu verschwimmen, als sie noch einen Satz von ihm aufschnappte. „Du kannst sie berühren im Herzen. Zeige ihnen, was und wer ich in Wahrheit bin."

Mit einem Schlag war Victoria hellwach. „Wie bitte? Was war das gerade?" Sie schlug die Augen auf, streckte sich in alle Richtungen und wunderte sich, wie sehr sie das Thema immer noch beschäftigte. Sie schaute sich im Zimmer um und brauchte einen Moment, bis sie realisierte, wo sie war. Ach hier bin ich ja, ging es ihr durch den Kopf, es ist Ostersonntag, der Tag der Auferstehung von Jesus Christus. Ihr Blick schweifte durch den Raum und blieb plötzlich an einem Bild über dem Türrahmen hängen. Es zeigte das Gesicht aus ihrem Traum. „Nein, das, das ist nicht möglich", stotterte sie entgeistert. „Louis hat völlig recht", sagte sie laut. Wenn sie jemandem erzählte, was sie gerade geträumt hatte, dann wurde sie womöglich tatsächlich in die geschlossene Psychiatrie gesteckt. Und trotzdem. Das Bild über der Tür zeigte das Gesicht eines jungen Mannes mit langen Haaren, Bart und weiblichen Gesichtszügen. Es war das Gesicht des Mannes, der ihr gerade im Traum erschienen war. Sprachlos starrte Victoria es eine ganze Weile an. Es war ein Bild von Jesus. Sie wusste es von ihrer Mutter. Die Familie ihrer Mutter war sehr gläubig, deshalb hing das Bild schon in ihrem Kinderzimmer, wie sie Victoria vor Jahren mal erzählt hatte. Jesus sah aus seinem Bild direkt auf Victoria hinunter. In seinem Blick lag so viel Güte und Frieden. Wieso war ihr das nicht vorher schon aufgefallen, fragte sie sich. Sie schlief schließlich nicht zum ersten Mal in diesem Zimmer. Was waren noch mal seine Worte gewesen? Sie kramte in ihrer Erinnerung. Ach ja, jetzt fiel es ihr wieder ein. Sie sollte die Menschen daran erinnern, wer sie in Wahrheit waren. Was das wohl zu bedeuten hatte? Ob es das war, was auch sie darunter verstand, dass Jesus Lebensfreude war? War das als Aufforderung zu verstehen, die Seminare wirklich in die Kirche zu verlegen? „Warum ausgerechnet ich?", sprach Victoria laut mit dem Bild. „Kann das nicht jemand anderes machen?" Aber die Antwort lag auf der Hand. Wer Victoria kannte, der wusste, es gab niemanden, der verrückt genug war, so ein Vorhaben in die Realität umzusetzen. Sie beschloss, das Ganze erst mal auf sich wirken zu lassen, bevor sie Katja davon erzählte.

Von Schmetterlingen und Illusionen

Am frühen Abend war es Zeit, sich wieder zu verabschieden. „Pass gut auf dich auf, mein Kind und fahr' vorsichtig", ermahnte Victorias Vater sie. Laura, Louis und Anton umarmten ihre Oma. Sie wollten sie fast nicht mehr loslassen. Keiner wusste, wann sie sich das nächste Mal wieder sehen würden. Schweren Herzens machte sich Victoria mit den Kindern auf den langen Weg nachhause. Dieses Mal verlief die Fahrt ohne Zwischenfälle. Nach etwas mehr als vier Stunden erreichten sie ihre gewohnte Umgebung und fuhren in die Einfahrt ihres roten Hauses. Louis nahm den Schlüssel seiner Mutter und öffnete die Haustür. Seine Geschwister kamen hinter ihm mit ihrem Gepäck und entluden ihre ganze Wäsche bereits auf der Kellertreppe, bevor sie es sich vor dem Fernseher noch etwas gemütlich machten.

Das Telefon klingelte. „Laura Leonhardt, hallo?" „Hier ist Marius Angelini. Kann ich bitte Victoria sprechen?" Laura verdrehte die Augen und antwortete: „Moment bitte." Sie rief ihrem Bruder Anton zu: „Wo ist denn Mama?" Anton schaute von seinem PC auf. „Hm? Warum, wer ist es denn? Heute ist doch Feiertag, da rufen eigentlich keine Klienten an." Laura flüsterte: „Es ist der Neue, du weißt schon, der Kameramann." „Ach so, der", gab Anton zurück, „ich glaube, sie ist mit der Wäsche in der Waschküche beschäftigt." Schon hüpfte Laura die Treppen hinunter, um ihrer Mutter das Telefon zu bringen und rief: „Mama, Telefon!" Von unten antwortete Victoria: „Ich komme schon", und übernahm den Hörer von Laura. „Hallo, hier Victoria Leonhardt."

„Victoria, hier ist Marius. Na? Seid ihr wieder gut angekommen? Wie war es denn bei deinen Eltern?", fragte er. Victoria freute sich.

Dass er heute Abend noch anrufen würde, hätte sie nicht gedacht. „Es war sehr nett, mit allerhand, ähm, Eindrücken und Impulsen. Ach, das muss ich dir mal in Ruhe erzählen." „Du, Victoria", sagte er, „hättest du Lust, ein Wochenende mit mir zum Wandern zu gehen? Ich dachte, wir könnten dann in den Bergen in einer Hütte übernachten. Das Wetter würde in der nächsten Zeit ganz gut passen, weil es warm, aber noch nicht so heiß wie im Sommer ist. Da finde ich, macht das Wandern am meisten Spaß. Gerade in dieser Jahreszeit. Was meinst du?" Sie wusste nicht wie ihr geschah und stammelte: „Äh, äh, ja, das ist ein tolle Idee, Marius. Von mir aus gerne." „Wie schön. Ich dachte mir schon, dass du mitkommen willst. Dann überlege ich mir eine Tour und kümmere mich um unsere Unterkunft, okay?" „J..., ja, gut. Du kennst dich damit sicher besser aus als ich. Wollen wir uns diese Woche auch mal abends auf ein Glas Wein treffen?" „Klar", kam es von ihm, „ich melde mich morgen noch mal bei dir, dann können wir alles genau besprechen, ja?" Von einer hochroten Victoria kam ein gehauchtes, „gerne!" „Dann wünsche ich dir noch einen schönen Abend und bis morgen. Gute Nacht." „Gute Nacht", säuselte Victoria und die Schmetterlinge im Bauch kamen zurück.

Am nächsten Tag rief sie, sobald die Kinder aus dem Haus gegangen waren, bei Katja an. Ganz aufgeregt sagte sie: „Katja, Katja, du wirst es nicht glauben. Er hat mich gefragt, ob ich mit ihm zum Wandern gehe. Ein ganzes Wochenende! Mit Übernachtung in einer Berghütte. Ist das nicht romantisch?" „Oh wie schön für dich, Victoria, das ist ja ganz wunderbar, dann geht es ja voran bei euch beiden, was?", kam es von Katja. Verzückt sprach Victoria weiter: „Ach Katja, Liebes. Wunder werden doch wahr! Dass ich so was noch mal erleben würde, hätte ich auch nicht gedacht." Katja stimmte ein: „Ich freue mich für dich, genieße es. Ich weiß wie das ist. Du bist verliebt! Ein schönes Gefühl, so etwas mal wieder zu erleben, nicht wahr?" „Ja, das stimmt", antwortete Victoria und lachte wie ein Teenager. „Ach und noch was, Katja", sie machte eine bedeutungsvolle Pause. „Ich habe eine neue Idee!" Der Klang von Victorias Stimme ließ Katja vermuten, dass sich ihre Freundin etwas ausgedacht hatte, womit sie sicher wieder aus der Reihe tanzen würde. Sie hatte ja schließlich schon so ihre Erfahrungen mit Victoria gemacht.

Einmal hatte Victoria unbedingt mit silberner Ganzkörperbemalung, silbernem Minikleidchen, silbernen hochhackigen Stiefeln und riesigen Engelsflügeln auf einem Tisch, inmitten einer Menschenmenge, tanzen müssen. Ein anderes Mal hatte sie auf einem Festival ein Zelt als Wahrsagerin gehabt. In einem mittelalterlichen, langen Kostüm und mit einer Glaskugel auf dem Tisch hatte sie den Besuchern die Zukunft vorausgesagt. Es hatte schon viele solche Aktionen gegeben und Katja wusste genau: Wenn es wieder so eine verrückte Idee war, mit der sich Victoria in der Öffentlichkeit präsentieren wollte, könnte sie sie nicht davon abbringen. Denn wenn einer von Victorias Freunden oder Bekannten ihre Idee hinterfragte, sah sich diese aufgefordert, ihr Vorhaben erst recht auszuführen. Deshalb fragte Katja nur vorsichtig nach: „Was meinst du denn damit? Worum geht es denn?" Victoria musste schon wieder lachen und dann erzählte sie ihrer Freundin von der Idee, die während der Autofahrt entstanden war. Über den Traum sprach sie vorerst nicht, das wollte sie zu einem späteren und besseren Zeitpunkt nachholen. Wie erwartet kam Katjas Antwort: „Du bist verrückt. Wie willst du das anstellen? An welche Kirche hast du dabei gedacht?" Es entstand eine kurze Pause. Dann sagte Katja ernst: „Also, ich weiß nicht, ob das eine gute Idee ist. Meinst du nicht, dass das zu weit geht?" Aber Victoria sagte nur: „Ich habe mir da schon etwas überlegt!" „Okay, wie du meinst. Ich muss jetzt los zur Arbeit, wir reden die Woche noch mal, ja? Umarme dich, Liebes. Mach's gut." Es knackte in der Leitung und Katja war weg.

Victoria atmete auf. Das war einfach unglaublich. Sie würde doch tatsächlich ein Wochenende mit Marius verbringen. Sie war ja so aufgeregt. Der Gedanke daran ließ sie auch die nächsten Tage nicht los. Sie ertappte sich immer wieder dabei, dass sie bei der einen oder anderen Sitzung an den geplanten Ausflug mit Marius dachte. Er hatte Donnerstagabend endlich angerufen und ihr gesagt: „So, meine liebe Victoria, ich habe mir überlegt, dass wir am Samstag so gegen acht Uhr aufbrechen. Wenn du magst, kannst du zu mir kommen und dann fahren wir gemeinsam weiter. Ein Zimmer auf der Hütte für die Übernachtung habe ich auch schon für uns gebucht. Es ist nichts Besonderes. Von da oben haben wir aber eine schöne Aussicht und es ist sehr gemütlich. Bestimmt finden wir dort auch eine Gelegenheit für ein Gläschen Wein. Passt das so für dich?" Victoria hörte zu und malte sich schon aus, wie idyllisch und romantisch das werden würde. „Ja", sagte sie, „das passt mir ausgezeichnet, Marius." „Fein, dann bis Samstag früh, Victoria, ich freu mich!" Er legte auf. Sie seufzte. 'Ich freue mich auch', dachte sie und fühlte sich wie ein verliebtes junges Mädchen.

Die ganze Nacht von Freitag auf Samstag konnte sie kaum schlafen. Ab sechs Uhr morgens war an Schlaf überhaupt nicht mehr zu denken und sie stieg träge aus dem Bett. Völlig übermüdet warf sie ihre Kaffeemaschine an, schäumte die Milch auf und goss sich erst mal einen großen Latte Macchiato in ihre 'Mama ist die Beste' Riesentasse. Der Blick aus dem Fenster verhieß einen sonnigen Tag. Einfach perfekt für das bevorstehende Wochenende. Dreißig Minuten würde sie ungefähr brauchen, bis sie bei Marius war. Noch eine Stunde hatte sie also Zeit. 'Was mache ich denn jetzt noch?', fragte sie sich und nahm sich einen Notizblock, um ein paar Gedanken zu ihrer neuen Idee zu Papier zu bringen. Noch ein Latte Macchiato und immer noch eine halbe Stunde Zeit. Victoria stöhnte. Ihr Rucksack stand schon gepackt an der Haustür. Zum Schlafen hatte sie einfach ein übergroßes T-Shirt eingepackt, aber darunter wollte sie auf jeden Fall ihre beste rote Spitzenunterwäsche anziehen. Es war schon verrückt. Einerseits viel es ihr nicht ganz leicht, sich auf das Wochenende mit Marius einzulassen. Andererseits war sie auch nur eine Frau und wünschte sich mal wieder ein bisschen Zweisamkeit. Sie verdrängte diese Gedanken wieder. Ein Blick auf die Uhr zeigte, dass sie immer noch viel zu früh dran war. Was sollte sie denn noch tun, damit die Zeit endlich verging?, fragte sie sich. Angezogen war sie auch schon, mit blauen engen Jeans, weißem T-Shirt und den gelben Wanderschuhen. Vielleicht sollte sie noch etwas zum Essen und Trinken mitnehmen? Sie griff nach einer Flasche Wasser und verstaute diese und zwei Äpfel in der Seitentasche ihres Rucksacks.

Nach einem dritten Latte Macchiato beschloss sie dann, sich langsam auf den Weg zu machen. 'Oh mein Gott, habe ich Schmetterlinge im Bauch', durchfuhr es sie. Ein bisschen unsicher fühlte sie sich, weil sie nicht genau wusste, was sie in den beiden Tagen mit Marius erwartete. Bisher war er ihr sehr freundschaftlich begegnet, es gab keine Annäherung seinerseits. Victoria blieb sich treu und wollte sich hüten, auch nur ein bisschen zu zeigen, was tatsächlich in ihr vorging. Vor allem über die bevorstehende gemeinsame Nacht machte sie sich Gedanken. 'Ich glaube, ich würde die Nacht auch auf einem Heuboden im Schlafsack mit ihm verbringen. Einfach mit einer Flasche Rotwein und weit und breit niemand sonst', malte sie sich aus. Es kam ihr immer noch so unwirklich vor, dass ausgerechnet der Mann, der ihr so lange schon so gut gefiel, auf sie, Victoria stand. Immer wieder ging ihr das durch den Kopf. Und jetzt lag so viel gemeinsame Zeit vor ihnen. Bisher hatten sie immer nur ein paar Stunden miteinander verbracht. Sie legte den Rückwärtsgang ein, fuhr von ihrem Parkplatz und reihte sich in den Verkehr ein. Eine halbe Stunde später stand sie vor seiner Haustür. Sie suchte nach dem Klingelknopf und zögerte einen Moment.

Ihr Herz klopfte so wild, dass sie befürchtete, dass Marius es durch ihre Kleidung sehen konnte. Es half nichts, da musste sie jetzt wohl durch. Tief einatmen, sagte sie sich, tief einatmen. Die Tür öffnete sich und. da stand er. Wie er sie anstrahlte! Sie strahlte zurück. 'Oh, was sah er wieder gut aus', durchfuhr es sie und sie bekam weiche Knie. „Guten Morgen Victoria", lächelte Marius sie an. „Wie schön, dass du da bist, dann kann es ja jetzt losgehen." Sie lächelte zurück. „Ja, Marius, wenn du willst, kann ich fahren." Kurz darauf saß er bei ihr auf dem Beifahrersitz und sie starteten in Richtung Berge. Victoria versuchte, sich nichts anmerken zu lassen. Sie blieb äußerlich ganz cool, genau wie an dem Tag, als Marius sie zum ersten Mal besucht hatte und sie am See spazieren gegangen waren. Auch die anderen Male, als sie sich getroffen hatten, hatte sie eine ganz entspannte Haltung gezeigt und ihre wahren Gefühle verborgen. Immer wieder sagte sie sich in seiner Gegenwart: „Bleib bei dir, bleib ruhig, er ist auch nur ein Mann und kocht auch nur mit Wasser." Das half ihr meistens. Während der Fahrt redeten sie locker über dies und das. Darüber, welches Wetter wohl für die nächsten beiden Tage zu erwarten sei, über ihre Vorlieben beim Wein und darüber, welche Musik sie gerne hörten. Nach etwas mehr als einer Stunde erreichten sie ihr Ziel. Victoria bog mit dem Wagen in eine schmale, von Bäumen gesäumte Straße ein und erreichte nach ein paar hundert Metern einen kleinen Parkplatz. „So Victoria, da kannst du parken. Ab hier gehen wir zu Fuß weiter, denn da vorne beginnt schon der Weg. Am Anfang geht es etwas steiler hinauf, aber nach ungefähr einer halben Stunde wird die Steigung leichter. Und wir haben jede Menge Zeit und können uns ganz nach Belieben zwischendurch in die Sonne legen." Victoria parkte den Wagen, stieg aus und nahm ihren Rucksack aus dem Kofferraum. „Gut", meinte sie, während sie den Rucksack auf ihren Rücken hievte, „dann bin ich ja froh, dass ich die Sonnencreme eingesteckt habe." Sie blickte sich um und wartete, bis Marius auch soweit war.

Es war so schön hier, der Sommer war schon fast da und alles um sie herum leuchtete in perfektem Grün. Die Bäume hatten bereits alle Blätter und auch die Sträucher standen schon in ihrer ganzen Pracht. Sogar einige Insekten flogen durch die Luft, man konnte sie summen hören. Victoria sah sich um. Mehrere Berggipfel umgaben sie, weiter unten wuchsen Fichten, zwischen denen sich hier und da grüne Flächen ausbreiteten. Auf einem sich durch den Wald windenden Wanderweg begannen sie mit dem Aufstieg. Er war tatsächlich ganz schön steil. Der Weg war höchstens einen Meter breit und führte über allerhand Wurzeln und kleinere Felsabschnitte. Doch wie versprochen, wurde er nach einiger Zeit zunehmend flacher und die Bäume wichen Kuhweiden. Nach einer weiteren halben Stunde erreichten sie eine Biegung, die einen wunderbaren Ausblick auf die weitere Umgebung freigab. Jetzt waren jede Menge steile Wiesen hinter ihnen zu sehen, vor ihnen ging es bergab. Unterhalb von ihnen lag ein See, eingebettet in saftiges Grün.

Der Anblick erinnerte an einen Bildband über bayerische Landschaften. Victoria fühlte sich im Glück, während sie nebeneinander liefen.

Während des Aufstiegs hatten sie wenig gesprochen. Dann ergriff Marius das Wort. „Und, wie gefällt es dir hier?", fragte er. Victoria antwortete: „Oh Marius, es ist so schön. Ich hatte ganz vergessen, wie herrlich es in den Bergen doch ist." „Ja", entgegnete Marius, „das geht mir genauso. Ich liebe die Berge sehr. Das Wandern hat für mich fast etwas Meditatives. Ich fühle mich dann so in meiner Mitte und kann den Alltag gut für eine Weile hinter mir lassen." So eine Aussage von einem Mann zu hören, erstaunte Victoria und machte ihn noch interessanter. Sie sah aus, als ob man ihr ein breites Grinsen ins Gesicht gemeißelt hätte, so glücklich fühlte sie sich. „Wenn du möchtest, können wir unsere erste Rast bei einer schönen kleinen Kapelle einlegen. Sie liegt auf einer Hügelkuppe und man hat einen sensationellen Ausblick von dort oben. Was würdest du davon halten?", fragte er sie. „Klingt gut, von mir aus gerne", antwortete Victoria. Ungefähr zwei Stunden später war die Kapelle auf der Anhöhe schon zu sehen. Es war ein sehr kraftvoller Platz mit großen alten Bäumen um die Kapelle herum und einem fantastischen Ausblick. Oben angekommen nahmen sie auf einer verwitterten Bank Platz, die schon viele Jahreszeiten erlebt haben mochte und blickten sich ehrfurchtsvoll um. Wie gemalt war das Panorama rund herum mit den Bauernhöfen, Wiesen und Wäldern. In der Ferne war auch noch der See zu erkennen. „Ist es nicht schön, sich an so einfachen Dingen, wie dieser Aussicht zu erfreuen?", fragte Marius. Victoria nickte zustimmend. „Ja, seit meiner Scheidungsschlacht stelle ich fest, dass mich die einfachsten Dinge im Leben beinahe am glücklichsten machen können." „Ehrlich?", fragte Marius nach, „was meinst du damit?" „Weißt du Marius, nachdem ich meinen Exmann höflich gebeten hatte, mich endlich zu verlassen, hat er sich so tief verletzt gefühlt, dass er versucht hat, mich mit allen Mitteln seelisch zu zerstören. Seit dem Tag bin ich sein größter Feind bis heute", erklärte sie ihm. Man konnte ihrer Stimme anhören, dass es ihr nicht so ganz leicht fiel, darüber zu reden. „Wie ging es dann weiter?" Sie fuhr fort: „Ich war zutiefst entsetzt darüber, dass der Mensch, mit dem ich 16 Jahre meines Lebens verbracht hatte und der der Vater meiner Kinder ist, sich mir gegenüber so verhielt. Es hat Monate gedauert, bis ich wieder mehr als zwei Stunden pro Nacht schlafen oder normal essen konnte. Wer das nicht erlebt hat, kann sich das wahrscheinlich nicht vorstellen. Gott sei Dank hatte ich meine Freunde Urs und Katja. Sie haben mir so beigestanden in dieser Zeit." „Oh je", kam es von Marius, „das klingt wirklich ganz schön heftig." „Ja, es gab Momente, da hatte ich das Gefühl, innerlich zu sterben", gab sie zu, dann schluckte sie, bevor sie weiter redete. „Aber gleichzeitig war mir klar, dass ich da durch musste. Es war mein Weg wieder ganz zu mir. Darüber wurde ich so empfänglich für die kleinen Freuden des Lebens." Es entstand eine kurze Pause. „Verstehst du jetzt?", fragte Victoria.

Er nickte. Victoria erzählte weiter: „Natürlich habe ich mich auch fragen müssen, warum ausgerechnet mir so was passiert. Wieso hatte er sich mir gegenüber denn so verhalten? Es ist mir erst mit der Zeit mehr und mehr klar geworden, dass er nur etwas gezeigt hat über mich. Nämlich, wie ich selbst über mich gedacht und gefühlt hatte. Wie ich mit mir umgegangen war und wie ich anderen erlaubt hatte, mit mir umzugehen. „Ach so?", entgegnete Marius. „Weißt du, es ist nicht der andere an etwas schuld, er ist nur eine Art Spiegel, der einem das eigene Verhalten zeigt. Die Rolle des anderen ist vielmehr die, einer Erlöserseele, sozusagen." Er schaute sie fragend an und meinte: „Das verstehe ich nicht." „Ja", erklärte Victoria weiter, „ich weiß, dass sich das verrückt anhört, aber es ist wie ein großer Liebesdienst. Du kannst diese Muster in allen Beziehungen finden. Wenn ich die Themen erkenne, die sich dahinter verbergen, kann ich sehr daran wachsen und davon lernen." Wieder entstand ein Schweigen. Sie schob ein paar widerspenstige Locken aus ihrem Gesicht, dann fuhr sie fort: „Er hat mir damit meine eigene mangelnde Selbstliebe aufgezeigt und noch so ein paar Sachen, die ich nicht hatte wahrhaben wollen. Als mir das klar geworden war, fühlte ich überhaupt erst mal, was für ein tiefer Schmerz in mir war. Als erstes musste ich lernen, mir selbst zu verzeihen. Das ist oft das Schwierigste überhaupt. Meinen Klienten geht das meistens nicht anders. Sich selbst ehrlich in den Beziehungsmustern zu erkennen, kann sehr schmerzhaft sein und gleichzeitig sehr heilsam", schloss Victoria. Marius ließ das soeben Gehörte auf sich wirken. Er runzelte die Stirn schaute Victoria an und sagte: „Das sind ja interessante Betrachtungsweisen, so etwas habe ich noch nie gehört. Die meisten, die ich kenne, schimpfen nur über ihre Ex-Partner. Sie geben ihnen die Schuld an allem Möglichen. Die Sichtweise, dass es auch etwas mit einem selbst zu tun hat, ist etwas komplett Neues für mich." Victoria war beeindruckt. Sie hatte nicht erwartet, dass Marius sich so für ihre Schilderungen interessierte, geschweige denn, dass er sich damit auseinander setzte. Wenige Minuten später schulterten sie ihre Rucksäcke wieder und setzten ihre Wanderung fort. Inzwischen war es ganz schön warm in der Sonne.

Es war Marius, der nach einer Weile das Gespräch wieder aufnahm. Victoria hatte sich vorgenommen, ihn nicht zu überfordern, deshalb hatte sie gewartet, bis er sie ansprach. „Wie ist es dann weitergegangen mit dir und deinem geschiedenen Mann?", wollte er wissen. „Konntet ihr euch wenigstens aussprechen?" „Nein", seufzte Victoria. Sie schüttelte den Kopf und sagte: „Er hat mich und seine Kinder aus seinem Leben gestrichen und eine neue Frau, samt neuem Kind, geheiratet." Dann fügte sie hinzu: „Er hat uns einfach ausgetauscht, wie ein altes Paar Schuhe." „Wie ist so etwas möglich?", fragte Marius. Sie gab ihm ihre Erklärung: „Manchmal ist es einfacher, Gefühle zu verdrängen, weil es vielleicht zu schmerzhaft wäre, sich damit auseinander zu setzen. Da geht eben jeder anders mit um, weißt du." Ein Seufzer durchfuhr sie und sie resümierte: „Am Ende konnte ich nur entscheiden, meinerseits meinen Frieden mit ihm zu schließen, was mir inzwischen auch gut gelungen ist." „Hm", kam es von Marius. Victoria hielt einen Moment inne. Dann sagte sie: „Viel wichtiger ist es für mich, nach all den Erfahrungen in mich zu gehen. Mich zu fragen, wie will ich denn überhaupt Beziehung leben." Er schaute sie an. „Zu welchen Erkenntnissen bist du da gekommen?", wollte er weiter wissen. „Ich möchte eine Beziehung auf Augenhöhe, in der beide das geben, wozu sie freiwillig bereit sind. Außerdem brauche ich keine Machtspiele mehr. Genauso wenig brauche ich jemanden, der mich für seine Unzufriedenheit verantwortlich machen will." „Ja Victoria, das unterschreibe ich auch sofort. Was noch?" „Ich glaube, das Wichtigste von allem, ist für mich, dass ich niemandem mehr erlaube, mich zu manipulieren. Mit mir ist es bestimmt auch nicht immer einfach, das gebe ich ja gerne zu, aber ich will so akzeptiert werden, wie ich bin. Er schaute sie vielsagend an, sagte aber kein Wort mehr. Victoria beschloss, das Thema wieder ruhen zu lassen.

Sie schaute nach oben und er folgte ihrem Blick. Wolken zogen über den Himmel. Wie schade. Es sah nach Gewitter aus. „Wenn wir ein bisschen schneller gehen, sind wir bald an der Hütte. Soweit ich weiß, gibt es im Keller eine Sauna, wäre das etwas für dich?", schlug Marius vor. Victoria nickte. Glücklicherweise erreichten sie die Hütte, bevor es begann, wie aus Eimern zu schütten. Ein alter Einheimischer, der aussah wie Heidis Großvater, gab ihnen einen Zimmerschlüssel und ein paar Handtücher. „Können Sie uns bitte noch die Sauna anschalten?", fragte Marius. Der alte Mann antwortete knapp: „Geht klar, dauert 30 Minuten." Dann schlurfte er davon. Victoria hielt ihren Rucksack vor sich in Brusthöhe und schluckte. Ihr war vollkommen klar, dass sie nur mit Badebekleidung in diese Sauna gehen würde. Um die Wartezeit zu überbrücken, machten sie es sich in der Stube gemütlich, und sahen dem Regen zu, der draußen plätscherte. Es blitzte und kurz darauf krachte ein lauter Donner, der Victoria zusammen zucken ließ. „Du bist aber schreckhaft", entfuhr es Marius. „Ja", sagte Victoria kleinlaut, „das kommt schon mal vor." Wenig später war die halbe Stunde Wartezeit vorbei. Victoria setzte sich mit Bikini und Handtuch um den Körper in die Sauna. Marius setzte sich auf die Bank ihr gegenüber. Die Wärme tat beiden richtig gut. Nach zwei Saunagängen ruhten sie sich noch eine Weile auf den Liegestühlen im Nebenraum aus. Victoria hörte, wie Marius leise zu schnarchen begann. Er war eingeschlafen. 'Das kann ja etwas werden', dachte Victoria, 'gut, dass ich meine Ohrstöpsel dabei habe.' Außerdem war sie gespannt, wie sie überhaupt die Nacht in einem Zimmer und in einem Bett verbringen. würden. Die Gedanken, die sie am Morgen so sorgfältig verdrängt hatte, meldeten sich zurück. 'Ein bisschen kuscheln wäre schön', dachte sie, 'aber mehr nicht.' Jetzt war sie sich sicher. Das war wohl erst mal das Beste. Noch besser, sie ließ es auf sich zukommen.

Sie wurde aus ihren Gedanken gerissen, als Marius plötzlich sagte: „Oh, ich war wohl kurz eingeschlafen. Was ist, sollen wir langsam wieder nach oben gehen? Vielleicht hat es ja aufgehört zu regnen. Dann könnten wir in der näheren Umgebung noch ein bisschen spazieren gehen, bis es Zeit für das Abendessen ist." „Okay, noch ein bisschen frische Luft kann ja nicht schaden", meinte sie und gähnte herzhaft. „Wenn ich noch länger hier liege, schlafe ich auch noch ein." Tatsächlich war das Gewitter vorbei und es kamen sogar noch ein paar Sonnenstrahlen durch. Die Umgebung der Hütte war sehr idyllisch und es gab sogar einen schönen Außenbereich mit Biertischen und Bänken, der ihr vorher gar nicht aufgefallen war. Von da aus konnte man über das ganze Tal schauen. Die Luft war schön frisch nach dem Gewitter. Ein unbeschreibliches Gefühl von Leichtigkeit erfasste Victoria und ihr wurde bewusst, wie sehr sie jede Minute mit Marius genoss. Sie saugte alles richtig auf. Das unbefangene freundschaftliche Zusammensein tat ihr einerseits gut, andererseits wünschte sie sich die eine oder andere zärtliche Berührung, gestand sie sich ein. Aber es blieb auch den ganzen Abend über beim freundschaftlichen Miteinander. Sie entschieden, zum Abendessen in einen nahe gelegenen Berggasthof zu gehen.

Von den Gästen an einem der Nachbartische bekamen sie Gesprächsfetzen mit. Es wurde heftig diskutiert über Frauen, die ihre Männer bei der Scheidung ausnahmen wie Weihnachtsgänse. 'Ja', dachte Victoria, 'die Frauen konnten ihren Ex-Männern das Leben auch schwer machen.' „Da hörst du es, Marius. Es ist bei vielen das Gleiche. Es ist keiner besser, oder schlechter. Meistens versucht einer von beiden nach einer Trennung dem anderen noch mal richtig das Leben schwer zu machen." „Ja", gab er zu, „und vor allem finanziell das Beste für sich herauszuholen, was?" Sie nickte. „Aber lass uns jetzt über andere Themen reden, okay?" Nach dem Essen schlenderten sie gemütlich zurück. In ihrem Herzen fühlte sie tiefen Frieden und war glücklich, dass ihre ganzen Auseinandersetzungen mit Walter schon so lange zurücklagen. So wollte Victoria das Thema von vorher nicht mehr aufgreifen. Es war Zeit, nach vorne zu schauen und sich vielleicht mal wieder auf neue Erfahrungen einzulassen. Um nichts in der Welt hätte sie Walter wieder zurück genommen. Sie schaute zu Marius und dachte, was es für ein Geschenk sei, solch eine Begegnung mit einem Menschen wie ihm haben zu dürfen.

Ein bisschen verrückt

Wieder bei der Hütte angekommen, sah sie erneut die Tische und Bänke im Garten und schlug vor: „Marius, magst du die Flasche Rotwein aus unserem Zimmer holen, die du mitgebracht hast? Ich kann ein paar Decken organisieren und dann machen wir es uns hier draußen gemütlich, was meinst du?" Seine Miene hellte sich sofort auf. „Ja, was für eine gute Idee, ich bin gleich wieder da", sagte er fröhlich. Victoria strahlte. Diesen Abend hier so mit ihm zu verbringen, war ganz sicher die Krönung des Tages. Es konnte schon gar nicht mehr besser werden. Sie fragte sich nur, ob es wirklich so viel mit ihm zu tun hatte, oder doch mehr damit, dass sie sich so frei fühlte. Aber sie wollte jetzt nicht so genau darüber nachdenken, sondern lieber mit Marius den Rotwein genießen. Schnell hatte Victoria die Decken bei ihrem Hüttenwirt geholt und auch Marius war nach nur wenigen Minuten mit der geöffneten Rotweinflasche und zwei Wassergläsern zurück. Er goss den Wein in die Gläser und reichte ihr eines.

Ein lautes „Pling" war zu hören, als sie mit ihren Gläsern anstießen, dann schauten sie sich tief in die Augen. Vor ihnen lag das Tal mit den letzten Sonnenstrahlen und bescherte ihnen einen Sonnenuntergang wie aus dem Bilderbuch. Die Sonne neigte sich am Horizont im schönsten Rot und Orange und sank langsam immer tiefer. Victoria seufzte: „Ach ist das schön. Findest du nicht auch, dass das Leben so viele schöne Erlebnisse bereithalten kann?" Marius nickte, „Ja, Victoria, da kann ich dir nur zustimmen." So verschwand das letzte Licht des Tages. Sie zog die Decke etwas enger um ihren Körper, weil die Temperaturen hier oben schnell nach unten kletterten. Leider machte Marius keine Anstalten, näher zu ihr zu rücken. Sie saßen noch lange draußen und verloren das Zeitgefühl. Es gab viele Themen, über die sie einen gemeinsamen Zugang fanden und in die sie sich vertiefen konnten. Egal, ob es das Tanzen, Reisen, oder ihre Vorliebe für italienische Küche war. Über ihnen war inzwischen ein leuchtender Sternenhimmel und sie legten sich mit ihren Decken so, dass sie nach oben schauen konnten. „Vielleicht sehen wir ja eine Sternschnuppe", meinte er. „Ja", hauchte Victoria in dieser romantischen Idylle. Dann schauten sie einfach schweigend nach oben. Erst als die Weinflasche leer war, erhoben sie sich langsam von ihrem Platz, schlurften die Treppe hoch und gingen in ihr Zimmer.

Victorias Herz klopfte wie verrückt. Sie lag schon, mit langem T-Shirt, der schönen Wäsche darunter und geputzten Zähnen, in ihrer Betthälfte, als Marius in einem dunkelblauen Schlafanzug aus dem Badezimmer kam. Er kroch in seine Betthälfte, zog sich die Decke bis über die Ohren hoch und wünschte ihr eine gute Nacht. Wenige Minuten später war er eingeschlafen, was sie an seinem regelmäßigen Atmen hören konnte. Er ließ eine völlig verwirrte Victoria neben sich liegen. Damit hatte sie nicht gerechnet. In ihrem Kopf arbeitete es und sie schlief unruhig, wie so oft, wenn etwas sie sehr beschäftigte. Viel zu viele Gedanken gingen ihr durch den Kopf, angefangen dabei, dass sie sich mal wieder nicht liebenswert fühlte. Vielleicht gefiel sie ihm ja doch nicht. Ob ihre weißen Haare sie möglicherweise doch zu alt aussehen ließen?, fragte sie sich. Irgendwann fiel sie in einen unruhigen Schlaf. Nach einer kurzen Nacht wachte sie früh auf. Die Uhr auf ihrem Handy zeigte erst sieben. Marius schlief immer noch tief und fest neben ihr.

Am liebsten wäre sie aufgestanden, um unten nachzusehen, ob es schon einen Kaffee gab und um auf andere Gedanken zu kommen. Aber sie war viel zu neugierig, wie er sich ihr gegenüber nach dem Aufwachen verhalten würde. Vielleicht war er einfach nur zu müde gewesen gestern Abend, um mit ihr zu kuscheln.

Tatsächlich verhielt er sich ihr gegenüber auch nach dem Aufwachen, als wäre sie eine gute Freundin und sonst nichts. Die Stube war schön an diesem sonnigen Morgen. Ein Tisch war für ein üppiges Frühstück gemütlich hergerichtet worden und es duftete nach Kaffee, als sie aus ihrem Zimmer herunter kamen. Ungefähr eine Stunde saßen sie beim Frühstück. Victoria hatte sehr gemischte Gefühle und wenig Appetit, ließ sich aber nichts anmerken. Sie sprachen kaum miteinander. Auf gar keinen Fall wollte sie, dass Marius wusste, was in ihr vorging. Eher hätte sie sich die Zunge abgebissen, als ihm etwas von ihren Gefühlen ihm gegenüber preis zu geben. 'Mal sehen was heute so passiert', durchfuhr es sie. Sie seufzte und dachte: 'Die Hoffnung stirbt zuletzt.'
„Schau mal raus, Victoria. Heute ist ein prima Wetter, da können wir noch eine schöne Tour wandern." „Mhm", sagte sie, weil ihr nicht mehr einfiel. Sie musste wohl einsehen, dass sie mit Marius nur platonisch befreundet war und sie weit davon entfernt waren, ein Liebespaar zu werden. Das tat weh. Sie haderte mit sich und ein weiterer Anflug von Traurigkeit stieg in ihr auf. 'Blöde Kuh', dachte sie, 'hast dich schon wieder in den falschen Mann verliebt.' Da hatte sie sich wohl irgendwelchen Illusionen hingegeben, die gerade platzten. Denn das stand hinter dem Schmerz, das wusste sie. Genauer gesagt, eine enttäuschte Erwartung. 'Ja', gestand sie sich innerlich ein, 'ich bin enttäuscht.' So, jetzt war es ihr klar. Ihr Blick schweifte durch das Fenster auf das Tal neben ihr, wo sie gestern noch diesen schönen Sonnenuntergang genossen hatten. Sie haderte weiter mit sich: 'Du dummes, dummes Weib. Du hast die Schmetterlinge im Bauch und er nicht.' Victoria beschloss, diese schweren Gefühle erst einmal zu verdrängen und innerlich etwas auf Abstand zu gehen. 'Armer Marius', dachte sie. 'Er kann ja gar nichts dafür.' Die Enttäuschung, die sie gerade fühlte, hatte ja nur etwas mit

ihr zu tun. Sie seufzte laut. „Ist was?", fragte er. „Nein, es ist alles in Ordnung. Warum?", fragte Victoria zurück. „Du siehst aus, als ob dich etwas beschäftigt", sagte er und schaute ihr direkt in die Augen. „Ach, nicht so wichtig", log sie und wich seinem Blick aus. Es versprach tatsächlich ein sonniger Tag zu werden und sie entschied, einfach das Beste daraus zu machen. 'Okay', dachte sie, 'dann sind wir eben nur gute Freunde, die heute zusammen wandern.' Nach dem Frühstück packten sie ihre Rucksäcke und machten sich auf den Weg. Victoria folgte Marius, der sich hier oben wirklich sehr gut auszukennen schien. Sie nahmen einen anderen Weg, als den vom Vortag und wieder ging es erst einmal ein kurzes Stück steil bergauf. Victoria hörte die Glocken der Kühe, die unterhalb des Berges auf den Weiden waren. Sie waren ihr am Vortag gar nicht aufgefallen. Vielleicht grasten sie ja nicht immer an der gleichen Stelle, dachte sie. Der Schweiß stand ihr schon wieder auf der Stirn. In ihren Hosentaschen suchte sie ein Haargummi um sich einen Pferdeschwanz zu machen.

Wie am Tag zuvor, begannen sie über Beziehungsthemen zu sprechen. Marius schien alles aufzusaugen, was Victoria ihm aus ihrer Arbeit mit Klienten und über die Seminararbeit erzählte. Er fragte sie: „Warum scheitern überhaupt so viele Beziehungen? Ich habe das noch nie verstanden." Victoria räusperte sich kurz und begann: „Es ist ganz einfach. Viel einfacher als alle denken." Er sah lächelnd zu ihr auf. „Ehrlich, da machst du mich jetzt aber neugierig, dann erzähl doch mal." Victoria lächelte zurück und antwortete: „Wie du willst. Weißt du", begann sie, etwas außer Atem, „als Kind zuhause, bei Mama und Papa hat keiner von uns die Liebe und Zuwendung bekommen, die er sich gewünscht hat. Ich kenne jedenfalls keinen." Er überlegte kurz, dann meinte er: „Da muss ich dir wohl recht geben. Bei mir war das auch nicht so toll. Meine Mutter war damals total überfordert mit dem Umzug nach Deutschland und der neuen Sprache. Sie hat ständig gejammert und sich beschwert. So sehr, dass ich als Kind ihr schon ganz viel habe helfen müssen." Sie rang deutlich mehr nach Luft als er, stellte sie fest. Anscheinend war er ihr, was die sportliche Kondition anging, doch etwas überlegen. „Interessant", schnaufte Victoria. Dann blies sie eine Haarsträhne aus dem Gesicht und erklärte: „Meine Eltern haben als Jugendliche den Krieg und somit eine Menge Elend erlebt. Sie waren dadurch emotional überhaupt nicht belastbar. Gefühle haben in unserer Familie keinen Platz gehabt. Alles drehte sich nur ums Geld und darum, ihr Haus abzuzahlen. Als Kind hatte ich immer das Gefühl, sie sehen mich gar nicht." „Ja wirklich?", fühlte er mit. Das Gipfelkreuz kam langsam in Sicht und es wurde noch einmal etwas flacher hier oben. „Du merkst", erzählte Victoria weiter, „wir haben alle Defizite in der Liebe als Kind unserer Eltern." Ihm standen jetzt auch die Schweißperlen auf der Stirn, mit dem Handrücken wischte er sie ab.

Mit ernster Miene fragte er: „Was hat das jetzt mit den gescheiterten Beziehungen zu tun?" Victoria schloss die Brücke ihrer Erklärungen, indem sie sagte: „Das Kind bleibt auch in uns Erwachsenen lebendig, mit seinem großen Hunger nach Liebe. Ganz egal wie alt ein Mensch ist. Er oder sie versucht dann, später, im Erwachsenenleben, die Liebe von der Partnerin oder dem Partner zu bekommen. Das innere Kind kommt mit allerlei Bedürfnissen daher. Vielleicht sagt es sogar: 'Wenn du mir was gibst, dann gebe ich dir auch was.' Das kann alles Mögliche sein, vom Liebhaben, über Anerkennung, Lob oder Dienstleistung." „Was, wirklich?", fragte er irritiert. „Das wäre mir ja nie in den Sinn gekommen, das mal so zu durchleuchten. Ich bin richtig sprachlos." Er stoppte einen Moment und schaute sie an. „Ja?", sagte sie nur und fügte lässig hinzu: „für mich ist das schon ganz normal, Beziehungen von Menschen in diesem Zusammenhang zu betrachten." Die letzten Meter bis zum Gipfelkreuz lagen vor ihnen. Marius hakte noch mal nach: „Und woran erkennt man das? Also, ich meine, dieses liebeshungrige innere Kind?" Victoria überlegte einen Moment, wie sie ihm das am besten erklären konnte: „Das klingt dann ungefähr so", sie setzte in einen theatralischen Tonfall an, „'Er muss mir doch ansehen, wie sehr ich verletzt bin.' oder 'Sie zeigt überhaupt kein Verständnis für meine Probleme in der Arbeit.'" Marius musste lachen über Victorias Darbietung. „Ich glaube, solche Aussagen kommen mir bekannt vor." „Jedenfalls", fuhr sie fort, wollen wir alle von unseren Partnern die Liebe, Zuwendung oder das Verständnis, das wir zuhause als Kind nicht bekommen haben." „Ja, das kann schon sein, aber was ist daran das Problem?", bohrte er nach. „Dass es nicht funktioniert", sagte sie ganz ruhig.

Sie waren oben angekommen. Beide nahmen ihre Rucksäcke von den Schultern und setzten sich an das Gipfelkreuz. Um sie herum waren Berggipfel zu sehen und irgendwo klingelten leise die Kuhglocken. Sonst war alles ruhig. Außer ihnen beiden war niemand hier oben. Victoria nahm den Faden wieder auf. „Es ist wie ein kosmisches Gesetz. Eine Frau mit dem Bedürfnis geliebt zu werden, trifft automatisch und unbewusst einen Mann mit dem gleichen Bedürfnis." Marius trank einen großen Schluck aus seiner Wasserflasche, dann fragte er gelassen nach: „Das ist wirklich immer so?" „Ja", sagte Victoria, „weil diese Liebe, nach der man sich sehnt, nur jeder in sich selbst finden kann. Kein Mensch auf der Welt kann so viel Liebe geben, dass solch ein liebeshungriges inneres Kind satt wird." Sie seufzte. „Nur wer das kapiert hat – und zwar im Grunde seines Herzens – ist wahrhaftig und frei." „Das ist ein schöner Gedanke, Victoria." Sie saßen eine Weile schweigend nebeneinander und ließen ihr Gespräch auf sich wirken. Dann ergriff Victoria wieder das Wort und sah ihm in die Augen. „Weißt du Marius, die Beziehungen scheitern daran, dass jeder mit einer Vorstellung im Leben unterwegs ist, wie sein Partner zu sein hat. Oder anders gesagt, er hat eine Illusionen von seiner Liebsten, und sie von ihrem Traumprinzen." „Verstehe", sagte Marius, „das heißt, die Illusionen platzen dann, weil ihnen die Augen aufgehen, oder?" „Ja, du hast es erfasst. Dann kommt die Enttäuschung über den anderen und damit beginnen die Vorwürfe." In Victorias Stimme schwang etwas Bitteres mit, als sie das sagte. Marius nickte nur. Anscheinend war ihm ein Licht aufgegangen, in Bezug auf seine eigenen Erfahrungen. Er sagte nur: „Aha, jetzt wird mir einiges klar." „Spannendes Thema, oder?", meinte Victoria. „Ja", sagte Marius, „das hätte ich nicht gedacht." Sie genossen noch eine ganze Weile die Aussicht und wechselten das Thema. Etwa eine halbe Stunde später machten sie sich an den Abstieg. Jetzt nahm Marius nach ein paar Metern das Gespräch wieder auf. „Victoria?", Sie schaute ihn erwartungsvoll an.

„Ja?", fragte sie nach. „Sag mal", begann er, „wollen wir noch etwas zusammen essen gehen, bevor wir zurückfahren? Ich kenne in der Nähe einen schönen Biergarten. Er liegt auf dem Weg." Sie strahlte ihn an und sagte: „Ja, von mir aus. Ich denke, ich habe noch Zeit." „Gut, auf diesem Weg, den wir jetzt zurückgehen, sind wir nicht ganz so lange unterwegs. In etwa zwei Stunden sind wir sind sowieso da, wo wir geparkt haben", setzte er hinzu. Tatsächlich. Höchstens 15 Minuten später, als er vorausgesagt hatte, waren sie bei ihrem Auto angekommen. Während des Abstiegs hatten sie über andere Themen gesprochen. Marius erzählte ihr zur Abwechslung von seiner Arbeit.

Schnell luden sie die Rucksäcke in den Kofferraum und stiegen vorne ein. „Ach Victoria, ich fand unser Gespräch so interessant. Ich habe jetzt ganz neue Eindrücke." „Oh wie schön." „Weißt du, ich war hier vor einer Weile mit einer anderen Bekannten beim Wandern", erzählte er während er sich anschnallte und Victoria losfuhr. „Es war wirklich furchtbar mit ihr, weil sie so über die Männer aus ihren früheren Beziehungen geschimpft hat." „Ehrlich?" „Ja", fuhr er fort, „ich kann mich noch so gut daran erinnern, weil ich mich, nachdem sie fertig war mit ihren Erzählungen, schon fast geschämt habe, selbst ein Mann zu sein. Es war wirklich heftig. Sie hat sich richtig 'reingesteigert'." „Interessant", sagte Victoria teilnahmsvoll. „Wie ging es denn weiter? Hast du sie noch mal gesehen?" „Nein", er schüttelte den Kopf und setzte ganz entspannt hinzu: „Ach, ich weiß gar nicht, ob ich überhaupt eine Freundin oder eine Beziehung will, jedenfalls bin ich nicht auf der Suche danach."

Das traf sie mitten ins Herz wie ein heftiger, tiefer Stich. 'Jetzt war es ausgesprochen', dachte sie. Daher kam also sein freundschaftliches Verhalten. Sie hatte sich nicht getäuscht. Er war gar nicht in sie verliebt. Nur bei ihr flatterten die Schmetterlinge im Bauch. Sofort schnürte es alles zu in ihr. Unmöglich, jetzt in dem Biergarten auch nur einen Bissen hinunter zu bekommen. Das kannte sie schon, es war eine Reaktion ihres Körpers auf emotionale Verletzungen. Nicht, dass sie ihm böse war deswegen. Es war sein gutes Recht, diese Haltung zu haben. Sie wusste ja, dass sein freier Wille im Vordergrund stand, egal wie verliebt sie nun in ihn war oder nicht. Aber sie musste jetzt irgendwie damit fertig werden. Er spürte wohl, dass wieder etwas in ihr vorging, sagte aber nichts. Wenige Minuten später erklärte sie: „Ach Marius, ich habe mir das überlegt mit dem Biergarten. Ich glaube es wird mir doch zu spät. Meine Kinder warten sicher schon zuhause auf mich. Ich muss auch noch ein paar Sachen vorbereiten für morgen. Das hatte ich ganz vergessen." Ein wenig überrascht antwortete Marius: „Ganz wie du meinst. Schade, aber dann fahren wir eben zurück."

Sie ließ sich nicht das Geringste anmerken. Aber sie wollte so schnell wie möglich allein sein. Sie wählte ein paar belanglose Themen für die Rückfahrt. Bei ihm angekommen, verabschiedete sie sich hastig. „Wir können ja telefonieren, wenn wir wieder mal etwas gemeinsam unternehmen wollen, okay?", sagte sie freundlich, aber bestimmt. Dabei schaute sie ihm kurz in die Augen und sah schnell wieder weg. Nachdem er seine Sachen aus dem Kofferraum geholt hatte, fuhr sie direkt los. Nach ungefähr 100 Metern atmete sie auf. Dann hielt sie den Wagen am Straßenrand an. Sie fühlte sich tief verletzt und weinte bitterlich. Doch sie war dabei einzig und allein sauer auf sich selbst. Die Tränen flossen und wieder beschimpfte sie sich. Laut rief sie: „Du dummes, doofes Weib, du blöde Kuh. Du bist selbst schuld daran, warum verliebst du dich auch schon wieder?" Ihr Herz war schwer und voll Liebeskummer. Plötzlich fühlte sie sich so allein, klein und hilflos. „Warum um alles in der Welt kam dieses Thema denn jetzt schon wieder daher?", fragte sie sich. „Es ging mir doch so gut die letzten Monate. Ich war sogar richtig glücklich und zufrieden mit mir allein. Welche Illusionen habe ich mir denn jetzt gemacht? Wenn es mich so trifft, dann hab ich mir doch wieder etwas vorgemacht!" Und erneut übermannte sie ein Schluchzen und Weinen. „Verdammt noch mal", grollte sie, „ich hab die Nase voll davon." 'Diese doofen Typen', dachte sie, auch wenn sie Marius Unrecht tat. Aber in diesem Moment war der Schmerz einfach zu groß. Entschieden sagte sie laut: „Sie sollen mich alle in Ruhe lassen!" Und dann kam etwas über sie, das sie schon gut von sich kannte.

Victoria beschloss wieder einmal, den Kontakt abreißen zu lassen. Momentan tröstete sie der Gedanke, sich innerlich und äußerlich zurückzuziehen. Seine Telefonnummern und Kontaktdaten zu löschen sowie den gemeinsam geplanten Tanzkurs abzusagen war das Erste, an das sie dachte. Außerdem würde sie jedes Mal, wenn er anrufen würde, vorgeben, dass sie keine Zeit hätte. Schließlich hatte sie ja auch wirklich viel zu tun. Bis jetzt hatte diese Strategie immer ganz gut funktioniert. Sie wollte jetzt aber erst einmal nachhause fahren. Mal sehen, wie es den Kindern ging. Zuhause angekommen, ließ sie sich kein bisschen anmerken, dass es ihr nicht gut ging. Die Kinder erzählten von ihren Erlebnissen und Victoria hörte ihnen zu. Marius schob sie ganz weit weg, erst einmal. Am nächsten Tag rief Victoria, kaum dass die Kinder aus dem Haus waren, bei Katja an. „Hallo Victoria?", fragte diese alarmiert. „Was ist denn los?" Victoria begann zu schluchzen. „Oh Katja, er will gar keine Freundin. Ich Trottel, ich habe mich in ihn verliebt, aber er sich kein bisschen in mich. Für ihn bin ich nur eine Bekannte. Na ja, vielleicht auch eine gute Freundin." Katja war überrascht. „Wie bitte? Das verstehe ich nicht. Wie kann man denn als Mann mit dir nur befreundet sein wollen?" Victoria hörte Katja am anderen Ende stöhnen. „Ich sage dir jetzt mal was. Entweder der Typ ist dumm, oder blind, oder beides. Ich sehe doch jedes Mal, wie dir alle Männer hinterher schauen. Wie sich die Köpfe nach dir umdrehen, wenn ich mit dir durch die Stadt gehe." Es half nichts. Was Katja ihr auch sagte, Victoria konnte sich nicht beruhigen und weinte hemmungslos. „Ach Katja, ich bin so dumm. Warum habe ich mich in den auch verlieben müssen?" „Meine liebe Victoria, da kannst du mal sehen. Sogar dir, wo du dich doch so gut in der Materie auskennst, passiert das", sagte Katja. „Ich weiß", gab Victoria zurück, „deswegen sage ich ja auch immer, dass wir alle im gleichen Boot sitzen. Meinen Klienten sage ich oft, dass ich mit den gleichen Erfahrungen zu tun habe, wie sie auch." Sie schnappte nach Luft und fuhr fort: „Trotzdem reicht es mir. Verstehst du Katja, ich will mir nicht mehr wehtun." Katja schlug ihr vor, vielleicht mal mit Urs darüber zu reden. „Ach", kam es von Victoria, „ich kenne seine Meinung dazu zu gut. Er hat mir schon oft genug gesagt, dass man seine Verletzlichkeit anzunehmen hat, genau wie andere Eigenschaften auch. Das würde zum Menschsein dazu gehören. Ich bin da nicht so ganz sicher." „Verstehe", meinte Katja. Langsam beruhigte sich Victoria wieder. „Ich glaube Katja, ich konzentriere mich jetzt einfach auf meine Arbeit." Sie schluckte und fuhr fort: „Da hat Marius wohl mein trauriges inneres Kind mit seinen ganzen Ängsten getroffen, ohne dass er es weiß. Es war so schön mit ihm", jammerte Victoria weiter. „Wir haben uns so gut verstanden. Außerdem interessiert er sich für meine Arbeit. Ich habe mich so wohl gefühlt in seiner Nähe. So leicht und frei." Es entstand eine kurze Pause, ehe Katja das Gespräch wieder aufnahm. „Ach Süße, ich denke, es ist gut, wenn du deiner Arbeit wieder mehr Raum gibst, vor allem deinen Projekten und Ideen. Ich bin sicher, dass du dadurch wieder zu deiner inneren Mitte kommst."

Was war das, was Katja da sagte? Projekte und Ideen? Klar, das war doch eine gute Anregung. „Ja, du hast recht. Das mache ich jetzt auch. Schmerz, Frust und Wut in Kraft verwandeln und mich auf meine Arbeit konzentrieren." Katja hörte Victorias Aufatmen und war erleichtert. „Danke meine liebe Katja. Du bist eine wahre Freundin. Ein Engel auf Erden. Weißt du eigentlich, dass du einen großen Platz in meinem Herzen hast?" „Ich denke schon. Zumindest fühle ich es. Hey Liebes, wenn du noch mal reden willst, dann ruf mich an, ja?" „Ja", schluchzte Victoria kurz auf, „das mache ich. Ich halte dich auf dem Laufenden. Bis dann." Victoria legte auf. Sie trocknete ihre Tränen. 'Jetzt erst mal einen starken Latte Macchiato. Danach arbeite ich an meiner Idee mit dem Kirchenseminar weiter', entschied sie. Zuerst machte sie es sich mit ihrem Kaffee am Küchentresen bequem. Das größte Problem war, überhaupt in die Kirche rein zu kommen. Sie konnte ja schließlich nicht einfach hineinspazieren und mit 20 Leuten ein Seminar machen. Geschweige denn 'Sing Hallelujah' in voller Lautstärke aufdrehen und dazu tanzen. Irgendetwas musste ihr da doch einfallen. Für sie gab es nur ganz selten unlösbare Probleme. „Genau!", entfuhr es ihr. Beinahe hätte sie ihre Kaffeetasse umgeworfen, so überrascht war sie von der schnellen Lösung. Valeria, ihre frühere Haushaltshilfe aus der Ukraine. Als Laura, Louis und Anton noch ganz klein gewesen waren, hatte sie eine Zeit lang bei ihr und Walter gelebt und Victoria mit den Kindern und im Haushalt geholfen. Mit Valeria hatte sie sich verstanden wie mit einer Schwester. Es hatte immer viel zu lachen gegeben. Wenn Valeria dann nicht Franz geheiratet hätte, wäre sie wohl von Victoria adoptiert worden. Sie war sehr traurig gewesen, als Valeria auszog und von nun an bei Franz als dessen Frau lebte. Sie war ein Sonnenschein und Franz ein Glückspilz, aber das wusste er auch. Manchmal traf Victoria Valeria noch. Mal beim Einkaufen, oder beim Straßenfest. Deshalb wusste sie auch, dass sie schon seit einiger Zeit im Haushalt des Pfarrers arbeitete. Ob Valeria Schlüssel zur Kirche hatte? 'Bestimmt', dachte Victoria. Aber wie könnte sie an diese herankommen? „Mhm", machte sie und stützte den Kopf in die Hände. Sie könnte Valeria in ihre wahren Pläne einweihen. Ihr Gefühl sagte ihr aber, dass Valeria sie dann fragen würde, ob sie noch ganz dicht sei. Vielleicht musste sie ein bisschen was erfinden? Ihr eine rührselige Geschichte auftischen. Na ja, das war ja nicht so Victorias Art, aber was sollte sie tun. Wenn es sein musste, dann passte sie eben ihre wahren Absichten ein bisschen an. Sie wusste genau, dass sie gut darin war, die richtigen Worte zu finden, wenn sie etwas wollte. Damit konnte sie fast jeden überzeugen. Vor sich hin summend und wieder besserer Laune, suchte Victoria Valerias Telefonnummer aus dem Telefonbuch. Sie wollte jetzt gleich bei ihr anrufen.

„Hallo?", meldete sich eine Frau mit russischem Akzent. „Valeria, hier ist Victoria. Victoria Leonhardt." „Oh, Victoria? Wie geht es dir? Habe ich das gehört, von dir und Walter. Bist du geschieden schon, oder?" „Ja", antwortete sie. „Ich bin jetzt selbstständig mit eigener Praxis und so." „Wirklich?", kam es von Valeria. „Als Wahrsagerin, oder was?" „Nein, Valeria. Ich bin jetzt Psychotherapeutin. Seit der Trennung von Walter habe ich noch ein paar neue Ausbildungen gemacht. Es ist eine lange Geschichte. Ich muss dir das mal alles in Ruhe erzählen." „Hey

Victoria, warst du damals schon ein bisschen verrückt, was? Jetzt kommen die ganzen Verrückten zu dir alle!" Valeria musste herzhaft lachen und Victoria lachte gleich mit. „Ja, so ungefähr. Wie gesagt, es ist eine lange Geschichte. Was ist mit dir, arbeitest du noch im Haushalt der Pfarrei St. Johann?" „Ja, immer am Vormittag, ganze Woche, Montag bis Freitag. Ist nicht so viel, aber habe ich auch Geld für mich." Victoria druckste ein bisschen herum, ehe sie anfing: „Valeria?" „Ja?" „Ich habe eine große Bitte an dich. Ich habe so sehr das Bedürfnis, in der Kirche mal ungestört ein bisschen zu beten. Weißt du, Kommunikation mit Jesus, Gespräch mit Gott. Abends, vielleicht mal am Wochenende. Da ist die Kirche doch sowieso leer, oder?" „Ah, Victoria, bist du noch verrückter geworden in Zwischenzeit. Fehlt dir vielleicht neuer Mann, eh?" „Ach Valeria, ich bin nicht verrückt, nur ein bisschen. Ich habe Liebeskummer. Es gibt da einen neuen Mann in meinem Leben, aber der will nur reden." Valeria lachte erneut. „Musst du gar nicht wundern, einfach anständig anziehen und nicht verrückt sein." „Mir ist gerade nicht nach Lachen zumute. Es ist mir wirklich ernst mit ihm, aber eben nur mir." Victoria begann schon wieder zu jammern, sie dachte kurz an Marius und das Drama von gestern. Schnell verdrängte sie die Erinnerung daran wieder. „Ehrlich Valeria, es ist mir ernst. Ich will einfach ein bisschen vor dem Altar herumsitzen, beten, nachdenken und ein oder zwei Gläser Rotwein trinken dabei. Am besten, ohne dass mich jemand überraschen kann." „Das ist alles? Du willst nicht Fest mit schwarzer Magie oder so?", fragte Valeria eindringlich nach. „Nein, damit hatte ich noch nie etwas zu tun. Außerdem mache ich fast keine Sitzungen mehr als hellsichtiges Medium." Valeria überlegte: „Muss ich erst nachdenken. Weiß nicht. Wenn jemand merkt, verliere ich Arbeit. Du weißt, oder?" Victoria sprach mit einer ganz ruhigen, samtweichen Stimme. „Ja, ich weiß. Wenn es mir nicht so wichtig wäre, würde ich dich ja auch nicht danach fragen." Victoria räusperte sich kurz und setzte nach: „Vielleicht geht es ja mal an einem Freitagabend? Der Pfarrer ist doch bestimmt auch mal weg, oder?" „Ah, ja. Ist bei Kirchentag vier Tage. Steht in Kalender in Pfarrbüro. Ist übernächstes Wochenende. Aber Gottesdienst am

Sonntag macht anderer Pfarrer. Macht Vertretung manchmal. Darf nicht merken, dass du da warst, ja?" Victoria freute sich innerlich wie eine Schneekönigin. Es war viel leichter gegangen als sie dachte. „Ja, Valeria. Keiner merkt etwas davon, dass ich am Freitagabend da war, ich verspreche es." „Gut Victoria. Kannst du kommen nächste Woche am Freitagmorgen und den Schlüssel holen", sagte sie mit ihrem russischen Akzent. „Gehe mit Franz Schwiegervater besuchen. Aber kannst du den Schlüssel Sonntag einfach in Briefkasten werfen." Mit einem erleichterten: „So machen wir das. Bis nächste Woche, Valeria", verabschiedete sie sich und legte auf. „Na also, geht doch", sagte Victoria laut. Dann musste sie nur noch das Seminar vorbereiten und eine Einladung an die Teilnehmer schicken. Sie rieb sich die Hände und startete ihren PC. Zwei Stunden hatte sie noch Zeit, dann kam die nächste Klientin.

„Frau Bertelhuber, wie schön. Kommen Sie herein", begrüßte Victoria ihre Klientin. Eine Frau Mitte 30 mit langen goldblonden Haaren trat etwas verschüchtert ein. Sie war der Typ Frau, dem alle Männer hinterher schauten. Attraktiv, weiblich, sexy, gepaart mit einer Portion Naivität. Mit ihrer Figur und ihrer Kleidung sah sie aus, als sei sie einem Modemagazin entsprungen. „Kommen Sie einfach mit, dann fangen wir gleich an." Die Klientin folgte Victoria nach unten in die Praxis. Dort nahm sie auf dem bequemen Rattansessel Platz. „Frau Bertelhuber, was ist denn Ihr Anliegen?" Nach einer kurzen Pause begann Frau Bertelhuber leise zu erzählen. „Wissen Sie Frau Leonhardt, Sie sind mir empfohlen worden von meiner Nachbarin. Es ist mir ganz unangenehm, aber ich kann so nicht mehr. Mein Mann betrügt mich." Victoria schaute sie mitfühlend an und fragte: „Wie haben Sie es herausgefunden?" Frau Bertelhuber rutschte auf dem Sessel herum. Dann atmete sie durch und sagte: „Ich habe Hotelrechnungen gefunden, außerdem ist er immer öfter abends nicht da. Wir haben erst vor sechs Monaten ein Haus gekauft und wir haben zwei kleine Kinder, fünf und acht Jahre alt." Sie brach hemmungslos in Tränen aus, schluchzte und versuchte wenig später, sich wieder zu beruhigen. „Was habe ich nur getan, dass er das mit mir macht? Ich unterstütze ihn doch, wo ich nur kann." Sie schnäuzte in ein Taschentuch. Dann schluchzte sie weiter. „Zuhause muss er sich um gar nichts kümmern." „Frau Bertelhuber", sagte Victoria mit weicher Stimme, „es hat immer auch etwas mit einem selbst zu tun, wenn man betrogen wird." Victoria atmete durch, machte eine kurze Pause und fuhr fort: „Meistens ist es ein Glaubenssatz, den man als Kind zuhause über sich gelernt hat. Oft durch das Verhalten der Eltern." „Und was für ein Glaubenssatz soll das sein in meinem Fall?" Liebevoll erklärte ihr Victoria: „Er lautet: Ich bin es nicht wert GANZ geliebt zu werden."

Dann brach es aus der Klientin heraus und sie erzählte: „Mein Vater war auch schon so zu meiner Mutter, wie mein Mann zu mir. Er hat meine Mutter auch immer wieder betrogen. Aber das ist nicht das Schlimmste. Ich habe noch drei Schwestern. Die wurden immer bevorzugt. Ich hatte ständig das Gefühl, ich gehöre nicht richtig dazu." „Ja, dann schlage ich vor, steige ich jetzt in die Sitzung ein mit Ihnen und wir schauen, was die Kleine, die Sie damals waren, braucht, damit es ihr besser geht." Victoria ließ ihr einen Moment Zeit, dann sagte sie ihr: „Sie ist es, die wir heute heilen und auf die wir liebevoll schauen." Und wie bei jeder Sitzung sagte sie: „Bitte schließen Sie die Augen." Victoria leitete die Klientin durch die Sitzung. Über innere Bilder ließ sie Frau Bertelhuber sich in die Kleine von damals einfühlen und wahrnehmen, was diese brauchte um sich angenommen und geborgen zu fühlen. Meistens waren die Eltern die wichtigsten Personen. „Ich sehe mich", berichtete die Klientin, „wie wir alle im Kreis stehen, meine Eltern, meine Geschwister und ich. Ich gehöre ja dazu. Ich bin ein Teil von ihnen." „Wie schön", entgegnete Victoria und nickte, dann fuhr sie fort, „wie schauen denn Ihre Eltern in Ihrem Bild, wenn Sie in ihr Gesicht sehen?" In diesem inneren Bild leitete Victoria Frau Bertelhuber an, die Verletzungen des kleinen Mädchens den Eltern gegenüber auszusprechen. Im Anschluss konnte sie dann bereits eine erste große Erleichterung spüren. Als weiteren Schritt ließ sich die Kleine, immer noch in dem inneren Bild, von Mama und Papa in die Arme nehmen. Zwischen all dem forderte Victoria die Klientin auf, mit den Augen ihrer

Handbewegung von links nach rechts zu folgen. Dann sah Victoria es wieder. Durch den ganzen Körper von Frau Bertelhuber ging ein tiefes Aufatmen. Sie hatte die Augen immer noch geschlossen. Dennoch strahlten ihr Gesicht und ihre Körperhaltung Ruhe und Gelassenheit aus. „Wie geht es Ihnen denn jetzt, Frau Bertelhuber?" „Es ist unglaublich. Ich fühle mich so erleichtert, geradezu glücklich." Sie öffnete die Augen und schaute Victoria an „Das hätte ich ja nie gedacht, dass es etwas damit zu tun hat." Victoria lächelte sie an und erwiderte: „Ja, es ist immer etwas aus unserer Kindheit, das wir unbewusst mit uns herum tragen." Eine etwas mitgenommen aussehende Frau Bertelhuber sagte: „Frau Leonhardt, ich bin Ihnen wirklich sehr dankbar. Mein Problem mit meinem Mann ist zwar noch nicht gelöst, aber mir geht es jetzt erst mal besser." „Wie schön", sagte Victoria und lächelte sie an. „Vereinbaren Sie einfach einen neuen Termin, wenn Sie das Gefühl haben, noch weitere Themen anschauen zu wollen." Frau Bertelhuber versprach, auf jeden Fall bald wiederzukommen und verabschiedete sich. Victoria freute sich und dachte erst mal nicht mehr an Marius. Die nächsten Tage vergingen ähnlich. Zwischen den Sitzungen plante sie das Kirchenseminar. In ihrem E-mail-Posteingang lagen bereits die ersten Anmeldungen.

Das Kirchenseminar

In den nächsten Tagen meldeten sich noch weitere Teilnehmer an. Insgesamt hatte Victoria zwei Tage vor dem Ereignis 31 Anmeldungen. Sie erstellte eine Liste mit allen Namen, danach bereitete sie sich für die nächste Sitzung vor. Heute kam Patrizia Hofanger, eine vollschlanke Frau, mit schwarzen langen Haaren, die recht hübsch war. Sie hatte feine Gesichtszüge und war ungefähr im gleichen Alter wie Victoria.

Bei ihr gab es den Verdacht auf ein Burnout. Sie war ständig müde, fühlte sich immer weniger leistungsfähig. Alles war ihr zu viel. Von ihrem Mann fühlte sie sich missverstanden. Über ihre zwei Jungs, neun und sieben Jahre, beschwerte sie sich ebenfalls. Sie tanzten ihr auf der Nase herum und sie hätte zurzeit keine Kraft, sich dagegen zu wehren. Als sie in Victorias Arbeitszimmer Platz genommen hatten, begann die Klientin zu erzählen: „Seit der letzten Sitzung kann ich schon besser schlafen, aber sonst ist alles noch unverändert." „Ja", sagte Victoria mitfühlend, „wir gehen ja auch Schritt für Schritt. Sie werden sich jedes Mal etwas besser fühlen." „Mein Mann beschwert sich ständig", jammerte sie weiter, „er sagt, ich würde den Haushalt zu sehr vernachlässigen. Außerdem gibt er mir die Schuld daran, dass die Jungs so ungehorsam sind." Victoria schrieb mit, was Frau Hofanger berichtete und stieg damit in die Sitzung ein. „Schließen Sie Ihre Augen", bat sie die Klientin.

Frau Hofanger lehnte sich zurück und folgte Victorias Anweisung. „Was denken Sie, wenn Sie sich dabei sehen während ihr Mann so mit Ihnen redet?" Frau Hofanger atmete tief durch und überlegte einen Moment, dann sagte sie: „Ich denke, er hat recht. Ich bin einfach nicht gut genug für ihn und mache alles falsch." Schon stiegen ihr die Tränen in die Augen, Victoria reichte ihr ein Taschentuch. „Am liebsten würde ich mich in Luft auflösen." Victoria schrieb alles mit und fragte weiter: „Was fühlen Sie, wenn Sie so denken, in diesem Moment?" Jetzt schluchzte sie heftig und jammerte: „Ich fühle mich so schuldig, so minderwertig. Er versteht mich einfach nicht und das macht mich so traurig." „Fühlen Sie mal in Ihren Körper hinein, Frau Hofanger, was nehmen Sie wahr?", fragte Victoria mit warmer, ruhiger Stimme. Frau Hofanger verzog ihr Gesicht. „Mein Rücken", klagte sie, „ich habe solche Rückenschmerzen. Es ist wie eine große Last auf meinem Rücken." „Ja", kam es von Victoria mitfühlend, „eine schwere Last liegt auf Ihrem Rücken!" Es folgte eine kurze Pause, dann fragte Victoria weiter: „Was ist denn das für eine Last? Lassen Sie sich doch mal das, was da so schwer auf Ihnen liegt, in einem inneren Bild zeigen." Die Klientin stammelte:

„Ich kann nicht, ich kann nicht!" „Frau Hofanger", ermutigte Victoria sie, „es ist schmerzhaft, aber wir schauen da heute mit ganz viel Liebe hin." Sie nickte, putzte sich die Nase, dann sagte sie auf einmal ganz ruhig: „Ich habe ein Kind abgetrieben, als ich 20 Jahre alt war."

Für Victoria gab jetzt alles einen Sinn und sie sagte: „Das ist die Schuld, die Sie so belastet. Sie hat einen tiefen Schmerz hinterlassen." Frau Hofanger seufzte: „Heute wäre mein Kind schon über 20 Jahre alt. Manchmal versuche ich mir vorzustellen, wie es jetzt wohl aussehen würde. Aber das macht mich so traurig, dass ich es kaum aushalten kann." Victoria bat die Klientin, ihre Augen zu öffnen und mit den Augen ihrer Handbewegung zu folgen. Ungefähr achtmal bewegte Victoria ihre Hand vor dem Gesicht der Klientin hin und her, von rechts nach links. Deren Augen folgten gehorsam den Handbewegungen. „Jetzt schließen Sie die Augen wieder und atmen Sie mal tief ein und aus." Nach einem tiefen Atemzug flüsterte Frau Hofanger: „Es ist unglaublich, aber ich fühle mich jetzt leichter." Victoria wiederholte die Übung mit den Augen noch zweimal. „Frau Hofanger", bat Victoria die Klientin, „schließen Sie wieder die Augen und holen Sie doch mal ihr Kind, so wie es heute aussehen könnte, in Ihr inneres Bild." Sie tat wie ihr gesagt wurde und kurz darauf erhellten sich ihre Gesichtszüge. „Sie lächelt mich an, es ist ein Mädchen, eine junge Frau." Frau Hofanger begann schon wieder zu weinen, dieses Mal, weil sie so berührt war. „Ich kann sie umarmen in meinem inneren Bild." Auch Victoria war berührt und lächelte. „Frau Hofanger, können Sie Ihrer Tochter sagen 'Ich habe dich abgetrieben' und ihr auf dieser inneren Ebene mitteilen, in welcher Lage Sie damals waren, warum Sie diese Entscheidung getroffen haben?" „Ja", hauchte sie. „Ich war überfordert, mitten im Studium. Es war einfach passiert und ich fühlte dem nicht gewachsen, schon Mutter zu werden. Bitte, verzeih mir." „Wie schaut sie denn jetzt, Ihre Tochter, wenn Sie ihr das sagen?" wollte Victoria wissen. Die Klientin bemerkte: „Immer noch so liebevoll. Sie ist gar nicht wütend auf mich." Weitere Tränen rannen über das Gesicht von Frau Hofanger. „Gut", sagte Victoria in sanftem Tonfall. „Können Sie auch sich selbst verzeihen?" Es entstand eine kurze Pause. „Können Sie dieser Schuld zustimmen?", fragte Victoria weiter. Frau Hofanger zögerte noch einen Moment, dann sagte sie mit klarer Stimme: „Ja, ich stimme zu." Erneut ging ein tiefes Aufatmen durch sie hindurch. Victoria lächelte und sagte: „Sie können ihr einen Namen geben und einen Platz in Ihrem Herzen. Vielleicht wollen Sie sogar zuhause an einem besonderen Platz eine Kerze für sie anzünden." Frau Hofanger öffnete ihre von Tränen verquollenen Augen und strahlte überglücklich. „Wie geht es denn jetzt Ihrem Rücken?", wollte Victoria noch wissen. „Ich fühle mich so leicht, als ob ich Tonnen von Gewicht losgeworden wäre. Es ist ein unbeschreiblich schönes Gefühl. So gut habe ich mich schon ewig nicht mehr gefühlt. Victoria strahlte ebenfalls. „Keiner von uns ist unfehlbar. Wissen Sie, Frau Hofanger, wenn Sie Ihre Schuld annehmen, wird sie zu ihrer Kraft und niemand hat mehr Macht über Sie." Sie verließen beide den Praxisraum. An der Haustür umarmte eine erschöpfte, aber zufriedene Patrizia Hofanger ihre Therapeutin und verabschiedete sich. Victoria bereitete den Raum für den nächsten Klienten vor.

Am Freitagmorgen zwischen zwei Sitzungen fuhr Victoria zu Valeria, um die Schlüssel für die Kirche abzuholen. Sie klingelte an Valerias Haustür und wartete einen Moment. Von drinnen hörte sie jemanden näher kommen und die Tür öffnen. Es war Franz, Valerias Mann. „Griasdi", begrüßte er Victoria. Er sprach ein richtig schönes, breites Bayerisch und sah auch aus wie ein typischer Bayer. Mit kurzen braunen Haaren und einem Schnauzbart, der an den Enden gedreht und nach oben gebogen war, stand er vor ihr. Er war ein richtiger Kerl, der auch zupacken konnte. Das sah man seinen Händen, Oberarmen und seiner ganzen Statur an. „Mogst eini kemma?", fragte er sie. „Hallo Franz", antwortete Victoria kurz angebunden. „Du, ich hab' nicht so viel Zeit. Ich wollte bei Valeria nur schnell etwas abholen. Ist sie nicht da?" „Wart', i sog's ihra, dass'd do bist." Schon war er wieder verschwunden und zwei Minuten später stand Valeria mit Küchenschürze und Teig an den Händen vor ihr. „Ah, du bist das!" Sie lachte Victoria an. „Bin ich gerade beschäftigt mit die Kuchenbacken. Hier ist Schlüssel. Gehst du am besten durch kleine Seitentür." „Ja, ja", antwortete Victoria hastig. „Machst du nix Verbotenes, oder?" Valeria schaute sie durchdringend an. Victoria wurde es für einen Moment ganz heiß, dann antwortete sie: „nein, nein." „Gut. Muss ich jetzt weitermachen." „Danke Valeria. Du bist ein richtiger Schatz." Mit diesen Worten nahm sie die Schlüssel entgegen, verabschiedete sich von Valeria und fuhr wieder nach Hause.

Am Nachmittag war alles bereit gelegt für das Seminar. Musik-CDs, Matten, Decken und Kissen. Victoria hatte genug Prosecco und ein paar Naschereien eingekauft. In diesen Dingen war sie sehr eigen, alles musste immer rechtzeitig vorbereitet sein. Anhand einer Liste überprüfte sie noch mal alles. Die Kinder würden am Abend beschäftigt sein. Freitagabend war seit geraumer Zeit Videoabend. Louis und Anton luden dann ihre Freunde ein und schauten sich, von jeder Menge Knabbersachen umringt, Actionfilme an. Victoria lud ihre Sachen ins Auto und verabschiedete sich: „Ciao meine Lieben, bis heute Nacht. Ihr schlaft bestimmt, wenn ich zurückkomme."

Sie stieg in ihr Auto und fuhr zur Kirche. Dort angekommen, sprang sie regelrecht enthusiastisch aus ihrem Wagen und öffnete die Seitentür der Kirche. Drinnen war es angenehm kühl und es roch nach Weihrauch. Victoria strahlte und schaute sich um. Eine wunderschöne, große Kirche. Die Decken waren richtig hoch und hatten bunte Fenster mit christlichen Motiven. Rechts und links waren lange Reihen von Holzbänken, dazwischen führte ein Gang bis ganz nach hinten zum Hauptportal. An den Seiten gab es einige Marmorsäulen mit Engelfiguren. Die Akustik war bestimmt wunderbar und sie freute sich schon darauf, wenn sie die Lieder spielen würde, die sie ausgesucht hatte. Für jeden Teil des Seminars hatte sie ein ganz bestimmtes Musikstück ausgesucht. Der Platz zwischen dem Altar und den vorderen Kirchenbänken war groß genug. Hier konnte sie die mitgebrachten Matten und Decken am Boden so verteilen, dass ihre Teilnehmer dann bequem sitzen konnten. „Gut", sagte sie laut, „dann kann es jetzt losgehen." Sie musste mehrmals hin und her laufen, bis alles in die Kirche getragen war. Inzwischen war es fünf Uhr nachmittags und in einer Stunde würde es soweit sein.

Ihr blieb noch genug Zeit, in Ruhe alles vorzubereiten. Ungefähr 20 Minuten später begutachtete sie den Kreis mit den Sitzgelegenheiten. Die Mitte hatte sie mit einer runden weißen Spitzendecke dekoriert, darauf hatte sie bunte Frühlingsblumen in einer rosa Vase gestellt.

Am Außenrand der Decke lagen die umgedrehten Engelkarten. Victoria begutachtete alles und war mit sich zufrieden. Sie fand, dass es sehr einladend aussah. Im weiteren Umkreis verteilte sie Kerzen. Sie machten einfach eine schöne Atmosphäre. Wie ihre Schritte auf dem Steinboden hallten, als sie umherging und das düstere Licht … Allein das war schon ergreifend. Der CD-Spieler stand auf dem Altar. Dahinter hatte sie mehrere Flaschen Prosecco in einer Kühlbox und einige Kisten Sektgläser abgestellt, sowie die Süßigkeiten. Sie schaute sich um. An der rechten Wand, bei den vorderen Sitzbänken war ein großes Holzkreuz mit einem geschnitzten, sterbenden Jesus aufgestellt. Als sie ehrfurchtsvoll näher kam, fiel ihr auf, dass er mindestens so groß war, wie sie selbst. „Ich habe deinen Auftrag nicht vergessen. Ob das, was ich hier mache allerdings das ist, was du gemeint hast, das weiß ich noch nicht so ganz. Aber eins steht fest. Heute Abend bringe ich dir Freude in dein Haus", sagte sie lächelnd zu der Holzfigur. Dann drehte sie sich um und sah, dass die ersten Teilnehmer die Kirche gerade durch die offene Seitentür betraten. Sie begrüßte sie alle nacheinander. Nach etwa 15 Minuten waren alle da. Jeder suchte sich einen Platz, an dem er sich wohl fühlte. Als alle saßen, schloss Victoria die Tür und begrüßte sie. „Ich begrüße euch alle zu unserem Seminar. Es findet heute an diesem ganz besonderen Ort statt und dementsprechend habe ich auch etwas Besonderes für euch vorbereitet." Victoria strahlte in die Runde und schaute zu jedem Einzelnen. „Bitte nehmt euch an den Händen. Fühlt wie die Energie sich aufbaut in unserem Kreis." Einer nach dem anderen schloss die Augen. Dann sprach Victoria ein Gebet:

„Mutter, Vater alles Geschaffenen!
Dein Name tönt heilig durch Zeiten und Raum!
Dein göttliches Eins-sein schaffe Liebe und Licht,
jetzt und ewig!
Lass Deinen Willen durch meinen geschehen,
wie im Geist, so auf der Erde!
Gib uns Nahrung täglich,
wie dem Körper, so der Seele!
Löse die Bande meiner Fehler,
wie ich sie anderen löse!
Lass mich nicht verloren gehen,
an Oberflächliches und Materielles!
Befreie mich von Unreife
und von allem, was mich festhält
und mich nicht loslassen lässt!
Denn Dein ist die Kraft und der Gesang des Universums
jetzt und hier und in Ewigkeit!
Amen

Als sie das Gebet andächtig vortrug, hatte ihre Stimme einen wunderbaren Klang und einen schönen Hall. Nachdem Victoria zu Ende gesprochen hatte, lag auf allen Gesichtern ein Lächeln. Ein paar Minuten herrschte Stille und sie ließen die Worte auf sich wirken. Victoria sagte: „Jetzt könnt ihr eine von den Engelkarten ziehen. Ihr wisst ja, es gibt keine Zufälle. Die Botschaft eurer Karte hat immer etwas mit euch zu tun. Lest sie in Ruhe durch." Das war fast immer fester Bestandteil des Seminars. Die Karten hatten interessante Botschaften zu einem bestimmten Thema und waren liebevoll gestaltet. Alle reckten sich zu den Karten, die um die Blumenvase herum im Kreis lagen. Jeder überlegte, welche er ziehen sollte. Die ersten Karten wurden von den Teilnehmern geholt, umgedreht und leise lasen sie sich gegenseitig vor. Manche kicherten, weil sie sich erkannt fühlten, der Inhalt der Karte und auf ihre

Lebenssituation zutraf. Dann wurden die Engelkarten wieder beiseitegelegt. Victoria ließ den Teilnehmern Zeit und beobachtete einfach nur. Als wieder Ruhe in die Gruppe kam und sich die Aufmerksamkeit auf sie richtete, fuhr sie fort: „Dann beginne ich mit der ersten inneren Bilderreise." Victoria stand auf und startete den CD-Player. Leise erhob sich die Stimme von Andrea Bocelli mit seinem 'Ave Maria'. Als die letzten Töne verklangen, hatten es sich alle Teilnehmer bereits bequem gemacht. Manche saßen im Schneidersitz, andere hatten sich ausgebreitet und lagen auf einer Decke. Victoria nahm ihr Manuskript in die Hand, stellte sich vor den Altar und begann mit ihrer Entspannungsreise für die Teilnehmer, indem sie diese mehrmals tief ein- und ausatmen ließ. Dann tauchte sie in die Welt der inneren Bilderlandschaft ein. „Stell dir vor, wie du deinen Platz hier verlässt und raus gehst, auf eine große Sommerwiese." Jetzt war Victoria in ihrem Element. Das war das Herzstück eines jeden Seminars. Sie ließ die Teilnehmer in eine wunderschöne Landschaft reisen. Einen Teil der Bilder ließ sie frei laufen, dann gab sie den weiteren Weg wieder vor. So auch dieses Mal. Sie fuhr fort: „Du kannst sehen, wie hoch das Gras ist, welche Insekten darin leben. Du siehst alles, was um dich herum wächst. Du kannst es sogar riechen. Schau dich ganz genau um auf deiner Wiese. Vielleicht gibt es auch noch größere Tiere, die darin leben? Erlaube dir alles anzuschauen, was dich interessiert." Victoria sprach ganz langsam und machte immer wieder kleine Pausen.

Durch die Akustik der Kirche hatte ihre Stimme einen ganz besonderen Klang. Sie führte die Teilnehmer immer tiefer in ihre inneren Bilder, bis sie am Ende der Wiese zu einem großen Tor kamen. „Dahinter", sagte Victoria, „liegt dein Seelengarten. Auch hier kannst du die ganze Vielfalt der Pflanzen, Sträucher und Bäume wahrnehmen. Du erkennst einen Weg, der dich in die Mitte deines Gartens bringt. Nimm alles wahr, was du siehst, während du den Weg ins Innere entlang gehst." Wieder gab Victoria den Teilnehmern Zeit, damit jeder in seinem Tempo seine inneren Bilder erfassen konnte. Jetzt war für Victoria der richtige Moment für eine große Begegnung und sie fuhr fort: „Wenn

du in der Mitte deines Seelengartens angekommen bist, fällt dein Blick auf eine Bank. Jemand sitzt bereits auf dieser Bank und wartet auf dich. Es ist jemand ganz besonderes, der dich dort empfängt. Er möchte dich daran erinnern, wer du in Wahrheit bist. Jesus, der Sohn Gottes möchte, dass du dich wieder daran erinnerst, dass du ein göttliches Wesen bist. Er möchte dich daran erinnern, wie sehr du geliebt bist." Victoria machte eine Pause. In den Gesichtern konnte sie sehen, wie tief alle von dem Geschehen in ihrem Inneren berührt waren. Sie sprach weiter. „All deinen Kummer, deinen Schmerz, dein Hadern mit dir, alles, was dich belastet, kannst du bei ihm lassen. Alles, was du wissen möchtest, kannst du ihn fragen." Wieder entstand für einige Minuten Stille. „Lass dir erzählen, was Jesus dir zu sagen hat, welche Botschaft er für dich hat. Vielleicht hat er auch ein Geschenk für dich dabei." Victoria atmete tief ein und warf einen Blick auf die Uhr. An dieser Stelle wollte sie der Gruppe etwas mehr Zeit geben. Hier konnte jeder Teilnehmer wirklich Informationen aus seinem Unterbewusstsein bekommen. Diese konnten ihm weitreichende Erkenntnisse über seine momentane Situation geben. Die Erfahrung hatte Victoria schon selbst viele Male in dieser Imagination gemacht. Wenig später leitete sie das Ende der Reise ein. „Es ist jetzt langsam Zeit, sich wieder von Jesus zu verabschieden. Sei dir gewiss, du kannst jederzeit an diesen Ort zurückkehren und Jesus dort treffen. Verabschiede dich jetzt und gehe den Weg, den du gekommen bist, wieder zurück." Auf dem Rückweg konnte jeder sein inneres Panorama noch einmal anschauen und alle Eindrücke auf sich wirken lassen. Sie holte die Gruppe ins Hier und Jetzt zurück, indem sie von eins bis zehn zählte. Dann forderte sie alle auf, sich zu strecken und zu recken, damit sie wieder richtig wach und klar wurden. „Wie habt ihr die Begegnung mit Jesus erlebt?", fragte Victoria in die Runde. Petra war die Erste, die erzählte: „Er sah mich so unglaublich warmherzig an. Als ich auf die Bank zukam, stand er auf und umarmte mich. Er meinte, ich solle aufhören, ständig an mir zu zweifeln. Als Geschenk habe ich eine Feder bekommen. Sie soll mir mehr Leichtigkeit in meinem Leben geben."
„Wie schön", kommentierte Victoria. „Wer möchte noch erzählen, was

er gesehen und erlebt hat?" Peter meldete sich und gab Einblicke in seine Bilderreise. „Mein Garten war riesengroß. Ich konnte viele bunte Blumen sehen. In der Mitte stand ein großer Baum. Sein Stamm war so dick, dass ich ihn nicht umfassen konnte. Jesus kam zu mir und sagte mir, ich sei sehr kraftvoll. Er hat seine Hand auf meine Schulter gelegt und mir erklärt, ich solle meinen Anspruch, immer jedem helfen zu wollen, für eine Weile ruhen lassen. Wir würden nicht wissen, welche Erfahrungen sich der andere ausgesucht hätte, um diese hier auf der Erde zu machen. Er sah mir direkt in die Augen, als er mir sagte, ich könnte nur mich selbst retten. Wenn ich meine Wahrhaftigkeit leben würde, wäre ich das beste Vorbild für andere." Victoria nickte und sagte: „Es stimmt, Peter. Gerechtigkeit ist eine Illusion. Gott erschafft genau das Umfeld, in dem jeder Einzelne sich auf dieser Erde erfahren möchte. Deshalb steht es uns nicht zu, uns einfach so in das Schicksal von anderen einzumischen. Aber wenn jemand bewusst deine Hilfe möchte, dann handelst du im Auftrag und kannst tun, was in deiner Macht steht." Peter, der ein herzensguter Kerl war und immer helfen wollte, verstand, dass er lieber ein bisschen mehr auf sich schauen sollte. Fast alle erzählten von ihrer Begegnung mit Jesus. Seine Botschaft war im Grunde genommen bei allen die gleiche. Liebe und achte dich selbst, dann kannst du andere lieben und achten. Nimm dein Leben und dein Potenzial an und mach' etwas daraus, dir selbst und anderen zur Freude.

Jetzt kam der zweite Teil der Übung. Es raschelte hinter dem Altar, als Victoria große Papierbögen und jede Menge Stifte, Wasserfarben und Wachsmalkreiden auf dem Boden verteilte. „So meine Lieben", begann Victoria die nächste Übung. „Ich lade euch jetzt ein, euren Seelengarten, mit allem, was ihr darin wahrgenommen habt, zu malen." Während sich jeder ein großes Blatt Papier nahm und vor dem Altar einen geeigneten Platz suchte, ging Victoria zu ihrem CD-Player. Leise spielte sie 'Hallelujah'. Sie gab den Teilnehmern mehr als 30 Minuten, etwas länger als sonst. Aber es war ja auch ein anderes Seminar als sonst. 'Wie vertieft sie alle sind, so berührt von ihrer Begegnung mit Jesus', dachte Victoria. Jeder schaute auf sein selbst gemaltes Bild. Victoria lächelte und sagte: „Ich weiß, man kann nicht alles malen, was man in seinem inneren Bild wahrgenommen hat, aber trotzdem ist alles da. Immer wenn ihr euer Bild anschaut, werdet ihr euch an diese wunderbare Begegnung und an seine Botschaft erinnern." Zustimmendes Gemurmel war zu hören. „Ich schlage vor, wir machen jetzt 30 Minuten Pause. Ihr könnt euch hier drinnen verteilen. Eine solche Gelegenheit gibt es vielleicht so schnell nicht mehr, dass wir eine ganze Kirche für uns haben. Ihr könnt weitere Kerzen mitnehmen und die inneren Bilder einfach nachwirken lassen." Kurz darauf waren überall Kerzen verteilt und angezündet. Eine „ganz wunderbare, getragene Atmosphäre entstand. Victoria legte das Lied von Céline Dion „My Heart Will Go On" auf. Als die Pause vorbei war, kamen alle wieder im Kreis zusammen, bereit für eine neue Aufgabe. Die Gruppe strahlte Frieden aus, das war deutlich spürbar für Victoria. Die Kirche und das, was sie kurz zuvor erlebt hatten, hatte eine tiefe Wirkung. Es war etwas Besonderes hier zu sein, ohne Zweifel.

Victoria schnappte sich ihr Manuskript und stimmte die Gruppe für eine zweite innere Bilderreise ein. Dieses Mal wurden sie zu einem Wasserfall geführt. Auch hier ging es wieder darum, alle Bilder und Eindrücke in sich aufzunehmen. Der Wasserfall hatte eine ganz bestimmte Bedeutung, die aber nur Victoria kannte. Sie ließ sie noch eine ganze Weile oben am Wasserfall stehen und hinunter schauen. Es war wichtig, genau zu fühlen, was der Blick nach unten in ihnen auslöste. Dann erst beendete Victoria ganz abrupt die Imagination und holte sie sofort zurück. Als alle die Augen offen hatten, ging sie von einem zu anderen. Sie begann bei Peter „Schließe deine Augen. Aktiviere das Bild, das du gerade gesehen hast. Was brauchst du, um den Wasserfall herunter zu springen?" Peter tat, was Victoria ihm sagte und antwortete sofort: „Ich wünsche mir, dass mein Vater hinter mir steht." Victoria lächelte ihn an. „Stell es dir einfach vor, dass er da ist, jetzt in diesem Moment." Sie ging weiter, da saß Frank. Er wünschte sich einen Kraftstein. Victoria nahm einen aus ihrer Materialkiste und gab ihm diesen. Jeder bekam das, was er fühlte, was ihm half, in seinem inneren Bild, diesen Wasser-

fall hinab zu springen. Erst jetzt führte Victoria die Gruppe wieder an und forderte sie auf, sich herabfallen zu lassen. Diese Imagination führte Victoria das erste Mal mit einer Gruppe durch und sie war gespannt, was die Teilnehmer berichten würden, wenn sie die Augen wieder geöffnet hatten. Das dauerte fast zehn Minuten. Victoria blickte in sprachlose Gesichter. Frank war der Erste, der etwas sagte. „Es war unglaublich. Ich habe mich in meinem ganzen Leben noch nie so frei und sicher gefühlt, obwohl ich gar nicht wusste, was genau mich unten erwarten würde." Susanne berichtete: „Es war, als ob ich jetzt erst ganz bei mir ankommen würde. Komisch, ich konnte mich einfach fallen lassen. Ich hatte kein einziges Mal den Gedanken, mir könnte etwas passieren." Es folgten noch drei ähnliche Berichte. Sonst wollte keiner etwas dazu sagen. Sie waren noch wie in Trance. Victoria erklärte ihnen dann: „Das, meine lieben Freunde, war euer Sprung ins Leben. Ein ganzes 'Ja' zu euch selbst. Die Bereitschaft, sich auf den Fluss des Lebens einzulassen. Wo auch immer er euch hin tragen wird. Ihr bekommt eine dicke weiße Kerze von mir, die ihr jetzt bemalt. Wenn ihr sie anzündet, wird sie die Energie frei setzen, die ihr für euren weiteren Lebensweg braucht."
„Victoria, es ist immer so schön bei dir. Du hast einfach so klasse Ideen", strahlte Susanne. „Was darf ich dir denn geben für den heutigen Abend?", fragte Frank. „Och," überlegte Victoria kurz, „du kannst mir geben, wonach dir ist. Das gilt für euch alle." Damit erhob sich Victoria und ging hinter den Altar. Mit vier Flaschen Prosecco kehrte sie in die Gruppe zurück. Frank und Peter verteilten schon die Sektgläser. Susanne stellte die Süßigkeiten in die Mitte. Victoria ging herum und goss Prosecco in die Gläser ihrer Teilnehmer. Als sie fertig war ging sie zum CD-Player und sagte: „Noch ein besonderes Lied möchte ich mit euch anhören, während wir anstoßen." Aus dem Lautsprecher kam von Silbermond „Krieger des Lichts". Alle sangen mit: „... lasst uns aufstehen, macht euch auf den Weg. An alle Krieger des Lichts, das hier geht an alle Krieger des Lichts ..."

Arme Kriegerin des Lichts

Victoria war sehr zufrieden mit sich. Sie schaltete den CD-Spieler aus und strahlte. „Es geht eben nichts über eine gute Vorbereitung und eine neue Idee", sagte sie noch zu Petra, einer Kursteilnehmerin, die gerade neben ihr stand. Die meisten anderen standen etwas abseits zusammen und unterhielten sich. Noch ein paar Minuten, dann würde sie alle bitten, ihren Prosecco auszutrinken. Sie hatte ein breites Grinsen im Gesicht, wenn sie daran dachte, wie sie vor wenigen Minuten in der Kirche getanzt und gefeiert hatten. Wenigstens einmal hatte sie „Sing Hallelujah" von Dr. Alban mit mittlerer Lautstärke spielen und auf dem Altar tanzen müssen, während die anderen alle um sie herum ausgelassen mitmachten. Danach war sie wieder zu ruhigerer, klassischer Musik übergegangen. 'Schade', durchfuhr es sie, 'es war so schnell vorbei gewesen.' Jetzt wurde es langsam Zeit, dass jeder seine Sachen packte um leise durch den Nebeneingang wieder zu verschwinden. Nochmal an Petra gewandt, sagte Victoria: „Ich fange schon mal an, das Papier, die Stifte und die ganzen Kerzen aufzuräumen. Trink du noch in Ruhe aus, dann kannst du auch langsam deine Bilder und die anderen Sachen zusammenpacken, okay?" „Ja, ist gut", antwortete Petra und gesellte sich zu zwei anderen Teilnehmern, Bernd und Frank. Während Victoria ihre Materialien einpackte, summte sie leise das Lied, das sie vor einer Weile gespielt hatte „ …er kennt seine Grenzen und geht trotzdem zu weit. … Seine Macht ist sein Glaube, um nichts kämpft er mehr, … deswegen ist er ein Krieger … Krieger des Lichts." Sie war rundum glücklich. Vor allem weil sie es wahrgemacht hatte. 'Ja, sie hatte mal wieder eine Idee in die Tat umgesetzt, was sich sonst niemand getraut hätte', dachte sie fröhlich. Ein paar Kerzen waren hinter dem Altar verteilt und sie blies sie, eine nach der anderen aus. 'Huch, das war aber jetzt dunkel hier', bemerkte sie. 'Hoffentlich finde ich alle Stifte und Kreiden bei dem Licht.' Es war schwirig etwas zu erkennen. Inzwischen war es kurz vor Mitternacht. Bestimmt schliefen sowieso alle, dachte Victoria. Wenn sie kurz das Licht anschalten würde, nur so ein paar Minuten, um zu sehen, ob sie auch wirklich alles eingesammelt hatte, fiel es bestimmt niemandem auf. Was sollte jetzt noch schief gehen, überlegte sie. Wo war denn nur der Lichtschalter? Sie ging an der rechten Wand entlang, bis ganz nach hinten, wo sich die Tür zur Sakristei befand. 'Da ist etwas', bemerkte sie. Sie zündete schnell eine Kerze an damit sie besser sehen konnte. Hinter ihr war noch Gemurmel wahrnehmbar.

'Meine Kursteilnehmer verhalten sich echt vorbildlich heute Abend', dachte Victoria und lenkte ihre Aufmerksamkeit wieder auf die Wand vor ihr. Sie hatte richtig vermutet, neben der Tür waren drei Schalter. 'Welchen sollte sie drücken?' Sie hatte ja keine Ahnung, welches Licht sie einschalten würde. Es half aber nichts, sie musste ja fertig werden mit dem Zusammenräumen. 'Irgendein Licht wird schon angehen', dachte sie und drückte den Schalter in der Mitte. Sie hielt inne. „Upps. Was habe ich denn jetzt gemacht?", fragte sie laut. Aber es war zu spät. Die Kirchenglocken läuteten laut und unüberhörbar über die ganze Stadt. Alle erstarrten und schauten zu Victoria herüber. Bernd rief: „Victoria, das war aber nicht deine Absicht, oder? Die ganze Stadt ist jetzt bestimmt hellwach." Frank mischte sich ein: „die ganze Stadt vielleicht nicht, aber das Glockengeläut ist nicht zu überhören. "Unruhe entstand. Petra sagte auf einmal: „Also ich habe kein gutes Gefühl dabei. Ich mach' mich jetzt ganz schnell aus dem Staub." Ab diesem Moment überschlugen sich die Ereignisse. Ein panisches Durcheinander entstand, als jeder der Teilnehmer versuchte, seine persönlichen Sachen in Windeseile zusammen zu suchen. Aber durch das wenige Licht der paar Kerzen, die noch brannten, war nicht besonders viel zu sehen. Der Boden war noch übersät von Matten und Kissen, die Victoria mitgebracht hatte. Thomas ging dazwischen: „Hey, wartet mal einen kurzen Moment. Ich finde, wir sollten Ruhe bewahren. Wir packen jetzt alles zusammen und wir helfen Victoria auch noch ein bisschen. Das Glockenläuten müsste bald vorbei sein." Thomas Worte zeigten Wirkung. Victoria dachte schon, ihr Missgeschick überstanden zu haben und atmete erleichtert auf. Leider kam alles anders, ganz anders.

Plötzlich hörten sie, wie vorne das Hauptportal der Kirche aufgeschlossen wurde. Eine Stimme dröhnte aus einem Lautsprecher. „Hier spricht die Polizei. Die Kirche ist umstellt. Bleiben Sie ganz ruhig. Wir kommen jetzt rein. Falls sie bewaffnet sind, legen Sie Ihre Waffen auf den Boden." Victoria wusste nicht wie ihr geschah. Ihre Kursteilnehmer schauten sie nur fragend an. Keiner sagte ein Wort. Alle waren erstarrt. Es hatte also doch jemand die Polizei verständigt. Die großen Flügeltüren des Hauptportals schwangen auf und mehrere Polizeibeamte kamen herein. Dahinter konnte sie einen aufgeregten älteren Mann erkennen, der hektisch hinter den Polizisten her lief und eine Tür öffnete, die in die Wand eingelassen war. Victoria vermutete, dass es sich um den Mesner handelte. Ob er wohl die Polizei alarmiert hatte? Das Licht ging an. Die Polizeibeamten blieben stehen und sahen sich einer Gruppe von ungefähr 30 Personen gegenüber. Es war nicht zu übersehen, dass hier etwas stattgefunden hatte. Auf dem Boden lagen jede Menge Campingmatten, Decken und Kissen. Bemalte Bilder, Stifte und Flaschen lagen ebenfalls herum, dazwischen Taschen und andere persönliche Sachen von Victorias Kursteilnehmern. Auch die Sektgläser standen noch auf dem Altar und den vorderen Kirchenbänken. Victoria konnte sich schon denken, was für einen Eindruck dieser Anblick bei den Polizisten hinterlassen musste. „Was ist denn hier los? Wer ist für das hier verantwortlich?", sagte einer der Beamten und kam durch den Mittelgang näher. Er schaute erst auf das ganze Durcheinander am Boden, dann sah er Victoria. Sie ging durch die Gruppe hindurch und sagte: „Ich bin dafür verantwortlich. Ich habe hier mit meinen Leuten einen Seminarabend abgehalten." „Sie haben was?", fragte der Polizist ungläubig nach. „Ich hatte hier heute Abend mit diesen Leuten einen Kurs." „Einen Kurs?" Wieder schaute der Polizist auf das Chaos am Boden. „Wer sind Sie eigentlich?", fragte er. Victoria nahm ihren ganzen Mut zusammen, schluckte und sagte: „Victoria Leonhardt, ich bin Psychotherapeutin und …" Der Polizist schnitt ihr das Wort ab. „Sie sind hier unerlaubt eingedrungen. Das ist eine Straftat. Es handelt sich um eine schwere Form von Hausfriedensbruch. Können Sie sich ausweisen?" Victoria überlegte kurz. „Nein. Warum?" „Dann muss ich Sie festnehmen. Sie und alle anderen, die sich nicht ausweisen können, kommen jetzt mit. Wir fahren Sie jetzt zur Hauptwache. Dort wird Ihre Aussage aufgenommen und Ihre Identität festgestellt." Ein Raunen ging durch die Gruppe. Es entstand Unruhe. „Bitte verhalten Sie sich ruhig. Lassen Sie alles liegen. Wir müssen das fotografieren und einen Bericht anfertigen." Er machte eine Handbewegung, die sie aufforderte, die Kirche durch den Haupteingang zu verlassen. „Und unsere persönlichen Sachen?", fragte Claudia kleinlaut dazwischen. „Die können Sie später auf der Wache abholen, wenn wir mit allem fertig sind. Los, gehen wir", forderte der Polizist die Gruppe erneut auf. Langsam kam Bewegung in das Geschehen und sie folgten der Anweisung. Nach und nach gingen alle durch den Mittelgang nach draußen auf den großen Marktplatz.

Der war inzwischen hell erleuchtet. Mindestens zehn Polizeifahrzeuge waren um den Platz herum geparkt. Überall standen Schaulustige und dazwischen Polizisten. 'Kein Wunder, dass jeder wissen will, was da los ist, wenn die hier so einen Zirkus veranstalten', dachte Victoria. Sie fand dieses Polizeiaufgebot völlig übertrieben. Schließlich hatten sie ja keine Bank ausgeraubt. Wenigstens wurde sie nicht in Handschellen abgeführt, das hätte ihr gerade noch gefehlt. „Hey Sie", sprach der Polizist sie an, „steigen Sie hier ein." Er stand an einem Polizeibus und öffnete die Schiebetür. „Los, los, ein bisschen Beeilung", ereiferte er sich. Victoria folgte seiner Anweisung, sie wollte nicht noch mehr Schaden anrichten mit ihrem Verhalten. Als sie in den Bus einstieg, nahm sie Blitzlichter um sich herum wahr. 'Diese dämlichen Presseleute', durchfuhr es sie. 'Wo kamen die denn so schnell her? Ach ja, die hören ja den Polizeifunk ab. Sie setzte sich auf die hinterste Sitzbank und sank erst mal in sich zusammen. Ihr Kopf fühlte sich leer an. Claudia, Petra, Bernd und Frank stiegen ebenfalls zu ihr in den Bus. Ein paar Minuten später fuhr der Polizeibus mit ihnen in Richtung Hauptwache. 'Wie spät es wohl sein mochte?', fragte sie sich. Bestimmt war es schon fast ein Uhr. Hoffentlich war sie zurück, bevor die Kinder aufwachten. Ach stimmt, es war ja Sonntag, da schliefen sie meistens bis zum späten Vormittag. An die anderen gewandt, die mit ihr im Bus saßen, sagte sie: „Ich übernehme für alles die Verantwortung. Macht euch keine Sorgen. Ihr habt nichts zu befürchten." „Ruhe da hinten", rief der Polizist vom Beifahrersitz. Die Teilnehmer, die bei ihr saßen schauten auf Victoria und wussten nicht, ob sie sauer auf sie sein sollten, oder eher Mitleid haben müssten. Keiner hatte eine Ahnung, was jetzt geschehen würde. Nach ungefähr zehn Minuten stoppte der Bus. Die Schiebetür flog auf und der Polizist rief: „Los, aussteigen und mitkommen." Hinter ihnen kamen bereits die anderen Polizeiautos und fuhren auf den Parkplatz. Schweigend saß Victoria mit den anderen in einem großen Warteraum. An den Wänden hingen Plakate auf denen die Polizei Werbung für ihre Verbrechensbekämpfung machte. Auf einem dieser Werbeplakate waren vier lächelnde Erwachsene mit einem Polizisten in Uniform, der ebenfalls erhaben lächelte, zu sehen. Darunter war zu lesen: Unsere Polizei – dein Freund und Helfer. Sie saßen schweigend und müde herum. Keiner sagte etwas. Nach und nach kamen Polizisten und forderten Victorias Seminarteilnehmer einzeln auf, ihnen zur Vernehmung zu folgen. Danach durften sie gehen. Der Raum leerte sich immer mehr. Wie sie sich schon hatte denken können, war sie die letzte, die zum Verhör aufgefordert wurde. Mit gesenktem Haupt folgte sie dem Polizisten in ein ungemütliches kleines Zimmer, ohne Fenster und ohne Werbeplakate. Von der Decke strahlte kaltes Licht aus fünf Neonröhren. Eine davon flackerte hörbar. Es gab nur einen Tisch und vier Stühle. „Nehmen Sie Platz", forderte der Polizist sie auf und zeigte auf einen Stuhl während er hinter ihr die Tür schloss. Er war sehr groß und hatte breite Schultern. Victoria schätzte ihn auf höchstens Ende 20. Seine dunkelbraunen Haare waren ganz kurz geschoren und er hatte einen Dreitagebart. Er wirkte kühl und unnahbar. 'Aber vielleicht muss man ja so sein, als Polizist', dachte sie. Sie zog den Stuhl vom Tisch weg und setzte sich. Der Polizist setzte sich ihr gegenüber und ordnete den Stapel Papier vor sich.

Mit einem Kugelschreiber begann er, Daten aufzuschreiben. „So, jetzt sagen Sie mir doch mal bitte Ihren Namen", begann er. Sie atmete tief durch und antwortete: „Victoria Leonhardt, mit 'dt' am Ende." Er wollte alle möglichen Sachen von ihr wissen. Ihr Geburtsdatum, wo sie geboren worden war, wo sie wohnte und so weiter. Dann legte er das oberste Blatt weg und nahm sich die zweite Seite vor. Mit ernstem Blick begann er. „Ich nehme jetzt Ihre Aussage auf, Frau Leonhardt. Sie wissen ja bestimmt, alles was Sie sagen, kann auch gegen Sie verwendet werden. Ich muss sie darüber aufklären." Victoria erwiderte seinen Blick, schluckte und nickte. „Dann schießen Sie mal los. Was haben Sie gestern Abend, oder vielmehr diese Nacht in der Kirche gemacht?" Victoria holte tief Luft und begann: „Ich habe eine Praxis für Psychotherapie und gebe Seminare. Das heißt, Tageskurse in Selbsterfahrung. Dabei geht es meistens um Themen wie Erfolg im Beruf, oder glücklich mit sich selbst zu sein und so weiter." Sie versuchte es so zu erklären, dass er ihr folgen konnte, aber ohne ins Detail zu gehen. „Verstehe", sagte er. „Und was hat das mit der Kirche zu tun?" Sie zögerte einen Moment, bis sie die richtigen Worte fand. „Ein Teil meiner Seminare, oder besser gesagt, meine tiefere Botschaft an meine Teilnehmer ist, dass wir alle auch ein Teil von Gott sind. Deshalb bedeutet Jesus für mich Lebensfreude. In jedem meiner Seminare ist es mir ein großes Anliegen, den Menschen wieder in seine Lebensfreude zu bringen. Das geschieht dadurch, dass er mit den Übungen, die ich mit der Gruppe durchführe, sich und seine Gefühle wieder spürt." Er schaute sie fragend an und brummte: „Das ist ja alles gut und schön, aber mir fehlt immer noch der Zusammenhang." Victoria schluckte und fuhr fort: „Es war mir ein besonderes Anliegen, eines dieser Seminare eben mal in einer Kirche durchzuführen", stotterte sie herum.

Dann setzte sie sich aufrecht hin und schaute dem Polizisten direkt in die Augen, bevor sie weiterredete. „Das Haus Gottes gehört, meiner Ansicht nach, mit Liebe und Freude gefüllt, anstatt mit alten Männern, die verstaubte Predigten halten und vom Leben keine Ahnung haben." „Mhm", war alles, was er erst mal sagte. Er schrieb das soeben Gehörte auf. Dann schaute er auf. „Frau Leonhardt", begann er, „wir leben in einem Land mit Religionsfreiheit und Sie dürfen über die Kirche denken, was Sie wollen. Es ist ja auch noch nicht geklärt, wie Sie sich überhaupt Zutritt zur Kirche verschaffen konnten." Zu dieser Frage hatte sie hartnäckig die Aussage verweigert, obwohl der Mesner sich bestimmt denken konnte, dass dafür nur Valerias Schlüssel in Frage kamen. „Aber seien Sie sich darüber im Klaren, dass Sie eine Straftat begangen haben", erklärte er ihr. „Wir haben hier einen Fall von schwerem Hausfriedensbruch. Ich denke", er runzelte die Stirn und atmete einmal durch, bevor er weiterredete, „es kommt ganz sicher zu einer Anzeige. Die geht an den zuständigen Staatsanwalt. Der wird Anklage gegen Sie erheben. Dann wird Ihr Fall vor Gericht verhandelt. Der Richter hat dann zu entscheiden, wie hoch die Strafe sein wird." Victoria schluckte heftig und hatte plötzlich Schweißausbrüche. „Wie bitte?", fragte sie entgeistert. „Was für eine Strafe denn?" Er antwortete: „Wahrscheinlich eine Geldstrafe. Allerdings steht auf schweren Hausfriedensbruch sogar Gefängnisstrafe. Rechnen Sie mal mit einer nicht geringen Geldstrafe" Victoria schüttelte den Kopf. Woher sollte sie das Geld dafür nehmen? Im Januar hatte sie fast ihr ganzes Erspartes für den Kauf eines Gebrauchtwagens ausgegeben, weil sie ihren Renault Clio bei Blitzeis zu Schrott gefahren hatte. Woher in aller Welt sollte sie jetzt Geld nehmen. „Es gibt mehrere Möglichkeiten, die Geldstrafe zu begleichen", erklärte er ihr. „Bestimmt können Sie Ratenzahlungen vereinbaren. Außerdem kann die Strafe notfalls auch in Gefängnistagen abgegolten werden. Wenn der Richter gut gelaunt ist, vielleicht sogar mit Sozialstunden, aber bei schwerem Hausfriedensbruch ..." Er wiegte den Kopf hin und her, dann sah er Victoria an. Victoria wurde übel. Schon wieder verkrampfte sich ihr Magen.

'Gab es nicht schon genügend Aufgaben in ihrem Leben. Musste das sein? Wann sollte sie denn auch noch Sozialstunden leisten? Nachts vielleicht? Ganz zu schweigen von der Vorstellung, eine Geldstrafe in Gefängnistagen abzusitzen. Wer weiß', dachte sie bitter, 'vielleicht könnte sie mit den anderen Gefangenen gleich Sitzungen machen. Dann wäre das alles nicht umsonst. Die Wege des Herrn sind ja schließlich unergründlich, heißt es doch so schön.' Sie wusste nicht, ob sie darüber lachen oder weinen sollte. Ihr war hundeelend zumute. Nur gut, dass sie nicht beim Tanzen auf dem Altar erwischt worden war. Nicht auszudenken, was das für Konsequenzen gehabt hätte. Sie seufzte und fragte: „Was wird eigentlich mit meinen Kursteilnehmern? Haben sie auch eine Anzeige und Bestrafung zu befürchten? Ich übernehme auf jeden Fall die volle Verantwortung. Es war ja auch allein meine Idee." „Ach", entgegnete er etwas gelassener. „Um die brauchen Sie sich keine Sorgen zu machen. Nach Ihrer Schilderung des ganzen Sachverhalts wird der Staatsanwalt die Verfahren gegen Ihre Teilnehmer sicher einstellen." „Puh", atmete Victoria hörbar aus. „Da bin ich aber froh." 'Wenigstens das', dachte sie. „Kann ich jetzt gehen?", fragte sie kleinlaut. Inzwischen musste es schon vier oder fünf Uhr sein. Er notierte noch etwas in seine Formulare, dann sah er auf und fragte wie beiläufig: „Sie haben Kinder, richtig?" „Ja. Warum?", fragte Victoria völlig entgeistert. „Weil ich denke, dass dann keine Fluchtgefahr besteht", antwortete er ihr ganz lapidar. Mit großen Augen starrte sie ihn an. Er gab ihr das Gefühl, eine Schwerverbrecherin zu sein, die gerade versucht hatte, die Kirche in die Luft zu jagen. Victoria wurde allmählich wütend. Mit ihren letzten Kraftreserven stand sie von ihrem Stuhl auf und sagte selbstbewusst: „Hören Sie mal. Was glauben Sie eigentlich, wen Sie vor sich haben? Ich bin eine selbstständige, erwachsene Frau. Ich habe eine Praxis für Psychotherapie und Verantwortung für meine Klienten und natürlich auch meine Kinder. Außerdem bin ich alleinerziehend und gebe mein Bestes, alles allein zu schaffen." Victoria steigerte sich in ihre Wut hinein und fügte mit Nachdruck hinzu: „Meinen Sie wirklich, dass ich wegen dieser Angelegenheit alles aufgeben und in einer Nacht- und Nebelaktion abhauen würde?" Er stand jetzt ebenfalls von seinem Stuhl auf. „Frau Leonhardt, so sind nun mal die Vorschriften." Dann drohte er ihr: „Wenn Sie sich nicht auf der Stelle beruhigen, behalte ich Sie noch ein paar Tage hier." Sie kochte innerlich vor Wut. Aber sie sagte kein Wort mehr. „Kann ich dann bitte nachhause gehen?", sagte sie in ruhigerem Tonfall. „Na gut", lenkte er ein, „ich werde einen Beamten holen, der sie jetzt nach Hause bringt. Ihre Sachen aus der Kirche können Sie in ein oder zwei Tagen hier abholen, sobald die Ermittlungen

abgeschlossen sind." Sie setzte sich wieder in den Warteraum, in dem sie zuvor auf ihr Verhör gewartet hatte. Ungefähr 20 Minuten später kam ein Beamter. Er sagte nur: „Gehen wir." Weitere 20 Minuten später schloss sie die Haustür auf.
Draußen dämmerte es schon und sie hörte lautes Vogelgezwitscher. Das letzte Mal war sie um diese Zeit nachhause gekommen, als sie als Jugendliche noch die Nächte durchgefeiert hatte. Im Haus war es ganz still. Auf Zehenspitzen ging sie in die Küche und schaltete die Kaffeemaschine ein.

Schlagzeilen und Scheiterhaufen

Der Polizist hatte sie freundlicherweise tatsächlich zuhause abgesetzt, danach war sie noch zu Fuß zu Valerias Haus gelaufen um, wie vereinbart, die Schlüssel in den Briefkasten zu werfen. Jetzt war sie völlig erschöpft. Auch der starke Kaffee konnte daran erst einmal nichts ändern. Die ganze Nacht hatte sie auf der Polizeiwache verbracht und spürte nun im vollen Ausmaß die große nervliche Belastung. Im Moment war ihr alles zu viel. Sie sah zur Küchenuhr hinauf. Viertel vor sechs. So gegen zehn Uhr wollte sie Katja anrufen. 'Na, die wird sich wundern, oder vielleicht auch nicht', durchfuhr es sie deprimiert. Victoria vermutete, dass Katja ihr ganz von dem Vorhaben abgeraten hätte. Aber hätte sie sich von Katja davon abbringen lassen? Nein, ganz sicher nicht, das wusste sie. Vielleicht wäre es gut, sich ein paar Stunden hinzulegen, überlegte Victoria. So konnte sie sowieso keinen klaren Gedanken fassen. Schon stieg sie auf Zehenspitzen die Treppe zu ihrem Schlafzimmer hinauf. Kurz darauf war sie tief und fest eingeschlafen. Als sie aufwachte, zeigte der Wecker auf ihrem Nachttisch schon fast elf Uhr. Sie brauchte einen Moment, bis sie ganz wach war. Schlagartig waren die jüngsten

Ereignisse wieder präsent. „Oh je", sagte sie laut. Warum konnte sie die Zeit nicht einen Tag zurückdrehen und einfach alles abblasen. Aber hinterher ist man ja bekanntlich immer schlauer. Es half nichts und am besten stand sie jetzt erst mal auf und ging unter die Dusche.

Kurz bevor die Bäckerei schloss, ergatterte sie noch Brötchen für das Frühstück mit den Kindern. Als sie mit der Brötchentüte wieder zurück war, hatten diese bereits den Tisch gedeckt. Victoria setzte sich. Sofort merkten ihre Kinder, dass etwas nicht stimmte. Louis war der Erste, der fragte: „Mama, was ist denn los?" Victoria holte tief Luft und schilderte die Ereignisse der letzten Nacht. Danach war es für ein paar Minuten erst mal ganz still. Erneut war es Louis, der als Erster wieder Worte fand. „Ich habe dir das gleich gesagt, schon als du diese Idee hattest, Mama. Ich habe dir gesagt, die sperren dich noch ein." Laura fragte nach: „und jetzt? Was passiert jetzt?" Ihr Mutter antwortete: „Auf jeden Fall geht das Ganze vor Gericht und ich muss mit einer Geldstrafe rechnen." „Wie hoch wird die sein?", fragte Laura weiter. „Der Polizist von heute Nacht hat von einer hohen Geldstrafe gesprochen, ich rechne mal mit so drei- bis viertausend Euro". Keiner sagte etwas. Nur das Klappern von Geschirr und Besteck war zu hören. Louis sagte: „Aber das ist doch nicht so schlimm, wir haben doch noch Geld von Papa, oder?" „Nein", rief Anton, „du Dummkopf, damit hat die Mama doch das Auto, das wir jetzt haben bezahlt." Victoria senkte betrübt den Kopf. „Anton hat recht. Mit dem Geld musste ich doch im Januar den Opel Zafira kaufen, nachdem der Renault Clio einen Totalschaden hatte." Wieder war es ganz still. Man merkte Victoria an, dass es schwer auf ihr lastete, sich in so eine Situation gebracht zu haben. Laura fragte nach: „und das Seminar? Wie war das?" Für einen Moment war ein kurzes Strahlen in ihrer Mutter. „Ich habe sogar auf dem Altar ge..., ähm, es war einfach fantastisch, wunderbar." Dann kam die Schwere in ihren Gesichtsausdruck zurück. Trotz allem hatte sie Hunger und sie genossen zusammen ein ausgiebiges Sonntagsfrühstück. Danach fühlte sich Victoria erst mal etwas besser. Sie sagte: „Wisst ihr Kinder, ich schaffe das schon irgendwie, alles wieder gerade zu bügeln. Ich habe alle möglichen Hürden bis hierher geschafft, da lass ich mich von so was jetzt nicht aus der Ruhe bringen. Das Geld werde ich schon auftreiben. Vielleicht kann ich es ja auch in Raten zahlen. Über die Sache wächst bestimmt bald Gras, ganz bestimmt. Es gibt so viele Ereignisse, in der Wirtschaft und Politik, die schlimmer sind. Über die wird schon nach einer Woche nicht mehr gesprochen." Mit dieser Einstellung fühlte sie sich auch gleich besser. So schnell ließ sie sich nicht unterkriegen. Das ist eben der Preis, den man manchmal zahlen muss, wenn man neue Wege geht. Es hatte schon eine Menge Menschen vor ihr gegeben, die diese Erfahrung gemacht hatten. Laura schüttelte den Kopf. „Oh Mama, mit dir hat man es nicht leicht. Du hast wirklich Glück, dass sie die Todesstrafe abgeschafft haben. Mit deinen Aktionen hätte dich wahrscheinlich das gleiche Schicksal ereilt wie Galileo Galilei. Und der wurde aufgehängt, nur weil er behauptet hatte, die Erde sei eine Kugel." „Ja, Laura", entgegnete Victoria, „meine Gedanken gingen gerade in eine ähnliche Richtung. Aber ich bleibe dabei. Es muss immer einen geben, der anfängt neue Wege zu gehen, auch wenn es seinen Untergang bedeuten könnte."

„Heute lachen wir darüber, dass die Kirche damals die Menschen gezwungen hat, zu glauben, die Erde sei eine Scheibe", philosophierte Victoria. „Aber ich will nicht, dass du so was machst. Du bist unsere Mutter. Ich will eine normale Mutter, so wie meine Freunde normale Mütter haben." Mit diesen Worten erhob sich Laura und verschwand in ihrem Zimmer. Das war der Tropfen, der in Victoria das Fass jetzt zum Überlaufen brachte. Sofort wich ihr Optimismus wieder und ließ alte Verletzungen und Gedanken aufkommen. Anton und Louis räumten schweigend den Tisch ab. Victoria goss sich noch einen Kaffee ein, füllte ihn mit geschäumter Milch auf und sah durch das Wohnzimmerfenster auf die Straße. Alles war ruhig draußen. Nur das Wetter war wie ihre Stimmung, bewölkt und grau. Auf einmal holten sie ihre ganzen Gefühle ein und sie begann zu weinen. Der große Druck in ihrem Herzen entlud sich. Wie ein Häufchen Elend stand sie allein da, während ihre Tränen wie aus weit geöffneten Schleusen flossen. Gefühle der Einsamkeit und Hilflosigkeit übermannten sie. Von Gott und der Welt allein gelassen, so kam sie sich gerade vor. Keine Eltern, die sie trösteten. Kein Mann, der an ihrer Seite war und ihr das Gefühl gab, zu ihr zu stehen. Mit diesen Gedanken rissen gleichzeitig die alten Wunden der Trennung von Walter wieder auf. Damals hatte sie sich oft genauso verlassen und ungeliebt gefühlt. Es tat weh, verdammt weh. In solchen Momenten hatte sie das Gefühl, als ob ein Fahrstuhl mit ihr ins Bodenlose hinab rauschte. Er riss sie in die Tiefe, ohne dass sie sich irgendwo festhalten konnte. Wenn es abwärts ging bei Victoria, dann aber richtig. Die Verzweiflung in ihrem Herzen wurde immer mächtiger und ließ zunächst keinen Platz für Hoffnung. Das Schlimmste für sie war, sich in dieser Situation so allein gelassen zu fühlen. Langsam beruhigte sich wieder, trocknete ihr Gesicht und trank ihren inzwischen lauwarmen Kaffee. Wonach war ihr denn jetzt, fragte sie sich, als ein letztes Schluchzen sie durchfuhr. Katja! Ja, sie würde Katja anrufen.

Sie holte sich das Telefon und zog sich in ihr Schlafzimmer zurück. Es klickte kurz in der Leitung dann hörte sie ein: „Hallo?" „Ja, hier ist Victoria." Sie bemühte sich, normal zu klingen. „Ist deine Mutter da?" „Einen Moment", sagte Victor, Katjas 17-jähriger Sohn. „Mama. Telefon. Victoria ist dran." Ein kurzes Rascheln, dann hörte Victoria auch schon die Stimme der geliebten Freundin. „Ja? Victoria?" Sofort begann sie wieder heftig zu weinen. „Was ist passiert?", fragte Katja besorgt. „War wieder etwas mit Marius?" „Nein", schluchzte Victoria heftig. „Nein, sie haben mich erwischt. Letzte Nacht. In der Kirche. Ein riesengroßes Polizeiaufgebot mit allem Drum und Dran. Festgenommen haben sie mich." Sie schluckte kurz, bevor sie schluchzend weiter erzählte: „Die halbe Nacht war ich mit den anderen auf der Polizeiwache. Jeder wurde vernommen, ich ganz zum Schluss. Jedenfalls kommt alles vor Gericht." Katja hörte sich alles an und suchte nach den richtigen Worten. „Meine liebe Victoria. Was soll ich dir sagen. Wie ich darüber dachte, als du mir von dieser Idee das erste Mal erzählt hast, das weißt du ja. Du kennst meine Einstellungen zu solchen wagemutigen Projekten. Aber gut. Es ist jetzt eben so gelaufen. Wir können die Uhr nicht mehr zurückdrehen." Victoria schluchzte immer noch. „Ich wollte doch niemandem schaden. Meine Absichten waren doch positiv." „Mhm", sagte Katja, „schon, aber wir müssen uns auch an die Gesetze halten. Du hast dir die Schlüssel von Valeria ja auch nicht geholt, indem du ihr die ganze Wahrheit erzählt hast." „Na und", jammerte Victoria wie ein kleines Kind. „Victoria, du bist schon auch ein kleiner Sturschädel. Eigentlich sogar ein richtiger Dickkopf. Aber dann musst du auch die Konsequenzen tragen. Den Kopf werden sie dir schon nicht abreißen vor Gericht." Victoria dachte über Katjas Worte nach. „Du hast ja recht. Hilfst du mir, Katja. Brauche ich jetzt einen Anwalt? Ich kann mir aber keinen leisten. Es ist bestimmt sinnvoll, mir eine plausible Stellungnahme für die Gerichtsverhandlung auszuarbeiten." In ihrer Stimme schwang schon wieder etwas Hoffnung mit. „Aber klar", sagte Katja. „Natürlich helfe ich dir. Es ist bestimmt gut, wenn du dir darüber schon mal Gedanken machst. Dann hast du auch das Gefühl, aus dem Ganzen wieder gut rauszukommen." Es entstand ein Moment der Stille. Victoria ahnte schon, was jetzt kommen würde. „Sag mal", begann Katja, „was hast du denn so gemacht mit deiner Gruppe? Angemalt und verkleidet warst du hoffentlich nicht, oder?" „Nein", sagte Victoria entschieden, „nur auf dem Altar getanzt habe ich. Aber auch nur zu einem Lied. Als die Polizei durch den Haupteingang hereinkam, war ich schon längst wieder unten. Da war ich ja schon beim Zusammenräumen." „Wie bitte?", rief Katja. „Das ist nicht dein Ernst. Du hast auf dem Altar getanzt? Wie gut, dass du nicht dabei erwischt wurdest!" „Es hat mir aber so viel Freude gemacht, es war herrlich. Die Akustik, das Kerzenlicht überall, die anderen um mich herum ... es war einfach genial." „Nun, meine Liebe, ich kann mir das schon vorstellen, ich kenne dich ja schon eine Weile. Die Konsequenzen musst du jedenfalls jetzt tragen, aber du schaffst das schon. Ich helfe dir, so gut ich kann, okay?" Die Worte von Katja zeigten Wirkung. „Ach Katja", sagte eine schon fast erleichterte Victoria. „Wie schön, dass es dich gibt." Sie hatte sich schon wieder etwas beruhigt. „Ich danke dir, ehrlich. Jetzt fühle ich mich schon viel besser. Da bin ich ja doch nicht so allein, wie ich immer denke." „Natürlich bist du nicht allein. Wir halten doch zusammen, wir zwei", fügte

Katja hinzu. „Ich schlage vor, du gönnst dir noch ein bisschen Ruhe. Morgen sieht die Welt dann schon wieder ganz anders aus." „Ja", antwortete Victoria. „Gute Idee. Danke. Ich melde mich morgen wieder bei dir. Mach's gut Liebes." Sie legten auf. Victoria folgte Katjas Rat und machte es sich für den Rest des Tages auf dem Sofa bequem.

Am nächsten Morgen frühstückte sie mit den Kindern und danach bereitete sie sich für die Sitzungen vor, die in ihrem Terminkalender standen. Plötzlich klingelte es Sturm an der Haustür. Der Blick auf die Uhr zeigte Victoria, dass es noch viel zu früh war für den ersten Klienten. Sie ging zur Haustür und öffnete. Vor ihr stand Katja. Sie hatte drei verschiedene Tageszeitungen in der Hand und sah sehr ernst aus. „Bevor du es von jemand anderem erfährst, dachte ich, sage ich es dir", erklärte sie und trat ein. Sie setzten sich an den Tisch und Katja breitete die Zeitungen aus. „Oh mein Gott", rief Victoria aus, als sie die Schlagzeilen mit ihrem Foto auf den Titelseiten sah. Die vielen Blitzlichter, als sie in den Polizeibus eingestiegen war. Jetzt fiel es ihr wieder ein. Der Stadtanzeiger schrieb „SEKTE BEI HEIMLICHEN RITUALEN IN KRICHE ERWISCHT". Darunter war ein Foto von Victoria mit dem Polizeibeamten. Ein haarsträubender Bericht dichtete ihr an, dass sie heimlich Rituale in der Kirche durchgeführt hätte. Man unterstellte ihr, dunkle Mächte beschworen zu haben. Der Reporter hatte sich allerlei Blödsinn zusammen gedichtet. Sie sei eine zweifelhafte Psychotherapeutin, die mit undurchsichtigen Methoden arbeitete. Die Informationen über Victoria und ihre Praxis hatte er anscheinend von ihrer Internetseite. Das Tagesjournal schrieb „HEXEN – SIE SIND WIEDER UNTER UNS". Hier erfand der Autor eine nicht minder haarsträubende Geschichte. Er ließ sich aus über Beschwörungen, die Victoria im Kreise ihrer Anhänger in der Kirche heimlich durchgeführt haben sollte. Victorias Erscheinungsbild mit den langen weißen Haaren und ihre außergewöhnlich auffällige Kleidung, nahm er als eindeutigen Beweis dafür, dass sie sich als Hexe sah und dass sie in der Kirche satanistische Riten durchgeführt hatte. Hier gab es gleich zwei Fotos von ihr in Begleitung der Polizei. 'Wie kann einem einzelnen Menschen nur so viel Mist einfallen', dachte Victoria. Die Tageszeitung mit der größten Auflage, der Zeitspiegel hatte allerdings die schlimmste Schlagzeile „SELBSTERNANNTE PREDIGERIN ENTWEIHT KRICHE". Darunter war ebenfalls ein Foto von Victoria aus der vorletzten Nacht zu sehen. Zugegeben, da schaute sie nicht wirklich freundlich. Hier hatte der Schreiber anscheinend etwas mehr über sie recherchiert. Er beschrieb sie und ihre Arbeit als absolut unseriös. Wie könnte sie sich anmaßen, als ehemals hellsichtiges Medium heute Menschen therapieren zu wollen? Die Seminare, die sie anbieten würde, hätten mit Psychotherapie jedenfalls nichts zu tun. Schließlich hätte sie ja noch nicht einmal Psychologie studiert, also auch kein Diplom oder einen Doktortitel. Wie viele Menschen ihr in ihrer psychischen Not wohl schon vertraut hätten? Wie viele Opfer ihrer fadenscheinigen Fähigkeiten es wohl schon gab? Die Polizei wurde gelobt, dass sie so schnell zur Stelle gewesen war und, dass sie so rigoros durchgegriffen und gleich alle verhaftet hatte. Der Reporter versprach, weiter darüber zu berichten, wenn der Predigerin der Prozess gemacht würde. Man könnte solch ein eigenmächtiges Verhalten schließlich nicht dulden. Victoria wurde schwindelig. „Was meinst du Katja, was das jetzt für Auswirkungen auf meine Praxis hat?" „Tja, Victoria, ich glaube, das kannst du dir wohl selbst vorstellen."

Das Telefon klingelte. „Victoria Leonhardt", meldete sich Victoria. „Ähm, ja, Ähm, Guten Tag Frau Leonhardt. Hier ist Christian Müller. Ich wollte nur den Termin heute absagen. Ich fühle mich nicht gut. Ich melde mich wieder, um einen neuen zu vereinbaren." Der Anrufer legte auf. Victoria starrte Katja an. „Was war das denn gerade?", fragte sie. „Kann sein, dass das jetzt herum geht wie ein Lauffeuer, meine Liebe", sagte Katja besorgt. „Und ich? Kann ich nichts dagegen tun?", seufzte Victoria entsetzt. „Ich denke, erst mal nicht. Ich würde ein paar Tage vergehen lassen. Vielleicht findet sich eine Gelegenheit für eine Gegendarstellung", erwiderte Katja. „Oh Katja, meine armen Kinder. Die werden davon bestimmt auch nicht verschont bleiben. Sicher werden ihre Freunde sie darauf ansprechen. Am besten ich spreche gleich nach der

Schule mit ihnen." "Ja", sagte Katja, „mach das. Ich muss jetzt weiter, zur Arbeit. Sonst komme ich zu spät. Ich rufe dich später noch mal an."
Katja fuhr davon und ließ eine deprimierte Victoria zurück. Die setzte sich an den Tisch und stützte den Kopf in die Hände. Vor ihr lagen die Zeitungen. Sie starrte auf die Schlagzeilen. 'Wahnsinn', dachte sie, 'wie man damit manipulieren kann.' Keiner hatte ein einziges Wort mit ihr persönlich gesprochen. Dennoch hatten sie sich angemaßt, zu wissen, was hier vor sich ging. Das Telefon klingelte noch mehrere Male an diesem Tag. Fast alle Klienten sagten ihre bereits vereinbarten Termine ab. Die Kinder lasen die Zeitungsartikel, nachdem sie von der Schule wieder zuhause waren. Die Stimmung war äußerst bedrückt. Nur Anton traute sich zu fragen: „Und, was heißt das jetzt? Ich meine, was passiert jetzt?" Victoria schaute ihn besorgt an und antwortete: „Es kann sein, dass nur noch ganz wenig Klienten kommen. Die meisten werden glauben, was hier geschrieben steht. Nur diejenigen, die darauf nichts geben, kommen hoffentlich weiterhin." Sie seufzte „So ein Mist. Jetzt habe ich unsere Existenz dadurch auch noch gefährdet." „Ist es wirklich so schlimm?", fragte Anton weiter. „Noch nicht, aber das könnte es werden." Niedergeschlagen zog er sich in sein Zimmer zurück, um seine Hausaufgaben zu machen.

Victoria war danach, allein zu sein. Sie ging in ihren Praxisraum und schloss die Tür hinter sich. Sie wunderte sich nur, warum Valeria noch nicht angerufen hatte. Die musste doch auch schon von dem Vorfall erfahren haben. Da würde sie sich auch noch etwas anhören müssen, sogar zu Recht. Victoria legte sich auf ihre Behandlungsliege und schloss die Augen. 'Mein lieber Gott', begann sie in Gedanken, 'warum stellst du mich denn immer wieder so auf die Probe?' Schließlich ging es auch um ihn. Es musste Gott doch gefallen, wenn sie, Victoria, versuchte mehr Lebensfreude in die Kirche zu bringen. Sie verstand die Welt gerade gar nicht mehr. Außerdem handelte sie doch auch im Auftrag von Jesus, so wie er es in ihrem Traum gesagt hatte. Wie sollte es denn jetzt bloß weitergehen mit ihr und der Praxis? Bei den Schlagzeilen würde bald gar kein Klient mehr kommen. All die Bemühungen, die Praxis so weit aufzubauen, die ganze Vernetzungsarbeit, alles wäre umsonst gewesen. Welche Meinung bildeten sich die Leute jetzt über sie? Wie mochte es wohl sein, sich in der Öffentlichkeit blicken zu lassen? Würde man auf sie zeigen, hinter vorgehaltener Hand über sie reden?

Vor ihrem inneren Auge sah sie ihren geschiedenen Mann, wie er sich schämte für seine Exfrau. Ihr fiel ein, dass er womöglich jetzt überall darauf angesprochen würde. Sie konnte es sich bildlich vorstellen, wie er beim Einkaufen im Supermarkt an der Kasse stand. Hinter ihm eine lange Warteschlage. während die Kassiererin seinen Namen auf seiner Kreditkarte las. Dann würde sie ihn fragen, ob er, Herr Leonhardt, mit dieser Psychotherapeutin, dieser Verrückten mit den weißen langen Haaren, etwas zu tun hätte. Womöglich, ob er mit ihr verwandt sei. Peinlich berührt würde Walter wahrscheinlich den Kopf schütteln und zusehen, dass er schnell wegkam. Victoria schluckte die aufsteigenden Tränen sofort wieder runter. Er sollte denken, was er wollte. Vielleicht war Katjas Idee gar nicht so schlecht. Sie entschied, ein paar Tage vergehen zu lassen. Vielleicht würde es eine Möglichkeit geben, ihre Version der Angelegenheit in der Presse zu veröffentlichen. Sie dachte wieder an die kurze Begegnung, die sie im Traum mit dem Jesus aus dem Bild gehabt hatte. Er hatte ihr doch gesagt, sie solle die Menschen daran erinnern, wer sie in Wirklichkeit waren. Ach, vielleicht bildete sie sich das alles doch nur ein. Ob das mit der Praxis und den Seminaren wirklich alles richtig war? Die vertrauten Zweifel meldeten sich zurück. Wenn es so ruhig blieb in der Praxis und keine Klienten mehr kamen, würde es schwierig werden. Sie hatte schließlich ihr ganzes Erspartes für das Auto gebraucht. Wenn nicht ein Wunder geschehen würde, wären ihre Einnahmen und der Rest des Ersparten bald erschöpft. Sie wollte nicht daran denken. Nicht schon wieder. Erst letztes Jahr hatten ihre Existenzängste sie endlos gequält und ihr jede Menge schlafloser Nächte bereitet. 'Bitte lieber Gott, hilf mir', flehte sie innerlich. 'Ich weiß im Moment einfach nicht weiter. Bitte lass irgendwo eine Tür aufgehen, die mich aus dieser Lage herausholt', schloss sie in Gedanken ihr Gebet. Damit verließ sie die Praxis. Sie zog sich an diesem Tag bereits um acht

Uhr am Abend zurück, wünschte den Kindern eine gute Nacht und ging schlafen. Am nächsten Tag stand sie schon sehr früh in der Küche. Von draußen schien die Morgensonne durch das Küchenfenster zu ihr herein. Ruhig packte sie die Pausenbrote ihrer Kinder ein, als auf einmal Louis aufgeregt in der Küchentür stand und sagte: „Mama, hast du gesehen, was draußen vor unserer Haustür los ist?"

Victoria schaute ihn entgeistert an. Was meinte er? Sie liefen ins Wohnzimmer hinüber und schauten aus dem Fenster auf die Straße. Tatsächlich. Leute standen vor ihrem Haus auf dem Gehweg herum. Sie trugen Fotoausrüstungen über der Schulter und sahen aus wie Reporter. „Was wollen die denn hier?", entrüstete sich Victoria, raste zur Haustür und riss sie auf. Sofort kam Bewegung in die Gruppe vor ihrem Haus. „Frau Leonhardt", rief ein Reporter, der ganz vorne stand, „können Sie ein paar Fragen beantworten? Ich bin vom Stadtanzeiger. Unsere Leser wüssten gerne, welche Glaubensrichtung Ihre Sekte verfolgt." „Wie bitte?", schnaubte ihn Victoria entrüstet an. Dann meldete sich auch schon der nächste Reporter zu Wort: „Frau Leonhardt, ich arbeite für den Zeitspiegel. Wie planen Sie denn Ihre weiteren Schritte für Ihren Feldzug gegen die Kirche?" „Was?", Victoria verschlug es die Sprache „Ja", fragte er weiter, „betrachten Sie sich als eine moderne 'Jungfrau von Orleans'?" Von hinten rief einer: „Unsere Leser brennen darauf zu erfahren, wie so ein Hexenritual in einer Kirche abläuft." Victoria holte tief Luft und nahm ihren ganzen Mut zusammen. „Hören Sie mal zu. Sie alle", rief sie, „das, was ich in dieser Nacht in der Kirche gemacht habe, hat mit all ihren zusammengeschusterten Darstellungen nicht das Geringste zu tun. Was Sie oder Ihre Zeitungen, über mich berichtet haben, ist ruf- und geschäftsschädigend. Glauben Sie mir, wenn ich es mir leisten könnte, würde ich Sie alle wegen Verleumdung auf Schadenersatz verklagen. Jetzt verschwinden Sie. Und zwar sofort." Victorias Wangen glühten vor Wut. Ihre Worte hatten offensichtlich Eindruck auf die Reporter gemacht. Sie setzte hinzu: „Nur, und ich wiederhole, nur dann, wenn Sie ernsthaft an mir und meiner Arbeit interessiert sind, können Sie wiederkommen. Andernfalls lassen Sie mich und meine

Kinder in Ruhe." Brüsk drehte sie der Schar aus Reportern den Rücken zu und ließ die Haustür hinter sich laut ins Schloss fallen. Denen hatte sie es gezeigt. Das war ja wohl eine Unverschämtheit, ihre Privatsphäre derart zu stören, grollte es in ihr. Der weitere Tag verlief glücklicherweise ohne erneute Zwischenfälle. Den Rest der Woche blieb es ruhig. Keine Belagerung mehr durch Reporter. Leider aber auch keine Anrufe von Klienten. Katja versuchte Victoria immer wieder zu trösten, indem sie ihr versicherte, dass darüber wieder Gras wachsen würde. Victoria war unsicher, sehr unsicher. In den Nächten wurde sie wieder von Ängsten geplagt, die ins schier Unermessliche wuchsen. Sie hatte auch Phasen, in denen sie sehr traurig wurde und sich unendlich allein gelassen fühlte. Das Haus wollte sie, zumindest zurzeit, schon gar nicht mehr verlassen. Die Sorge, jemand könnte sie wegen der Zeitungsartikel ansprechen, war zu groß. Victoria fürchtete, dass sie alles andere als entspannt darauf reagieren würde. Im Gegenteil, vermutlich würde sie ausrasten und die Situation eher noch verschlimmern. In ihrem Schlafzimmer in Kissen und Decken eingegraben, grübelte sie stundenlang. Doch es wollte und wollte sich einfach kein Weg zeigen, aus dieser Nummer wieder heraus zu kommen.

Wenigstens sollte die Zeit ihres Rückzuges dafür gut sein, ihre Ängste anzuschauen und zu bearbeiten. Denn auch bei ihr war es nicht anders, als bei ihren Klienten. Ihre Ängste hatten mit ihren Erfahrungen aus der Kindheit zu tun. Victoria hatte stets gehört „Du sollst dich nicht so anstellen" oder „Das macht man nicht" oder „So wird aber nichts aus dir" und so weiter. Unterm Strich bedeutete das das Gleiche, als ob ihre Eltern gesagt hätten: „Du bist nur gut, wenn du etwas leistest" und „Wenn du besonders viel leistest, wirst du vielleicht auch ein bisschen geliebt". Zudem hatte sie zu wenig Halt von ihren Eltern erfahren. Victoria hatte die Erfahrung gemacht, dass sie das Ganze nur Schicht um Schicht abtragen konnte und je mehr sie an sich arbeitete, desto mehr bekam sie die Überzeugung, dass es ans Eingemachte ging. Vielleicht ging es jetzt darum, wieder eine Schicht abzutragen, einen ihrer eigenen Keller aufzuräumen. Heute waren ihre Eltern anders. Victorias

Kinder erlebten fürsorgliche, liebevolle Großeltern, die ihren Enkeln jeden Wunsch von den Augen ablesen konnten. Sie nahm sich vor, Urs zu bitten, mit ihr – nach ihrer eigenen Anleitung – eine Sitzung durchzuführen, um ihre Ängste aufarbeiten zu können. Es folgten weitere Tage, in denen alles ruhig blieb. Fast alle eingehenden Telefonate waren für die Kinder. Doch dann kam Anton aus seinem Zimmer die Treppe herunter und reichte ihr das Telefon: „Mama, hier für dich." „Victoria Leonhardt", meldete sie sich. „Guten Tag Frau Leonhardt", ertönte eine männliche Stimme aus dem Hörer. „Mein Name ist Peter Birkenstein. Ich bin von der Zeitung 'Morgenstern' und wir hätten gerne ein Interview mit Ihnen. Es geht uns um die echte, die wahre Victoria Leonhardt." Victoria blickte skeptisch und hörte weiter zu, was er ihr sagte. „In unserer Redaktion haben wir zwei Mitarbeiterinnen, die beide schon als Klientinnen in Ihrer Praxis waren." „Aha", sagte Victoria knapp. „Ja. Sie haben etwas ganz anderes erzählt, als in den Schlagzeilen neulich über Sie geschrieben wurde." Er berichtete weiter, was er von ihren früheren Klientinnen erfahren hatte und wie diese über Victoria sprachen. „Da bin ich aber froh", gab sie ihm als Antwort. „Wissen Sie, Herr Birkenstein, ich war nämlich schon nah dran, mir selbst einen Scheiterhaufen in meinem Garten zu errichten. Fast dachte ich, es halten mich wirklich alle für eine Hexe." „Also, was meinen Sie? Sind Sie interessiert?", wollte er ungeduldig wissen. „Mhm", machte Victoria. Er ließ nicht locker: „Ich denke, Sie können bestimmt ein bisschen positive Publicity gebrauchen." Victorias Miene erhellte sich ein wenig. „Das kann man wohl sagen", meinte sie. „Wie wäre es gleich morgen früh?", bot er an. „Ich bin zuhause, kommen Sie einfach vorbei", antwortete sie ihm an. „Super, dann bis morgen früh so um neun, Frau Leonhardt." Sie legten beide auf. Verdattert schaute Victoria auf Anton, der das Gespräch mitgehört hatte. „Vielleicht ein Lichtblick am Horizont", sagte sie zu ihm.

Die Siegerin mit dem Löwenherz

Peter Birkenstein arbeitete als freiberuflicher Reporter und Zeitungsfotograf. Trotz seiner 45 Jahre sah er noch recht jugendlich aus. Er hatte schwarze, lockige Haare, die ihm bis an die Ohren reichten. Seine Augen wirkten warm und sein Gesichtsausdruck aufgeschlossen. Pünktlich um neun Uhr morgens stand er mit seiner Kameraausrüstung, seinem Aufnahmegerät und einem Notizblock vor Victorias Haustür. „Guten Morgen Frau Leonhardt", begrüßte er sie, als sie ihm die Tür öffnete. Er machte einen äußerst sympathischen Eindruck auf sie. Mit Jeans und Flanellhemd über einem T-Shirt war er lässig gekleidet. Sie lächelte ihn an und fragte ihn direkt: „Lust auf einen Kaffee?" „Oh ja", kam es von ihm zurück. „Ich habe heute einen langen Tag vor mir, da kann ich einen Kaffee jetzt gut gebrauchen." Er ging durch den pink gestrichenen Flur, in dem allerlei Zertifikate über Ausbildungen an der Wand hingen, hindurch ins Wohnzimmer. Er sah sich um. Die Wände waren so rot gestrichen, wie die Fassade des Hauses. Unterhalb der Decke war eine Bordüre in Grün und Gold schwungvoll hinzugefügt worden. 'Interessant', wie er fand. Die Möbel, ein großer Tisch mit acht Stühlen, eine Kommode und ein Regal, waren allesamt alt, abgeschliffen und gewachst, wie er erkennen konnte. An der Wand rechts von ihm war ein gemauerter und grob verputzter Kamin mit Glasscheibe, daneben stand ein großes weißes Sofa mit roten Plüschkissen. 'Alles in allem sehr gemütlich', fand der Reporter. Er nahm auf dem Sofa Platz. Auf dem Boden lag ein riesiger naturweißer Flokati, auf den er seine Ausrüstung stellte. Er schweifte mit seinem Blick erneut durch den Raum. An den Wänden sah er vereinzelt Bilder mit schemenhaft gemalten Engelmotiven in pink, orange und gold. Weiße und goldene Keramikengel in verschiedenen Größen standen herum. Dazwischen silberne Kerzenständer und bunte Teelichtgläser. Das Regal an der linken Wand quoll über vor Materialien, wie man sie für den Malunterricht brauchte. Wasserfarbenkästen, Packungen mit Wachsmalstiften, Blumentöpfe mit Buntstiften, Knetmasse in bunten Plastikdosen und jede Menge Nagellacke in den verrücktesten Farben. In der Küche hörte man Geschirr klappern und Schranktüren auf- und zugehen. „Sagen Sie mal, Frau Leonhardt", begann er ganz entspannt, nachdem sie den Kaffee gebracht hatte und endlich neben ihm auf dem Sofa saß, „wie kommt man darauf, sich mit anderen Leuten heimlich in der Kirche zu treffen?" Victoria schaute ihn an, lächelte und fragte zurück: „Herr Birkenstein, Sie sind wirklich ernsthaft an meiner Geschichte interessiert?" Ihr Blick suchte den seinen. „Das bin ich!", versicherte er ihr und hielt ihrem Blick stand.

„Gut, dann erzähle ich Ihnen alles, was Sie wissen wollen." „Fangen wir mit dem Zeitpunkt an, als Ihnen die Idee dazu kam, ja? Ich schalte jetzt mein Aufnahmegerät ein." Victoria begann mit etwas Herzklopfen zu erzählen: „Ich sehe meinen Auftrag in der Arbeit mit meinen Klienten nicht nur darin, dass es ihnen psychisch wieder deutlich besser gehen soll und Probleme aufgelöst werden. Wichtig ist mir vor allem, dass der Mensch wieder beginnt, sich selbst authentisch wahrzunehmen und sein Herz zu spüren. Die meisten meiner Klienten sind zu Beginn der Therapie wie von ihren Gefühlen abgeschnitten. Ich ermutige sie, wahrzunehmen, wie sich ihr Problem im Herzen anfühlt. Meistens antworten sie darauf erst mal, was sie denken. Nicht, was sie fühlen." Mit einem Löffel rührte sie ihren Kaffee um, dann sprach sie weiter: „Aber da lass ich nicht locker. Ich tippe auf die Knie meiner Klienten. Das sieht dann so aus." Sie zeigte es ihm und berührte mit den Zeigefingern abwechselnd seine Knie. Dann fuhr sie fort zu erklären: „Dadurch wird die Verarbeitung im Gehirn angeregt und die Emotionen werden freigesetzt. Also, der Klient beginnt, seine Gefühle wahrzunehmen. Sie zu spüren." Sie machte eine kleine Pause und sah ihn an. „Alles verständlich bis hierher?", fragte sie nach. „Oh ja, sehr interessant. Und weiter?", wollte er wissen. Victoria holte tief Luft und fuhr fort: „Mit dieser Technik koppele ich die gemachten Erfahrungen von den damit verbundenen, schmerzhaften Emotionen ab. Die Erfahrung bleibt, aber sie ist neutral. Gefühle, wie Traurigkeit oder Angst, sind aufgelöst. Das ist für jeden meiner Klienten ein Schlüsselerlebnis. Er fühlt sich zutiefst befreit. Das ist für ihn ein deutlich spürbares, intensives Gefühl. Da kommt die pure Lebensfreude wieder zurück." Sichtlich interessiert hörte er ihr zu. „Wissen Sie, wie man sich fühlt, wenn die Lebensfreude wieder in einem ist?", fragte sie ihn und strahlte dabei über das ganze Gesicht. Sie atmete einmal tief durch, dann nickte sie und sagte: „Es ist, als ob einem die ganze Welt offen steht. Man fühlt sich motiviert, wieder etwas aus seinem Leben zu machen. Man will das Leben wieder genießen."

Er sah, wie ihre Augen leuchteten, als sie darüber sprach. „Wo ist der Zusammenhang mit der Kirche für Sie?" Victoria lächelte ihn an. „Ganz einfach. Wir sind alle göttliche Wesen. Gott als die Urquelle, oder geistige Welt, ist unser wahres Zuhause. Glauben Sie, dass es ihn freut, wenn wir uns das Leben selbst schwer machen?" Er wusste offensichtlich nicht, was er sagen sollte. Sie sah ihn warmherzig an und redete weiter. „Wie jeder Vater wünscht er sich, dass seine Kinder sich ihres Lebens erfreuen. Deshalb bedeutet Jesus auch Lebensfreude für mich. Genau das versuche ich jedem Einzelnen, der zu mir kommt, zu vermitteln, egal ob in der Sitzung oder im Seminar. Es ist etwas, das man im Herzen fühlt und nicht durch den Verstand begreifen kann. Deshalb sind auch alle meine Seminare so genannte Selbsterfahrungsseminare." Victoria trank ein paar Schlucke Kaffee, dann stellte sie ihre Tasse wieder ab. Sie erklärte: „Es gibt so viele, die sich heutzutage Lebensberater, Coach oder Therapeut nennen. Sie machen Seminare und reden und reden und reden. Das Wissen wandert in den Kopf. Im Herzen und in den Gefühlen kommt das Wissen nicht an. Deshalb bringt das aus meiner Sicht auch nicht so viel." Er nickte und pflichtete ihr bei. „Wenn ich sehe, was alles angeboten wird, kann ich Ihnen da nur recht geben. Außerdem finde ich, man wird schon total überhäuft von solchen Sachen." „So kommt es mir auch vor", seufzte sie. Dann nahm sie den Faden wieder auf. „Wissen Sie, jeder unserer Handlungen liegt ein Gefühl zugrunde. Wenn ich beispielsweise zu einem Vorstellungsgespräch gehe, beeinflussen mich meine Gefühle. Fühle ich Selbstvertrauen, trete ich ganz anders auf und präsentiere mich selbstbewusst. Wenn ich Angst habe, dann bin ich unsicher und das merkt mein Gegenüber. Wenn meine Grundhaltung also lebensbejahend ist und ich Lebensfreude im Herzen habe, gelingt einfach alles leichter." „Ich verstehe", sagte er. „Ist das etwas, was man in einer psychotherapeutischen Ausbildung lernt?", hakte er nach. Sie musste lachen. „Ähm, nicht so ganz."

Sie wurde etwas verlegen und meinte: "Diese Erkenntnisse habe ich durch meine eigene Lebenserfahrung. Von der habe ich so viel, dass sie vermutlich eine ganze Serie über mich machen könnten." „Ach ja?", entgegnete er erstaunt. „Aber darum geht es hier nicht", fuhr Victoria in ernstem Tonfall fort. „Zu Ostern war ich im Auto mit meinen Kindern unterwegs. Über das Radio habe ich, eigentlich eher beiläufig, die Nachrichten gehört. Da hieß es dann, dass sie in Rom die Feierlichkeiten zum Leiden Christi vorbereiten und so weiter. Das hat mich einfach umgehauen. Ich bringe hier jeden Einzelnen wieder in seine Lebensfreude, während die Kirche ihren Fokus immer noch auf das Leiden richtet. Dann kam mir die Idee mit dem Seminar in der Kirche." Er sah, wie es in ihren Augen blitzte und leuchtete, als sie ihm das erzählte. „Ich wollte meine Teilnehmer die Freude Jesu und die Liebe Gottes in seinem Haus fühlen lassen und das ist mir auch gelungen", erzählte sie ihm. Ein langer Seufzer durchfuhr Victoria und sie fügte hinzu: „Wir verbrachten einen wunderbaren Abend in der Kirche." Es entstand eine kurze Pause. „Was genau haben Sie mir Ihrer Gruppe gemacht?", wollte der Reporter wissen. Sie ließ sich einen Moment Zeit und antwortete ihm: „Ich arbeite viel mit inneren Bilderreisen. Das ist so ähnlich wie eine geführte Meditation, aber viel kraftvoller. In diesen Imaginationen führe ich die Teilnehmer an Kraftplätze, zum Beispiel in ihren Seelengarten. Dort treffen sie auf einen geistigen Führer, der eine liebevolle Botschaft für sie hat. Dieses Mal haben sie Jesus persönlich getroffen. Jeder Einzelne war zutiefst berührt. Danach durften die Teilnehmer auf großen Plakaten ihren Seelengarten, mit allem, was sie darin wahrgenommen haben, malen. Am liebsten sitze ich dann daneben, demütig vor der Größe der Erfahrung, die jeder Einzelne in dieser Arbeit machen darf. Ich liebe es, dabei zuzusehen. Meistens spiele ich dann eine leise Musik. Beim Kirchenseminar war es das „Ave Maria" von Andrea Bocelli." Wieder sah der Reporter wie Victoria strahlte, als sie davon sprach. Es verursachte ihm direkt eine Gänsehaut. Sie sah ihn mit einem Lächeln an und redete weiter. „Danach erzählt jeder, wie er sich fühlt, was er erlebt hat und so weiter. Im zweiten Teil des Seminars habe ich die Teilnehmer aufgefordert, sich einen Bachlauf vorzustellen und von oben darauf zu schauen. Wahrzunehmen, was alles darin ist. Fische, Steine, Äste, oder was auch immer. Der Bachlauf steht für den Fluss des Lebens. Der Verstand weiß das nicht, aber die Seele. So zeigen sich dann Blockaden im Leben des Einzelnen im inneren Bild. Das kann ein großer Fels sein, der es dem Wasser schwer macht, weiter zu fließen, irgendwelches Treibgut, Verschmutzungen, usw. In Zweiergruppen bearbeiten die Teilnehmer nach meiner Anleitung jeweils das Bild des anderen. Am Ende kann das Wasser im inneren Bild wieder ungehindert fließen." „Was heißt das dann genau?", fragte Peter Birkenstein. Sie erläuterte: „Mehr Selbstvertrauen zu haben, in allen Belangen des Lebens. Sich mehr zuzutrauen und mit dem Fluss des Lebens zu gehen. Insgesamt einfach positiver über sich selbst zu denken." „Das klingt unglaublich interessant. Ich habe direkt eine Gänsehaut bekommen von Ihren Schilderungen. Das ist ja so etwas wie eine Lebensphilosophie oder ein gelebter Glaube an Gott." Victoria strahlte ihn an. „Sie haben es erfasst, mein Lieber. Ein Klient hat mal zu mir gesagt, ich würde Himmel und Erde zusammenbringen."

Der Reporter war sichtlich positiv überrascht. „Unglaublich. Was ich hier von Ihnen erfahre, entspricht überhaupt nicht den Schlagzeilen und Berichten, die ich über Sie gelesen habe." Sie atmete erleichtert auf. „Danke. Sie wissen gar nicht, wie froh ich bin, das zu hören. Ich könnte in das Thema noch viel tiefer einsteigen. Für Ihren Artikel über mich sollte es aber erst mal genügen." „Ja", sagte er und nickte. „Die meisten unserer Leser hatten ja mit der Thematik in dieser Form noch keine, oder wenig Berührung. Einerseits berichte ich über Sie, andererseits wird aber auch Ihre Arbeit unsere Leser zum Nachdenken bewegen." Damit schaltete er sein Aufnahmegerät aus. „Das wäre natürlich schön. Auf die Idee bin ich noch gar nicht gekommen", entfuhr es Victoria.

„So Frau Leonhardt", sagte er und packte seinen Fotoapparat aus. „Jetzt würde ich gerne noch ein paar Bilder von Ihnen machen, geht das?" Sie wurde rot. „Ich weiß nicht, ich bin gar nicht darauf vorbereitet", wehrte sie ab. „Frau Leonhardt, das ist doch genau das, was unsere Leser wollen, Sie so sehen, wie Sie in Wirklichkeit sind. Dazu gehört auch ein natürliches Foto." „Na gut. Wie Sie meinen." Er schoss mehrere Aufnahmen von Victoria. Einige Fotos, auf denen sie ganz abgebildet war und mehrere Bilder ihres Gesichts. Zufrieden packte er seine Fotoausrüstung ein. „Ich werde heute noch mit dem Artikel anfangen. Vielleicht wird er übermorgen schon gedruckt." Er lächelte Victoria noch einmal an, dann verabschiedete er sich von ihr. Zufriedenheit machte sich in ihrem Herzen breit. Gleichzeitig geisterte ein Anflug von Unbehagen durch ihre Magengegend. 'Was wird er wohl daraus für einen Artikel machen', fragte sie sich. 'Welche Wirkung wird er auf die Öffentlichkeit haben?' Sie hatte ihr Bestes gegeben, jetzt musste sie loslassen und abwarten. Sie schaute auf die Uhr und beschloss, in der Küche schon mal das Mittagessen für die Kinder vorzubereiten.

Wie sie so die Kartoffeln schälte, hing sie ihren Gedanken nach. 'Ob ich mich mal wieder bei Marius melden sollte?', durchfuhr es sie plötzlich. Seit ihrem Wochenende hatte er sich zweimal gemeldet. Beide Male hatte sie ihn mit der Ausrede abgewimmelt, sie hätte keine Zeit. Was er wohl inzwischen über sie denken mochte? Bestimmt hatte er auch gelesen, was in den Zeitungen über sie geschrieben wurde. Vielleicht würde sie ihn am Abend mal anrufen, überlegte sie. Mit den Kartoffeln, Gemüse und ein paar Schinkenwürfeln setzte sie einen Eintopf auf. Dann entschied sie, sich zuerst bei Katja zu melden. Die würde sich sicher freuen, zu hören, dass das Interview so gut gelaufen war. Erst am späten Nachmittag konnte sie Katja erreichen. Sie berichtete ihr in allen Einzelheiten wie das Interview verlaufen war. „Oh Victoria. Ich bin ja so froh, das zu hören. Wie schön, dass er sich tatsächlich für die richtige Geschichte interessiert hat. Dann warten wir jetzt einfach mal ab, oder?", kam es von einer begeisterten Katja. „Ja, Katja", entgegnete auch Victoria erleichtert. „Ich hab noch keine Ahnung, ob sich durch den

Artikel etwas ändern wird. Aber ich will mir im Moment auch keine Gedanken machen. Mir raucht schon langsam der Kopf." Mitfühlend erwiderte Katja: „Das glaube ich dir gern, meine Liebe."

Es entstand eine kurze Pause. „Meinst du", fragte Victoria plötzlich zögernd, „ähm, es wäre eine gute Idee, Marius mal wieder anzurufen?" „Klar, wenn dir danach ist." Katjas Antwort kam ebenfalls spontan. „Er ist doch ein netter Mann. Das hast du immer betont. Es bringt dich bestimmt auf andere Gedanken." „Okay", meinte Victoria und seufzte, „dann nehme ich meinen Mut zusammen. Heute Abend kann ich ihn bestimmt mal erreichen." „Viel Glück, Victoria. Ich habe ein gutes Gefühl. Alles wird gut", fügte Katja hoffnungsvoll hinzu. Victoria verabschiedete sich von Katja mit einem unsicheren: „wenn du meinst. Ich melde mich wieder bei dir. Bis dann." Sie legte auf und dachte nach. Dass sie ihn wieder sehen wollte, das wusste sie jetzt. Ihr Verhalten kam ihr inzwischen so kindisch vor. 'Also gut, beschloss sie, 'ich rufe heute Abend bei ihm an. Dann sehen wir weiter.' Den Kindern erzählte sie nur am Rande von dem heutigen Interview. Sie machten sowieso schon genug mit ihrer Mutter mit. Das zumindest empfand Victoria so. Sie erzählten ihr nicht, was sie von anderen hörten. Bestimmt redeten sie auf dem Schulhof über ihre verrückte Mutter. 'Schluss jetzt', befahl sie sich. Es machte keinen Sinn, sich noch weitere Gedanken in diese Richtung zu machen.

Am Abend zog sie sich mit dem Telefon in ihr Schlafzimmer zurück und wählte die Nummer von Marius. Er meldete sich umgehend. „Ja bitte?" „Ha… Hallo, hier ist Victoria. Victoria Leonhardt. Wie geht es dir denn?" „Hallo Victoria, was für eine schöne Überraschung. Ich sollte wohl eher dich fragen, wie es dir geht?" Er schien sich tatsächlich sehr über ihren Anruf zu freuen. Sie holte tief Luft, dann sagte sie: „Du hast die Schlagzeilen über mich also auch gelesen? Dann kannst du dir sicher vorstellen, wie es mir geht. Mir sind seitdem fast alle Klienten weggelaufen. Ich hatte zwar heute ein gutes Interview, aber ich weiß noch nicht, ob und was es verändern wird." „Ach Victoria.", reagierte er mitfühlend, „das tut mir ja so leid für dich. Sag mal, hast du denn dann jetzt wieder mehr Zeit? Wir könnten doch heute Abend ein Glas Wein zusammen trinken gehen. Du weißt schon, bei dem guten Italiener in der Stadt. Was meinst du?" Ihr Herz machte einen Sprung. „Ja, von mir aus gerne", entfuhr es ihr. „Wollen wir uns da treffen? In einer Stunde könnte ich da sein." „Klingt ausgezeichnet. Ich freue mich. Bis nachher", hörte sie Marius antworten. Sie legten auf. Auf wundersame Weise kamen plötzlich wieder ein paar Schmetterlinge zurück.

'Aber vorher', beschloss sie reumütig, werde ich noch bei Valeria vorbeifahren.' Sie wusste zwar, dass diese ein Gewitter vom Feinsten über ihr herablassen würde, aber Victoria konnte es ihr nicht verdenken. Sie sprang unter die Dusche und dachte über Valerias mögliche Reaktion nach. Sicher würde sie ihr die Hölle heiß machen. Das würde sie wohl über sich ergehen lassen müssen. Victoria schlüpfte in rosaweiß geringelte Strumpfhosen, ein rosa-schwarz kariertes Minikleid und schwarze schlichte Stiefel. Noch schnell einen Pferdeschwanz gezaubert und ein bisschen rosa Lippenstift aufgetragen, das müsste gehen. Sie zog eine schwarze kurze Jacke über, verabschiedete sich von den Kindern mit den Worten: „Ich muss noch etwas erledigen", und weg war sie. Es nieselte leicht. Sie stieg in ihr rotes Auto und startete den Motor. Immer noch hing sie ihren Gedanken nach. Bei ihren Kursteilnehmern hatte sie sich inzwischen schon entschuldigt. Aber keiner nahm ihr das Ganze wirklich übel. Im Gegenteil, die meisten waren sogar stolz darauf. Sie berichteten Victoria, dass sie freudig überall herum erzählten, dass sie in der Nacht auch dabei waren. Außerdem stellten sie, zumindest innerhalb ihres Bekannten- und Freundeskreises den Sachverhalt klar. 'Das ist echte Loyalität', dachte Victoria anerkennend. Auch die bei der Polizei verbliebenen Seminarutensilien waren inzwischen von dort abgeholt worden. Bernd war so nett gewesen und hatte ihr alles vorbei gebracht. Victoria hatte ihn darum gebeten, denn sie wollte sich eine weitere, demütigende Begegnung mit dem 'Freund und Helfer' ersparen.

Wenig später stand eine kleinlaute Victoria vor Valerias Tür. „Komm 'rein", forderte Valeria sie kurzerhand auf. Victoria ging vor Valeria her,

Richtung Küche. Sie setzte sich auf die Eckbank an den großen Brotzeittisch in Valerias bäuerlich-rustikaler Küche. Victoria schluckte und wäre am liebsten unter dem gefliesten Boden verschwunden. „Hast du Glück. Franz ist nicht da. Wollte dich schon über Knie legen und dir Hintern verhauen." Valeria bemühte sich, böse zu klingen, als sie das sagte. Mit verschränkten Armen stand sie vor ihr und schaute Victoria grimmig an. „Aber habe ich ihm gesagt, dass du verrückt bist. Habe ich schon vermutet, so etwas Ähnliches, wie du auch gemacht hast." Victoria stiegen die Tränen in die Augen und sie schluckte. „Ach Valeria", sagte sie und schaute zu ihr auf. „Alles ist schief gegangen. Ich wollte nicht, dass das passiert." Valerias Miene entspannte sich sofort. „Weiß ich. Wollte dich nur ein bisschen erschrecken. Weiß ich, dass du großes Herz hast, dass du gutes Herz hast", sagte Valeria liebevoll zu Victoria. „Hast du Schwierigkeiten bekommen, weil du mir die Schlüssel gegeben hattest?", wollte sie unbedingt wissen. „Klar. Pfarrer hat mich Rede gestellt. Habe gesagt, ich kenne dich lange. Habe gesagt, du hast gemacht Meditationsabend mit Gruppe." Victoria schaute Valeria völlig entgeistert an. „Das hast du gesagt?", stotterte sie. „Ja", kam es von Valeria. „Warum? Ist nicht richtig?" „D…, d…, doch", stotterte Victoria, „wie bist du denn darauf gekommen?" Valeria stellte Victoria ein großes Glas Wasser hin, setzte sich zu ihr und sagte: „Weiß nicht, ist mir so in meine Gedanken gekommen." „Und dann? Wie hat der Pfarrer darauf reagiert?" Victoria schaute ihr in die Augen und bekam weiche Knie. Valeria musste grinsen und legte ihre Hände auf die von Victoria. „Pfarrer hat gesagt. Hättest du einfach nur reden müssen mit ihm." Sie machte eine kleine Pause, dann fügte sie hinzu: „Nächste Mal, du sollst fragen vorher, er mir gesagt." „Wie bitte?" Victoria entgleisten die Gesichtszüge jetzt vollends. „Das gibt es doch nicht", sagte sie und schaute völlig entgeistert zu Valeria. Die musste schon wieder lachen und zog ihre Hände wieder zurück. „Oh Victoria. Hab ich ihm gesagt, du bist bisschen verrückt. Aber du hast gutes Herz. Ganz sicher, du hast nicht Sektenritual, oder so was gemacht." Victoria war immer noch völlig sprachlos. „Und dann?", fragte sie. „Kann Anzeige nicht mehr zurückziehen. Ist alles schon bei Staatsanwalt." Sichtlich erleichtert, aber auch mächtig verwirrt, umarmte Victoria Valeria. Sie bedankte sich bei ihr für alles und verabschiedete sich.

'Oh mein Gott, das kann doch nicht wahr sein', dachte Victoria verwirrt. Sie wollte und konnte nicht glauben, dass es so einfach gewesen wäre. Der ganze Zirkus wäre ihr erspart geblieben. Sie musste zugeben, dass es besser gewesen wäre, Valeria die Wahrheit zu sagen. Von Anfang an hätte sie ehrlich sagen müssen, was sie vorhatte. Sicher hätte Valeria ihr gesagt, dass sie ihr die Schlüssel nicht so einfach geben könne. Bestimmt hätte sie ihr geraten, dass sie das mit dem Pfarrer klären müsste. Nachdem Valeria ihn ja kannte, hätte sie Victoria bestimmt auch erklärt, dass er ein guter Mann war und es erlauben würde. „Aber das würde ja bedeuten", sagte sie unter dem Autofahren laut, „dass Gott, oder Jesus, niemals einen Auftrag erteilt, der einen in Schwierigkeiten bringt." Sie musste den Kopf schütteln. Es war nur ihre eigene Angst gewesen, wie ihr jetzt klar wurde. Mal wieder. Sie war überzeugt gewesen, dass der einfachste Weg nicht funktioniert hätte, weil sie es sich nicht vorstellen konnte. Das musste sie wohl erst noch verdauen. Wenig später parkte sie den Wagen an der Straßenseite vor dem Lokal. Durch die große Fensterscheibe konnte sie Marius schon drinnen an einem Tisch sitzen sehen. 'Wie gut er wieder aussieht', dachte sie.

Mit einem kleinen Seufzer drückte sie gegen die Tür des Lokals und ging hinein. Er freute sich, sie zu sehen. „Hallo Victoria", strahlte er sie an und stand auf um sie zu umarmen. Sie war etwas überrascht von seinem Verhalten, aber nur im ersten Moment, dann strahlte sie zurück. „Hallo, Marius", sagte sie und begrüßte ihn mit Küsschen rechts und links. Sie setzten sich. Marius schaute auf Victoria. Sie erzählte ihm von ihren Erlebnissen. Ganz zum Schluss, auch das gerade eben Geschehene. Marius konnte sich ein breites Grinsen nicht verkneifen. „Du hast gut lachen. Deine Existenz ist ja nicht zerstört", sagte sie. „Ja das stimmt. Aber es ist einfach so unglaublich." Sie schaute ihn an und fragte: „Denkst du auch, ich bin verrückt? Denkst du auch, ich bin zu weit gegangen?" Er ließ sich einen Moment Zeit mit der Antwort. „Weißt du

Victoria. Sicher bist du etwas eigensinnig. Aber Menschen, die sich von der Masse abheben und ihre eigene Wahrheit leben, haben nun mal nicht nur Freunde, glaube ich." Er lächelte sie an. „Wer weiß, was der neue Zeitungsartikel bringt." Damit ließen sie das Thema ruhen. Er erzählte von sich und seinen Filmprojekten. So verging die Zeit wie im Flug. Gegen Mitternacht verließen sie das italienische Lokal. Irgendetwas kam Victoria jetzt anders vor, als die anderen Male, die sie mit Marius zusammen gewesen war. Was war es nur? Sie konnte es nicht klar greifen. Er unterbrach ihre Gedanken, indem er sie an sich zog und sie leidenschaftlich küsste. Er ließ sie wieder los, schaute ihr in die Augen und sagte: „Vielleicht hast du ja in den nächsten Tagen mal wieder Zeit?" Eine komplett verwirrte, weit über dem Boden schwebende Victoria antwortete: „Ja, warum nicht." Dann verschwand sie schnell in ihr Auto und brauste davon. Manchmal kam der Verstand einfach nicht mehr mit den Ereignissen mit.

Zwei Tage später klingelte es schon wieder Sturm an ihrer Haustür. Die Kinder waren gerade aus der Schule zurück. Sie saßen mit Victoria am Tisch und aßen zu Mittag. Louis sprang auf: „Ich geh' schon und mach' auf." Eine über das ganze Gesicht strahlende Katja stand plötzlich in der Küchentür und präsentierte die Tagesausgabe vom 'Morgenstern'. Auf der zweiten Seite stand in großen Buchstaben „DIE SIEGERIN MIT DEM LÖWENHERZ – Die wahre Geschichte über Victoria Leonhardt und den nächtlichen Einbruch in die Kirche" Darunter war der Artikel von Peter Birkenstein zu lesen. „Eine Psychotherapeutin mit dem Herzen am rechten Fleck", las Katja laut vor. Victoria und die Kinder hörten gespannt zu.

„Victoria Leonhardt, die Frau, die vor Kurzem nachts in eine Kirche eingebrochen ist (wir berichteten) hat weder mit Hexenzauber noch mit Magie zu tun. Ebenso wenig, speist sich ihre Lebensphilosophie aus den Glaubenslehren einer Sekte. Victoria Leonhardt ist vielmehr eine warmherzige, freundliche Frau, deren Ansichten uns alle angehen. Unserem Reporter Peter Birkenstein hat Victoria Leonhardt Fragen zu ihrer psychotherapeutischen Arbeit beantwortet.

Frage: Worum geht es Ihnen in Ihrer Arbeit mit Ihren Klienten?
T. Leonhardt: Mir ist wichtig, dass jeder Mensch sich selbst und sein Herz wieder fühlt. Die meisten meiner Klienten sind zu Beginn der Therapie wie von ihren Gefühlen losgelöst. Ich ermutige sie, sich wieder zu fühlen. Viele müssen das erst wieder lernen. Aber ich habe viel Geduld. Mit meinen Therapiemethoden arbeite ich ausschließlich auf Herzensebene. Dadurch wird die Verarbeitung im Gehirn angeregt und die Gefühle werden frei.
Frage: Was genau ist der Effekt Ihrer Technik?
T. Leonhardt: Mit meiner Technik entkoppele ich Erfahrungen und damit verbundene Emotionen wie zum Beispiel verletzte Gefühle. Die Erfahrung bleibt, aber sie ist ab jetzt neutral."

Victoria konnte es kaum glauben. Dieser Reporter hatte doch wirklich fast jedes Wort aus dem Interview wiedergegeben. Sie war gespannt, wie er die Darstellung des Kirchenseminars untergebracht hatte.

„Frage: Welche Verbindung sehen Sie zwischen dem Glauben an Gott und Ihrer Arbeit?
T. Leonhardt: Ganz einfach. Wir sind alle göttliche Wesen. Gott als die Urquelle, oder geistige Welt, ist unser wahres Zuhause. Glauben Sie, dass es ihn freut, wenn wir uns das Leben selbst schwer machen? Wie jeder Vater wünscht er sich, dass seine Kinder etwas aus ihrem Leben machen. Deshalb bedeutet Jesus für mich Lebensfreude. Genau dieses Empfinden versuche ich, in jedem Einzelnen der zu mir kommt, zu wecken.
Frage: Wie gehen Sie dabei vor?
T. Leonhardt: Indem ich über die Art und Weise meiner Arbeit einen Zugang zu seinem Herzen finde und zu einem neuen Erwachen der Gefühle beitrage.
Frage: Lernt man das in einer psychotherapeutischen Ausbildung?
T. Leonhardt: Das nicht gerade. Diese Überzeugung habe ich durch meine bisherige Lebenserfahrung erworben.

Frage: Wie entstand die Idee mit dem Seminar in der Kirche?

T. Leonhardt: Ich versuche meinen Klienten die Lebensfreude zu zeigen, während die Kirche ihren Fokus immer noch auf das Leiden richtet. Diese Diskrepanz wollte ich gerne aufheben und so kam mir die Idee mit dem Seminar in der Kirche. Im Hause Gottes sollten die Menschen Gottes Liebe und die Lebensfreude in Jesus fühlen.

Frage: Ist Ihnen das gelungen?

T. Leonhardt: Ja. wir hatten einen wunderbaren Abend in der Kirche und die Teilnehmer haben zum Teil sehr berührende Erfahrungen gemacht."

Katja und Victoria umarmten sich. Es war wirklich ein gelungener Artikel. Das Foto von Victoria, das Peter Birkenstein für den Artikel gewählt hatte, war auch ganz nett. „Und jetzt, Mama?", fragte Louis. Katja antwortete für sie: „Jetzt wünschen wir uns, dass ganz viele Menschen diesen Artikel lesen. So viele, dass eure Mama bald mit Terminen ausgebucht ist." Die Kinder taten sich schwer, Katjas Euphorie zu teilen. Victoria im Grunde genommen auch. „Warten wir es mal ab, Katja. Dein Wort in Gottes Ohr." Katja lächelte sie an. „Kopf hoch", sagte sie. „Das wird schon wieder. Ich habe das irgendwie im Gefühl." Victoria nickte. „Was gibt es eigentlich Neues von dir und Marius?", fragte Katja, schon fast auf dem Weg nach draußen. Als sie auf Victoria blickte, strahlte diese wie ein Honigkuchenpferd. „Och, es geht voran." „Wie schön. Ich freue mich für dich." Katja schenkte Victoria noch mal ein liebevolles Lächeln, dann stieg sie in ihren Wagen und fuhr weg.

Am nächsten Tag bekam Victoria die Ladung zur Gerichtsverhandlung. Einen Rechtsanwalt hatte sie noch nicht, vermutlich würde ihr aber ein Pflichtverteidiger zugeteilt werden. Sie hätte selbst keinen Anwalt bezahlen können, nachdem sie keine Klienten mehr hatte. Das Schreiben enthielt die Anklageschrift, mit allen Details, die ihr zur Last gelegt wurden. Victoria schluckte, als sie zu lesen begann. Es waren eine ganze Menge juristischer Formulierungen und Paragrafen, von denen sie kaum etwas verstand. Vielleicht war das auch besser, ging es ihr durch den Kopf. Ihre Knie wurden weich, als sie daran dachte, wie es ihr ergehen würde, wenn sie dem Richter in der Verhandlung gegenüber saß. Angst stieg in ihr auf. Sofort hatte sie Gefühle von Machtlosigkeit und Ausgeliefertsein. So konnte sie sich unmöglich gut selbst vertreten. Eine Lösung musste her. Urs fiel ihr ein. Er könnte doch jetzt eine Sitzung mit ihr machen. Ja, das war eine gute Idee und sie würde ihn gleich anrufen.

Der Halt im Leben

Als Victoria bei Urs anrief, meldete sich zuerst der Anrufbeantworter. Kurz darauf klickte es in der Leitung und eine müde Stimme sagte: „Ja bitte?" „Da ist aber gestern einer spät ins Bett gekommen, was?", scherzte Victoria gleich mit Urs. „Oh, du bist es Victoria. Ja, ich war lange aus. Ich habe wieder jemand kennengelernt. Wir haben bis drei Uhr heute früh miteinander geredet. Sie ist einfach umwerfend, sag ich dir." „Ehrlich? Wo hast du sie kennengelernt?" „Bei meinem Tangotanzkurs. Da sind überhaupt so interessante Frauen, Victoria." „Schön, dann geht es dir ja gut zurzeit." „Kann man so sagen", sagte Urs. „Und bei dir?" „Na ja", seufzte sie. „Es ist nicht alles so gelaufen, wie ich es mir gewünscht habe. Die letzten Wochen komme ich mir vor, als würde ich Achterbahn fahren. Ich finde gerade nicht den richtigen Knopf um sie anzuhalten." „Verstehe", sagte er mitfühlend. „Urs, ich habe ein Anliegen an dich", sagte Victoria frei heraus. „Was kann ich denn für dich tun, meine göttliche Löwin?", fragte er sogleich mit seiner bärigen, tiefen Stimme. Victoria holte Luft und äußerte ihre Bitte: „Kannst du mit mir nach meiner Anleitung eine Sitzung machen? Mein Gerichtstermin steht vor der Tür und ich vertrete mich selbst, weil ich mir keinen Anwalt leisten kann und der Pflichtverteidiger wird sich da bestimmt nicht so reinhängen. Aber ich habe weiche Knie, wenn ich daran denke." Wieder kam von Urs: „Verstehe. Aber wie kann ich dir dabei helfen?" Victorias Stimmung hob sich. „Ganz einfach. Es ist meine Methode, die ich bei Ängsten mit meinen Klienten anwende. Du bekommst von mir eine 'Schritt für Schritt Anleitung'." „Gut", brummte er. „Wie wäre es morgen Abend, nach meinem letzten Patienten, ab sieben Uhr?" „Bestens, ich komme pünktlich. Danke Urs. Bis morgen Abend ", schloss Victoria und legte auf. Sie mochte Urs Quandt, er war wie ein Bruder und ihr bester Freund. Bei ihm fühlte sie sich wohl und gut aufgehoben. Er war genau der Richtige dafür.

Am nächsten Abend war sie Punkt sieben Uhr in seiner Praxis. Urs´ letzter Patient war schon gegangen und er wartete bereits auf sie. Liebevoll nahm er Victoria in seine großen Arme und drückte sie an seinen runden Bauch. Sie ließ es geschehen und freute sich über die innige Begrüßung. „Wie ich mich freue, dich zu sehen Victoria. Du bist mir ja eine. Kaum passt man mal nicht auf dich auf, schon stellst du alles auf den Kopf", sagte er ihr. „Ach Urs", jammerte sie. „Es war so schön, mit der Gruppe in der Kirche zu arbeiten. Ich wollte doch niemandem schaden." Er ereiferte sich: „Weiß ich doch, weiß ich doch, Herzchen. Aber vor dem Schicksal sind wir eben klein. Manchmal können wir erst viel später die großen Zusammenhänge erkennen. Zufälle gibt es jedenfalls keine." „Du hast recht, Urs. Aber wenn man gerade so drin steckt, sieht man den Wald vor lauter Bäumen nicht", gab sie zu. Er nickte und fügte hinzu: „Das ist wohl wahr." Er lächelte warmherzig und setzte sich an einen Tisch. „Komm Victoria, lass uns anfangen. Wo drückt denn der Schuh?" Victoria holte die vorbereitete Anleitung aus ihrer Tasche und erklärte Urs: Als erstes erzähle ich dir, worum es geht. Ich schließe die Augen, versetze mich in die Situation. Dann fragst du mich abwechselnd, was ich denke, was ich fühle und wie ich das alles im Körper wahrnehme, okay? Und schreib alles mit, das ist besser. Dann musst du dir nicht alles merken." Sie händigte ihm das vorbereitete Formular aus. „Dann erzähl' mal", ermunterte er sie.

Victoria schloss die Augen. In ihrem Inneren sah sie den Gerichtssaal, so wie sie ihn von ihrem Scheidungstermin noch in Erinnerung hatte. Sie begann: „Wenn ich daran denke, dass ich während der Verhandlung vor diesem Richter sitze, dann bekomme ich weiche Knie." Urs begann zu fragen: „Was denkst du in dem Moment?" „Ich denke 'Mir glaubt sowieso keiner', 'keiner versteht mich' und 'ich hab's schwer den Richter zu überzeugen.'" Die Worte kamen von Victoria als sei ihr Untergang schon beschlossene Sache. Urs fuhr fort zu fragen: „Wie fühlst du dich in deinem Herzen damit?" Sofort begann Victoria heftig zu weinen und schlug die Hände vors Gesicht. „Ich fühle mich so haltlos, so allein und hilflos. Ich bin so traurig, Urs." Sie weinte bittere Tränen „Es tut so weh. Weißt du Urs, es ist, als ob niemand auf der ganzen Welt da ist, der mir beisteht." Victoria konnte sich nicht mehr beruhigen. Die Tränen flossen wie ein Sturzbach aus ihr heraus. Der Schmerz, der auf ihrem Herzen gelastet hatte, entlud sich. Victoria ließ alle Gefühle zu, die in diesem Moment da waren. „Lass alles raus, Schätzchen", ermutigte Urs sie. Sie schluchzte zum Steinerweichen. Als sie sich wieder ein bisschen beruhigt hatte, fragte er: „Wie spürst du denn diesen Schmerz in deinem Körper?" Victoria hielt einen Moment inne und fühlte in sich hinein. „Es ist, als ob ein Gebirge auf meinen Schultern lastet. Ich kann kaum atmen, alles ist schwer." „Hast du überhaupt noch Lebensenergie in dem Zustand?", wollte er wissen. Victoria schüttelte den Kopf. „Irgendwie fühle ich mich schwach und kraftlos." „Was muss ich jetzt tun?", fragte Urs.

Victoria wies ihn an, auf ihre Knie zu tippen, abwechselnd, im Rhythmus. Dann sollte er sie fragen, wann sie sich das erste Mal in ihrem Leben genauso gefühlt hatte. „So meine Liebe, dann lass dich mitnehmen in der Zeit zurück. So weit zurück, bis du da ankommst, wo sich die Kleine in dir das erste Mal so gefühlt hat." Er tippte weiter auf ihre Knie. Wenige Sekunden später fing Victoria an zu erzählen: „Urs, ich sehe mich, ganz klein, auf dem Arm bei meinem Papa." „Wie alt bist du denn ungefähr, Victoria?", fragte er ganz behutsam. „Höchstens ein paar Tage, sagt mein Gefühl. Er hält mich und ich liege in einer

Decke. Er hat Angst, ich kann es fühlen. Meine Mutter steht daneben. Er sagt ihr, er hat Angst mich zu halten. Er könnte etwas kaputt machen. Mein Vater will, dass meine Mutter mich wieder nimmt." Victoria begann schon wieder hemmungslos zu schluchzen und zu weinen. Dann öffnete sie die Augen und sah zu Urs. „Kein Wunder, dass ich mich haltlos fühle, wenn das meine erste Begegnung mit meinem Vater war. Wie soll man selbst Halt im Leben finden, wenn der eigene Vater Angst hat, sein Kind zu halten?" Eine Erkenntnis nach der anderen durchfuhr Victoria in diesem Moment. Es wurde ihr vieles klar. Vor allem, dass sie diesen Halt unbewusst bei Walter gesucht hatte. Sie schniefte und putzte sich die Nase. Dann sagte sie: „So Urs, jetzt müssen wir herausfinden, wo ich schon mal Halt erfahren habe. Ich habe keine Ahnung, wo wir landen werden. Aber irgendwann, in irgendeinem Leben habe ich Eltern gehabt, bei denen ich mich gehalten fühlte." „Okay", sagte Urs, „dann schließ wieder deine Augen." Er tippte auf ihre Knie. „Lass dich in der Zeit mit zurück nehmen. Lass dich von deiner Seele führen, bis dahin, wo du dich als neugeborenes Kind deiner Eltern angenommen und geliebt gefühlt hast."

Er tippte weiter bis Victoria zu sprechen begann. „Ich sehe mich irgendwo liegen. Sieht aus wie eine Art Futtertrog. Der Raum ist eine Hütte mit einem einzigen großen Raum." Sie hielt einen Moment inne. „Komisch, da sind auch Tiere drin. Ich sehe einen Esel, ein paar Schafe und weitere Tiere im hinteren Teil." Wieder entstand eine kleine Pause. „Meine Mutter und mein Vater sitzen auf dem Boden und schauen zu mir herunter. Aber es sind noch andere dabei, die ich nicht zuordnen kann. Aber alle sitzen bei mir und schauen ganz liebevoll auf mich herab." Sie weinte plötzlich ganz heftig. „Was ist passiert?", fragte Urs bestürzt. „Ich kann ihre Liebe fühlen, ich sehe es in ihren Augen. Auf einmal strahlt alles ganz hell in der Hütte. Ich weiß nicht, was dieses Licht zu bedeuten hat, aber es fühlt sich vertraut an. Mein Vater, meine Mutter, sie sind mir so nah. Alle sind mir so nah." Ein tiefes Aufatmen ging durch sie hindurch in diesem Moment. „Urs, sie sehen mich. Oh Gott, ich habe einen Platz bei ihnen, als ihr Kind. Es ist so ein schönes

Gefühl." Urs lächelte. „Nimm es in dich auf." Victoria hielt die Augen noch ein paar Minuten geschlossen und nahm dieses Bild, das sie in ihrem Inneren hatte, ganz tief in ihr Herz. Dann öffnete sie die Augen. Sie war fix und fertig, aber glücklich. Ein Gefühl wie neu geboren. Mit verheulten Augen strahlte sie Urs an und sagte: „Wenn ich mir jetzt vorstelle, ich sitze im Gerichtssaal, dem Richter gegenüber, fühle ich mich sehr ruhig." „Schön", sagte Urs mitfühlend, „dann hat die Sitzung ja richtig viel bewirkt." Victoria umarmte Urs und bedankte sich noch mal. Sie hielten sich eine ganze Weile ohne zu sprechen. Dann schaute Urs Victoria tief in die Augen: „Sag mal Victoria, das, was du da beschrieben hast ... also, ich meine, ...", druckste er herum, „dein inneres Bild? Das von gerade eben." „Ja? Was ist damit?" Sie schaute ihn fragend an und nahm ihren Mantel und die Autoschlüssel. Er räusperte sich kurz und fuhr fort: „Kam dir das nicht irgendwie bekannt vor?" Victoria dachte kurz nach und fragte sich, was er wohl meinte. „Nein", antwortete sie kurzerhand und schüttelte den Kopf. „Warum?" Urs schüttelte ebenfalls kurz den Kopf und winkte ab. „Ach, nur so." Victoria bedankte sich noch mal bei Urs und sagte: „Mein guter Freund und Weggefährte – das hast du wirklich gut gemacht. Jetzt fühle ich mich erschöpft und fahre nachhause, um mich tüchtig auszuruhen." Mit einer letzten innigen Umarmung verabschiedeten sie sich voneinander. Er brachte sie zur Tür. Zuhause fiel Victoria in ihr Bett und war sofort eingeschlafen.

Am nächsten Tag in der Früh fanden Laura, Louis und Anton eine fröhliche, singende Mutter in der Küche, die sie mit einem freudigen, „Guten Morgen, meine lieben Kinderlein", begrüßte. Sie sahen sich gegenseitig fragend an. Laura wollte wissen: „Was hast du denn heute schon gefrühstückt?" „Nichts? Warum? Mir geht es einfach gut. Ganz sicher rege ich mich jetzt nicht über deine blöde Bemerkung auf", entgegnete ihr Victoria und fügte hinzu: „Seit der Nacht in der Kirche fühle ich mich das erste Mal wieder gut." Alle setzten sich an den Tisch und frühstückten gemeinsam, wie jeden Morgen. Es gab die üblichen Gespräche über Schule und Lehrer, bis es Zeit wurde, zum Schulbus zu gehen. „Tschüss Mama", rief Louis. Seine Schwester war bereits zur Tür draußen und auch Anton zog Schuhe und Jacke an und verabschiedete sich ebenfalls mit einem: „Ciao Mum'". 'Jetzt einen schönen Latte Macchiato', dachte Victoria und seufzte. Das Telefon klingelte und sie runzelte die Stirn. Wer wollte denn heute so früh etwas von ihr?

Etwas unwillig nahm sie den Hörer ab. „Victoria Leonhardt", meldete sie sich. „Guten Morgen, Frau Leonhardt", sagte eine gut gelaunte Frau am anderen Ende der Leitung. „Ich hoffe, ich störe Sie nicht zu früh?" „Na ja, ist schon okay. Wegen meiner Kinder bin ich um diese Zeit schon erreichbar", antwortete Victoria jetzt etwas freundlicher. „Sehen Sie", sagte die Anruferin freudig, „so etwas habe ich mir schon gedacht. Ich war mir sicher, Sie um diese Zeit bestimmt schon zu erreichen." „Was kann ich für Sie tun?", fragte Victoria entspannt nach. Die Anruferin sagte: „Ich bin Angelika Mayer von der Redaktion der Sendung 'Talk um 10'." „Aha", machte Victoria erstaunt. Sie war sofort hellwach. 'Hoffentlich nicht schon wieder jemand, der sie über Sektenrituale oder ähnlichen Blödsinn interviewen wollte', dachte sie grimmig. „Wir haben nächste Woche eine Live-Talkshow zum Thema 'Kirche heute'. Wir wollten Sie fragen, ob Sie gerne als einer unserer Talk-Gäste daran teilnehmen möchten?" „Ach so?", fragte Victoria und machte große Augen. „Wie kommen Sie ausgerechnet auf mich?" Die Anruferin antwortete freundlich: „Frau Leonhardt, ich kann verstehen, dass Sie skeptisch sind, nach dem, was die Presse über Sie berichtet hat. Wir interessieren uns für Ihre Meinung. Was denkt eine Frau wie Sie über die Kirche? Welche Haltung vertreten Sie gegenüber Gott?" Victoria dachte, sie höre nicht richtig. „Ist das Ihr Ernst?", wollte sie wissen. „Ja, wir denken, dass sich eine sehr angeregte Diskussion unter den eingeladenen Gästen entwickeln wird", fuhr Angelika Mayer fort. Victoria reagierte mit einem: „Frau Mayer. Bitte schicken Sie mir alle weiteren Informationen doch an meine E-mailadresse, ich gebe Ihnen bis morgen Bescheid. Ich muss mir das erst überlegen." „Natürlich, Frau Leonhardt. Denken Sie darüber nach", bot ihr Frau Mayer an. „Ich rufe Sie morgen zurück", versprach Victoria. „Bestimmt wäre dies für Sie eine gute Möglichkeit, der Öffentlichkeit zu zeigen, wer Sie wirklich sind", fügte die

Anruferin hinzu. Dann hörte Victoria ein: „Wiederhören." Es knackte in der Leitung, als Angelika Mayer auflegte. Victoria war etwas verwirrt. 'Ich im Fernsehen', dachte sie. Ihr wurde heiß und das lag nicht am Kaffee. Sie würde später erst mal Katja anrufen. Mal hören, was die dazu meinte. „Ich komme sofort vorbei. Das musst du mir in Ruhe erzählen", sagte Katja und legte auf, um sich schnellstmöglich auf den Weg zu Victoria zu machen.

„Das ist ja unglaublich", platzte Katja heraus, sobald Victoria ihr die Haustür geöffnet hatte. „Du bist im Fernsehen, Süße!", rief sie erfreut und umarmte ihre Freundin. Victoria war immer noch etwas verwirrt. „Meinst du wirklich? Ich fühle mich ganz merkwürdig bei dem Gedanken." „Ach, denk` einfach, du sitzt bei jemandem im Wohnzimmer und führst eine ganz normale Unterhaltung", meinte Katja. „Du weißt doch, immer wenn man etwas zum ersten Mal macht, hat man Lampenfieber. Egal, ob es die erste Sitzung ist, das erste Seminar oder eine Talkshow im Fernsehen." 'Sie kann einen so herrlich aufbauen', dachte Victoria anerkennend. „Du hast recht. Es ist so schön, wie du mich immer wieder motivierst und das Positive hervorhebst." Beide strahlten sich an. „Gut", entschied Victoria, „dann gehe ich ins Fernsehen."

Der Prozess

Am nächsten Tag rief Victoria abermals bei Katja an. In der Nacht waren ihr wieder Zweifel daran gekommen, ob das mit der Talkshow wirklich eine gute Idee war. Doch Katja blieb dabei, sie sollte die Chance der Fernsehtalkshow für sich nutzen. Victoria willigte erneut ein und gab widerwillig zu: „Ja, es stimmt ja. Ich kann dann meine Meinung sagen. Es könnte tatsächlich Einfluss auf die Praxis haben und wieder Klienten anziehen." „Siehst du", sagte eine fröhliche Katja am anderen Ende der

Leitung, „ich hab's dir doch gesagt. Und dann wird alles wieder gut."
„Noch kann ich das nicht sagen, vor allem solange mir noch die Gerichtsverhandlung bevorsteht. Die muss ich noch einigermaßen gut überstehen und ich muss eine Möglichkeit finden, die Strafe zu bezahlen, die mir der Richter aufbrummen wird." Katja lenkte sofort beschwichtigend ein. „Warte doch erst einmal ab. Du weißt doch, es wird nie etwas so heiß gegessen, wie es gekocht wird." „Ach", seufzte Victoria, „ich habe einfach kein gutes Gefühl dabei. Aber es war gut, dass ich mit Urs die Sitzung gemacht habe und meine Ängste vor der Verhandlung wenigstens etwas aufgearbeitet habe." „Oh ja", gab Katja zurück, „das war eine gute Idee. Jetzt geht es dir bestimmt besser, oder?" „Etwas besser zumindest. Ich wäre ansonsten jetzt noch aufgeregter. Es ist eben doch ein Unterschied, ob man eine Einzelsitzung oder ein Seminar anleitet oder bei einer öffentlichen Gerichtsverhandlung auf der Anklagebank sitzt." Sie machte eine Pause. Dann erklärte sie: „Weißt du Katja, ich habe einen Pflichtverteidiger. Aber ich weiß gar nicht, wie sehr der motiviert ist, mich richtig zu verteidigen." „Hey Süße", meinte Katja, „du machst das schon. Du weißt doch, was Urs immer sagt." „Was denn?", Victoria hatte keine Ahnung, was Katja meinte. „Der sagt doch 'Gott liebt alle seine Kinder, aber die Mutigen, die liebt er am meisten.'" „Und? Was hat das mit mir zu tun?" Victoria wusste nicht, auf was Katja hinaus wollte. „Schätzchen, du bist mutig. Schau mal, du sagst jedem offen deine Meinung zu Gott und Jesus. Du baust eine Brücke zwischen Glaube und Psychotherapie. Du sprichst aus, was viele nur denken. Mit dem, was du tust, greifst du ein aktuelles Thema dieser Zeit auf."
„Meinst du?", fragte Victoria nach. „Das ist mir gar nicht so richtig bewusst, glaube ich. Ich denke immer, dass nur ich mich so damit beschäftige." Es entstand eine kurze Pause, dann sagte Victoria: „Danke Katja. Du bist ein Engel." „Sag mal, Liebes, soll ich dich zum Gerichtstermin begleiten?", fragte Katja. Dann meinte sie: „Ich kann mich ins Publikum setzen." Wieder entstand eine kurze Pause. „Es ist doch eine öffentliche Verhandlung, oder?", wollte Katja wissen. Dann sagte sie entschieden: „Ach, und wenn nicht, dann warte ich eben draußen auf dich." Victoria

war gerührt und entgegnete: „Das wäre schon sehr lieb von dir. Dich dabei zu haben, würde mir echt gut tun." „Okay Victoria, dann komme ich gerne mit. Ich hole dich rechtzeitig ab", schloss Katja. Dann legten die Freundinnen auf.

Es war immer noch beängstigend ruhig in Victorias Praxis. Die Dinge waren nicht so gelaufen, wie sie es sich gewünscht hatte. Sie ging in ihr Arbeitszimmer und ließ sich in einen der Rattansessel fallen. Den Kopf in die Hände gestützt, saß sie da und dachte nach. Ihrem Auftrag, den sie in ihrem Traum von Jesus erhalten hatte, war sie so fern, wie sie nur sein konnte. „Du hast dich geirrt", sagte sie laut an ihn gewandt. „Ich war wohl doch nicht die Richtige für deinen Auftrag", fügte sie hinzu. Vor ihrem geistigen Auge entstand ein Bild. Sie sah sich auf einer Art Bühne stehen und vor ihr waren Hunderte, oder vielleicht sogar Tausende Menschen. Ihr innerliches Auge schweifte über die Menschenmenge und sie resignierte. Genau von dieser Vision fühlte sie sich so weit entfernt wie nur irgend möglich. So wie die Dinge im Moment gerade standen, wusste sie nicht, wie es weitergehen sollte. 'Der Fluss des Lebens', durchfuhr es sie. Er nahm einen mit, ohne dass man wusste wohin. Ohne, dass man eine Kontrolle darüber hatte. Sogar ganz im Gegenteil. Es war besser, sich jetzt einfach von dem mitnehmen zu lassen, was kommen würde. Victoria wusste genau, dass der Fluss des Lebens sie dann am schnellsten wieder in ruhigere Gewässer tragen würde, wenn sie alles geschehen ließ und versuchte nach vorne zu schauen. Ganz so wie nach der Trennung von Walter. Vertrauen war das Zauberwort, dann würde ihre Vision, die sie gerade gesehen hatte, vielleicht doch noch wirklich werden. Sie wusste genau, dass sie jetzt dazu aufgefordert war, zu vertrauen. Sie hatte es bis hierher geschafft, dann würde sie Gott doch nicht im Stich lassen, oder? 'Nur gut', dachte sie erleichtert, 'dass meine Eltern so weit weg wohnen und von alledem nichts mitbekommen.'

Das Klingeln ihres Telefons riss sie aus ihren Gedanken. „Hallo. Hier ist Igor Nastrovitsch. Frau Leonhardt?", meldete sich der Anrufer. „Hallo Herr Nastrovitsch. Wie geht es Ihnen?" Victoria freute sich darüber, dass einer ihrer Klienten sich mal wieder meldete. „Hören Sie", erzählte er freudig, „es geht mir viel besser, seit ich bei Ihnen war. Ich habe das Gefühl, dass ich viel gelassener geworden bin. Es ist aber noch nicht ganz vorbei mit meinen Schlafproblemen." Es entstand eine kurze Pause. Dann fragte er: „Kann ich wieder zu Ihnen kommen?" Sie lächelte und sagte: „Natürlich. Ich gebe Ihnen gerne einen Termin." Sie suchte ihren Kalender und machte ihm zwei Vorschläge. Er nahm den Termin am nächsten Tag, abends um sechs Uhr. Sie spürte, dass er noch etwas sagen wollte und half ihm: „Ist noch etwas? Wollten Sie noch etwas sagen, Herr Nastrovitsch?" „J..., ja", antwortete er zögerlich, „ich wollte Sie fragen, ob Sie danach noch etwas Zeit haben?" 'Ach, daher wehte der Wind', dachte Victoria und überlegte kurz, was sie dazu sagen sollte. Dann meinte sie: „Zur Zeit ist es schwierig bei mir. Ich habe sehr viel Arbeit." Er ließ noch nicht locker und hakte nach: „Aber haben Sie nicht mal am Abend Zeit für ein Glas Wein und ein bisschen Unterhaltung?" Es half nichts, sie musste lernen, in allen Belangen zu sich zu stehen und die Wahrheit zu sagen. „Herr Nastrovitsch. Wissen Sie, ich gehe nie mit Klienten aus", erklärte sie ihm ehrlich. Dann fügte sie hinzu: „Ich freue mich sehr, wenn Sie zu dem Termin kommen. Dann nehme ich mich gerne Ihrer Themen an. Mir steht auch gerade nicht der Sinn nach ausgehen. Ich habe privat ein paar wichtige Aufgaben zu erledigen." Sie wartete ab, was er sagen würde. Ob er den Termin jetzt wieder absagen würde. Wenn dem so war, dann müsste Victoria damit leben. Aber es war ein gutes Gefühl, dass sie in dieser Frage ihren Grundsätzen treu blieb. „Gut", sagte Herr Nastrovitsch. „Das ist schade, aber wohl nicht zu ändern. Dann sehe ich Sie morgen Abend in Ihrer Praxis." Victoria atmete auf. 'Immerhin mal wieder ein Termin', dachte sie.

Die Tage bis zur Gerichtsverhandlung vergingen schnell. Victoria hatte sich den Kopf zermartert, was sie anziehen sollte. Katja hatte ihr geraten, sich ganz unauffällig zu kleiden. Am besten auch mit wenig Schminke im Gesicht und einer dezenten Frisur. Das wollte Victoria ja mal wieder gar nicht passen. Am liebsten hätte sie einen neongrünen

Minirock und ein T-Shirt in grellem pink angezogen mit Blümchenleggings. Sie konnte manchmal nichts dagegen tun. Es steckte eben ein kleiner Rebell in ihr, der sich ungern etwas sagen ließ. Ihr war klar, dass es hier angebracht war, zu unterscheiden. Am Tag vor der Verhandlung hatte sie sich dann tatsächlich für etwas gemäßigtere Kleidung entschieden. Die Kinder waren bereits in der Schule, als Katja an ihrer Haustür klingelte, um sie abzuholen. Sie fand eine Victoria vor in einem braunen Minirock, einem hellrosa T-Shirt, braun-rosa karierten Strumpfhosen und einer braunen Wolljacke. Ihre Haare hatte sie zu einem schlichten Pferdeschwanz zusammen gebunden. Ihr Gesicht war fast ungeschminkt. Katja fand sie direkt niedlich in diesem Aufzug. „Guten Morgen Katja", begrüßte Victoria ihre Freundin. Man merkte ihr an, dass ihr unbehaglich zumute war. „Ich ziehe nur noch meine braunen Schuhe, die mit den Fransen und den flachen Absätzen an. Passen die?", fragte sie Katja. „Ja, du hast genau das Richtige angezogen, finde ich." Sie nickte und lächelte in ihrer gewohnt ruhigen ausgeglichenen Art und Victoria umarmte sie. „Danke Liebes. Du weißt gar nicht, wie gut mir das tut, dass du da bist." Katja schaute auf ihre Armbanduhr und sagte: „Ich weiß. Komm jetzt, Victoria. Es ist Zeit loszufahren. Bringen wir es hinter uns, okay?" Katja spürte, dass sie ihre Freundin etwas anschieben musste. Wenige Minuten später saßen sie im Auto auf dem Weg zum Gerichtsgebäude.

Sie fanden auf Anhieb einen Parkplatz ganz in der Nähe des Haupteingangs. Victoria schaute zu dem Gerichtsgebäude. Es wirkte direkt bedrohlich auf sie. Oben konnte sie Justitia erkennen, mit verbundenen Augen und einer großen Waage. Damit symbolisierte man, dass vor dem Gesetz alle gleich waren. Sie seufzte. Mit Katja ging sie die wenigen Treppenstufen des historischen Gebäudes nach oben zum Haupteingang. Aus ihrer Handtasche zog sie die Vorladung und sie suchten den richtigen Raum auf einem Lageplan in der Eingangshalle. „Hier ist es Katja", sagte Victoria. „Ach ja, dann lass uns gehen", ermunterte sie Katja. Victoria kam sich vor, als wäre sie unterwegs zu ihrer Hinrichtung. Es war ein grauenhaftes Gefühl. Hinter Katja ging sie die breite

Treppe hinauf in den ersten Stock. Ihre Beine waren schwer wie Blei. Den Raum fanden sie auf Anhieb. Davor standen ein paar Stühle. „Komm Victoria. Wir setzen uns hierher. Wir haben noch Zeit, bis die Verhandlung losgeht." Mechanisch folgte Victoria Katjas Aufforderung und setzte sich. Ein junger Mann mit dunklen kurzen Haaren, schwarz umrandeter Brille und einem schwarzen Umhang kam direkt auf sie zu. „Sind Sie Frau Victoria Leonhardt?", fragte er Katja. „Wir hatten bereits telefoniert." Katja lächelte ihn freundlich an, zeigte auf die Freundin neben ihr und antwortete: „Hier. Das ist Victoria Leonhardt." Er stellte sich als Peter Wagner vor. Ihm fiel die Aufgabe des Pflichtverteidigers zu. Er wirkte sehr jung. 'Höchstens 28', dachte Victoria. 'Das kann ja was werden mit dem.' Sie ließ sich ihre Gedanken nicht anmerken und gab ihm die Hand zur Begrüßung. Nun nahmen alle drei Platz im Wartebereich. Der Pflichtverteidiger nahm die Unterlagen aus seiner Aktentasche in die Hand und begann mit seinen Ausführungen: „Frau Leonhardt, wir haben heute in der Verhandlung einen Richter, der insgesamt ganz umgänglich ist. Ich habe die Verteidigung so aufgebaut, dass ich darauf eingehen werde, dass Sie bisher ein unbeschriebenes Blatt waren. Außerdem ist ja kein Schaden entstanden. Soweit ich weiß, ist nichts kaputt gegangen. Ich denke mal, dass die Verhandlung nicht länger als etwa 30 Minuten dauern wird. Mehr als eine Geldstrafe, sollten Sie nicht bekommen." Victoria schluckte und schaute ihn mit großen Augen an. Sie wiederholte: „nicht mehr als eine Geldstrafe?" „Ja", sagte Peter Wagner ganz sachlich, „auf schweren Hausfriedensbruch kann immerhin sogar Gefängnisstrafe stehen."

Victoria wusste nicht wie ihr geschah. Ihr Gesicht war kreidebleich und ihr wurde schwindelig. Sie stand auf und wandte sich an Katja: „Ich muss mal schnell für kleine verurteilte Hausfriedensbrecherinnen. Es wird nur ein paar Minuten dauern, dann bin ich wieder da." „Soll ich mitkommen?", fragte Katja. „Nein, Liebes. Es geht schon. Ich brauche nur ein bisschen kaltes Wasser im Gesicht und einen Moment für mich allein." Dann drehte sie sich um und ging langsam Richtung Damentoiletten. So hatte Katja ihre Freundin bisher noch nie gesehen. Sie tat ihr jetzt ganz schön leid, wie sie da mit hängenden Schultern davon trottete. Peter Wagner zugewandt sagte sie: Ich bitte Sie, als ihren Pflichtverteidiger, tun Sie alles, was Sie können. Sie zerbricht mir womöglich sonst." Sie seufzte, dann erklärte sie ihm: „Wissen Sie, meine Freundin hat wirklich niemandem schaden wollen. Sie ist einfach ein wenig eigensinnig. Aber sie hat ein gutes Herz." Er schaute sie an und ein leicht gequältes Lächeln erschien auf seinen Lippen, als er entgegnete: „Ich tue mein Bestes. Aber vor dem Gesetz sind nun mal alle gleich. Was für den Richter das Ganze etwas erschwert, ist das große öffentliche Interesse. Man erwartet, dass ein Fall wie dieser nicht wie ein Kavaliersdelikt behandelt wird. Es sitzen sicher Gerichtsreporter im Publikum. Sie müssen wohl damit rechnen, dass in der morgigen Zeitung darüber berichtet wird." Katja nickte. „Ich verstehe."

Währenddessen stand Victoria in der Damentoilette und sah in ihr Spiegelbild. Sie erfrischte sich mit kaltem Wasser, das sie mit einem Papierhandtuch auf Gesicht und Nacken verteilte. Dann schloss sie die Augen und dachte nach. 'Wie konnte sie sich denn jetzt bloß stärken, damit sie sich nicht so ausgeliefert fühlte?' Dann fiel es ihr ein. Die Sitzung mit Urs. Victoria hatte das Schlussbild sofort wieder vor Augen. Sie sah sich inmitten dieser kleinen Gruppe. Darunter waren ihre Mutter und ihr Vater. Im Hintergrund konnte sie wieder die Tiere wahrnehmen. Dann geschah etwas, das sie aus der Sitzung mit Urs nicht kannte. Victoria sah in ihrem inneren Bild, wie ihre Mutter sie aus dem hölzernen Futtertrog heraus vorsichtig in ihre Arme nahm. Liebevoll lächelnd sah sie ihr Gesicht ganz nah vor sich. Dann hörte sie: „Vertraue und bleibe aufrecht." So schnell wie es gekommen war, löste sich das Bild wieder vor ihrem geistigen Auge auf. Victoria öffnete ihre Augen, atmete tief ein und nickte. „Gute Idee", sagte sie laut und lächelte. Dann ging sie wieder hinaus auf den Flur, zurück zu Katja und Peter Wagner. Schweigend setzte sie sich zu den beiden. Noch ein paar Minuten, dann würde es soweit sein.

Die Tür des Gerichtssaals ging auf und Victorias Fall wurde aufgerufen. Jetzt sah Katja, dass sich inzwischen eine Menge Leute eingefunden hatten um der Verhandlung beizuwohnen. Durch das Gespräch mit Peter Wagner war ihr das völlig entgangen. Dann bemerkte sie erleichtert, wie Victoria langsam eine aufrechte Köperhaltung einnahm. Sie betraten den Gerichtssaal. Peter Wagner und Victoria nahmen ganz vorne an der linken Seite Platz. Katja setzte sich in den hinteren Teil des Gerichtssaals, der für die Öffentlichkeit bestimmt war. Um sie herum hatten sich jede Menge interessierte Zuhörer und Reporter nieder gelassen. Sie hörte, wie sich zwei Männer, die sie auf etwa Mitte 60 schätzte, unterhielten. „Was meinst du? Glaubst du wirklich, dass die so eine Sektenanführerin ist?" Der andere antwortete: „Ich weiß nicht. Sie sieht so harmlos aus. Aber ich lass mich nicht täuschen. Ich bin jedenfalls gespannt, wie hoch ihre Bestrafung sein wird. So jemandem muss man doch das Handwerk legen." Der vorsitzende Richter ergriff das Wort und es wurde ganz still im Saal. „Ich bitte jetzt um Ruhe im Gerichtssaal. Wir verhandeln heute den Fall von Victoria Leonhardt. Die hier anwesende Angeklagte wird vertreten durch den Pflichtverteidiger Peter Wagner. Es steht Ihnen aber auch zu, Frau Leonhardt, selbst etwas zu Ihrer Verteidigung zu sagen. Ich werde Sie später dazu auffordern." Er sah auf die Papiere, die vor ihm lagen und bat den Staatsanwalt die Anklageschrift zu verlesen.

„Victoria Leonhardt, Sie sind angeklagt, schweren Hausfriedensbruch, gemäß Paragraph 124 Strafgesetzbuch, begangen zu haben. Sie haben sich Zutritt zur Kirche St. Johann verschafft und unerlaubt ein …", er machte eine kurze Pause, „Seminar mit 30 Leuten abgehalten. Nach Ihrer Aussage verbrachten Sie dort mindestens sechs Stunden. Entsprechend befanden sich in der Kirche beim Eintreffen der Polizei, jede Menge Gegenstände, die auf einen mehrstündigen Aufenthalt schließen lassen. Hierzu gibt es eine Reihe von Beweisfotos." Der Richter sah einen Moment auf und schaute mit ernstem Gesichtsausdruck von seinem Richterpult zu Victoria herunter. Dann fuhr der Staatsanwalt fort: „Schwerer Hausfriedensbruch ist gegeben, wenn eine Menschenmenge mit der Absicht, Gewalttätigkeiten gegen Personen oder Sachen mit vereinten Kräften zu begehen, zusammenkommt. Die Voraussetzungen eines einfachen Hausfriedensbruchs sind in jedem Fall erfüllt." Wieder entstand eine kurze Pause bevor er weiter sprach: „Eine Menschenmenge ist eine räumlich zusammengeschlossene Personenmehrheit. Der Gesetzgeber sieht eine Personenmehrheit als gegeben, wenn eine Gruppe aus mindestens elf Personen besteht. Was in Ihrem Fall mit 30 Personen also zutrifft." Wieder entstand eine kurze Pause, dann ergriff der Richter das Wort und erläuterte die Einzelheiten des Paragraphen 124. „Wegen Hausfriedensbruch wird bestraft, wer in die Wohnung, in die Geschäftsräume oder in das befriedete Besitztum eines anderen oder in abgeschlossene Räume, welche zum öffentlichen Dienst oder Verkehr bestimmt sind, widerrechtlich eindringt, oder wer, wenn er ohne Befugnis darin verweilt, auf die Aufforderung des Berechtigten sich nicht entfernt."

Auf ein Zeichen hin verlas der Staatsanwalt die Anklageschrift zu Ende. Danach folgte ein kurzes Räuspern, dann fügte er hinzu: „Die Zeugenaussagen aller 30 Beteiligten, inklusive der Aussage der Angeklagten liegen dem Gericht vor." Der Richter schaute zu Victoria und Peter Wagner. Victoria wurde immer unbehaglicher zumute. Der Richter nahm seine Lesebrille ab und sagte: „Frau Leonhardt, das Gericht sieht den Tatbestand des Hausfriedensbruchs als gegeben, weil sie unbefugt mehrere Stunden in der Kirche verweilten. Es ist zwar kein direkter Sachschaden entstanden, aber die Polizei hat doch allerhand Gegenstände mitgenommen. Es war nicht ersichtlich, was Sie genau während Ihres Aufenthalts gemacht haben, aber in Ruhe und Stille gebetet, haben Sie offensichtlich nicht." Aus dem Publikum war Gelächter zu hören. „Ruhe im Saal!", rief der Richter sofort. Victoria rutschte etwas unruhig auf ihrem Stuhl herum. Das Ganze kam ihr irgendwie bekannt vor. Aber es wollte ihr im Moment nicht einfallen, woher. 'Vielleicht ist es auch besser so', dachte sie. Es war wieder ganz still geworden bis der Richter erneut das Wort ergriff: „Frau Leonhardt, es sieht vielmehr danach aus, dass Sie mit Ihren Leuten eine wilde Party in der Kirche gefeiert haben. Die Polizei hat Decken, Kissen, einen CD-Spieler, jede Menge leere Alkoholflaschen und Sektgläser sichergestellt. Außerdem Papier, Stifte, Kerzen und seltsame Karten und …", er machte wieder eine kurze Pause, runzelte die Stirn, sah Victoria an und schloss, „… selbstgemalte Bilder." Ein Raunen ging durch die Zuhörer. „Ruhe bitte im Publikum", mahnte der Richter erneut. Dann wandte er sich Victoria zu. „Bitte erklären Sie doch mal dem Gericht, was genau Sie in der Kirche gemacht haben", forderte er sie auf. Victoria holte tief Luft, dann stand sie auf und sagte: „Herr Richter, es war ganz und gar nicht meine Absicht, jemandem auch nur den geringsten Schaden zuzufügen. Wenn die Polizei nicht gekommen wäre, hätte niemand bemerkt, dass dieses Seminar überhaupt stattgefunden hat." Er sah sie ernst an. „Bitte beantworten Sie meine Frage", sagte er streng. Sie überlegte einen Moment, dann begann sie: „Ich habe ein Seminar gemacht, direkt vor dem Altar. Ich bin Psychotherapeutin. In meinem Beruf arbeite ich mit Menschen, die oft den Glauben an sich oder Gott verloren haben. Es war mir ein Anliegen, mit dieser Gruppe im Haus Gottes zu sein, damit die Teilnehmer wieder erkennen, wer sie in Wahrheit sind. Mir war es wichtig, dieses Seminar in der Kirche, mit der besonderen Energie, die dort ist, durchzuführen." Für einen Moment senkte Victoria den Kopf. Dann sah sie wieder auf und wandte sich erneut an den Richter. Demütig erklärte sie: „Ich gebe zu, dass ich nicht darüber nachgedacht habe, was das für Konsequenzen haben könnte. Ich war zu sehr damit beschäftigt, was ich mit der Gruppe während dieser Stunden erleben wollte." Der Richter sah zu Victoria und fragte weiter. „Wissen Sie, was mir noch nicht ganz klar ist? Was hat die Musik und der Alkohol damit zu tun?" Mit gesenktem Kopf antwortete Victoria: „weil Jesus Lebensfreude ist …" Der Richter fiel ihr ins Wort. „Wie bitte Frau Leonhardt? Ich kann Sie nicht verstehen. Können Sie bitte lauter sprechen?" Victoria sah zu ihm auf. Es half nichts, da musste sie wohl jetzt durch. Sie schluckte und begann erneut mit dem, was sie sagen wollte. „Weil Jesus Lebensfreude ist. Zur Lebensfreude gehört es dazu, zu feiern, zu singen und darauf anzustoßen. Das habe ich mit der Gruppe gemacht. Am Ende des Seminars haben wir zusammen gesungen, getanzt und mit Prosecco angestoßen. Das ist ein wichtiger Bestandteil jedes meiner Seminare." Im Gesicht des Richters herrschte Sprachlosigkeit. Offensichtlich wusste er gerade nicht, was er dazu sagen sollte.

Der Pflichtverteidiger ergriff das Wort: „Herr Richter, Frau Leonhardt sah sich nicht im Bewusstsein, hier Hausfriedensbruch zu begehen, schon gar nicht in der schweren Form. Sie ist vielmehr eine unbescholtene Bürgerin dieser Stadt. Es gibt keinerlei Hinweise auf frühere Delikte oder dergleichen. Ich bitte das Gericht, dies beim Festsetzen des Strafmaßes zu berücksichtigen." Der Richter nickte. „Ja, Herr Pflichtverteidiger, da haben Sie sicherlich recht. Aber vor dem Gesetz sind alle gleich. Außerdem spielt es keine Rolle, ob Frau Leonhardt sich dessen bewusst war, dass sie eine Straftat beging oder nicht. Sie wissen doch, Herr Pflichtverteidiger, Unwissenheit schützt vor Strafe nicht." Es entstand wieder eine Pause. Der Richter schaute zu Victoria. Man konnte ihm ansehen, dass er überlegte, dann ergriff er erneut das Wort. „Ich verkünde jetzt das Urteil", sagte er. Alle standen von ihren Stühlen auf. Victoria spürte, wie ihre Knie weich wurden. In Gedanken hörte sie: „Vertraue und bleibe aufrecht." Dann richtete sie sich auf und stellte sich kerzengerade hin. Was auch immer der Richter jetzt verkünden würde, sie würde es überleben und irgendwann würde Gras darüber gewachsen sein. „Im Namen des Volkes", begann er, „ergeht folgendes Urteil. Das Gericht sieht den Tatbestand des schweren Hausfriedensbruchs als erfüllt an und verurteilt Victoria Leonhardt zu einer Geldstrafe von 5000 Euro." Ein lautes Gemurmel entstand im Publikum. Dann folgten noch Erklärungen zur Höhe der Strafe und zu der Möglichkeit einer Ratenzahlung. Abschließend sagte der Richter: „Gegen dieses Urteil kann Berufung eingelegt werden ..."

Victoria hörte schon nicht mehr, was der Richter sagte. 5000 Euro hallte es in ihrem Kopf. Wo sollte sie die bloß hernehmen? Durch den Kauf des Gebrauchtwagens war ihr Sparguthaben aufgebraucht. Sie fühlte sich hundeelend. Neben ihr stand Peter Wagner und sagte: „Frau Leonhardt, es tut mir leid. Aber mehr hätte ich nicht für Sie tun können." Er gab ihr die Hand, verabschiedete sich und war wenig später verschwunden. Der Zuschauerraum leerte sich langsam. Katja ging zu

Victoria und sagte: „Komm Liebes, lass uns gehen. Es ist vorbei." Victoria versuchte Katja anzulächeln und nickte. „Ja", sagte sie leise, „ich will jetzt nur noch nachhause." Kaum hatten die beiden Frauen den Gerichtssaal verlassen, wurden sie von den Gerichtsreportern mit Fragen überfallen. „Frau Leonhardt, was sagen Sie zu Ihrem Urteil?", hörten sie eine Stimme neben ihnen. Hinter ihnen rief jemand: „Sagen Sie, gehen Sie in Berufung?" Einer ging vor Victoria her und schwenkte ein Mikrofon. „Würden Sie mir ein paar Fragen beantworten, Frau Leonhardt? Wie planen Sie Ihr weiteres Vorgehen? Gibt es eine öffentliche Kundgebung?" Victoria und Katja gingen einfach weiter, ohne auf die Fragen der Reporter einzugehen. 'Was für Idioten', dachte Victoria. 'Die wollen meine wahren Beweggründe gar nicht wissen.' Klar, das Urteil war nicht spektakulär. Die Presse hätte Victoria lieber als aggressive Sektenführerin gesehen, die sich vor Gericht zur Märtyrerin machte. Wieder bei Victoria zuhause angekommen, waren die beiden Freundinnen sehr froh, die Gerichtsverhandlung hinter sich gebracht zu haben. Nach einem Kaffee verabschiedete sich Katja. „Ich glaube, ein bisschen Ruhe tut dir gut, Victoria. Wenn du mich brauchst, ruf mich an, ja?" „Danke", sagte eine kleinlaute Victoria und schloss die Tür. Sie legte sich auf ihr Sofa und fiel in einen leichten, unruhigen Schlaf. Die Kinder schoben nach der Schule Tiefkühlpizza in den Ofen und ließen ihre Mutter in Ruhe.

Am späten Nachmittag klingelte das Telefon. Es war Urs. „Hallo meine mutige Kriegerin. wie war's?", begrüßte er sie. Victoria seufzte und antwortete: „Ach Urs, es war demütigend. Ich muss jetzt 5000 Euro auftreiben." Er sagte in seiner gewohnt ruhigen und mitfühlenden Art: „Victoria, du musst vertrauen. Das schaffst du schon." Sie wurde wütend und entgegnete. „Zum Teufel mit dem Vertrauen. Ich habe jetzt die Nase voll davon. Urs, das ist mir alles zu viel. Ich bin völlig durcheinander. Was hat das bitte mit mir zu tun?" Urs setzte nur hinzu: „Du weißt doch, der Mensch ist alles. Er ist auch ein Gesetzesbrecher. Kannst du dem zustimmen? Es ist einfach eine Erfahrung, wie alle anderen auch." Victoria erkannte, dass er einmal mehr recht hatte. „Ja", sagte sie deutlich ruhiger. „Ich denke, ich muss das alles erst mal verdauen. Weißt du, Urs. Es ist so viel passiert in der letzten Zeit. Im Moment weiß ich einfach nicht mehr, wie es weitergehen soll." Ganz ruhig antwortete er nur: „Victoria, du musst vertrauen. Ich kann es dir im Moment nicht anders erklären. Aber mein Gefühl sagt mir, dass alles gut wird." Dann verabschiedete er sich wieder. Sie entschied, einfach früh schlafen zu gehen. 'Ich ziehe mir die Decke über den Kopf und denke nicht mehr weiter darüber nach'. Für die Kinder bereitete sie noch eine Brotzeit. Keiner sagte etwas, als sie kurz darauf zusammen beim Abendessen saßen. Victoria fürchtete, dass sie ihre Tränen nicht würde zurückhalten können. Irgendwie spürten das die Kinder. Laura sagte: „Mama, vielleicht willst du uns ja morgen früh erzählen, wie es heute vor Gericht gelaufen ist?" Victoria nickte nur und stocherte auf ihrem Teller herum. „Mum, das wird schon wieder. Du lässt dich doch sonst auch nicht unterkriegen", sagte Anton gelassen mit vollem Mund. Louis war als Erster mit dem Essen fertig und räumte seinen Teller auf. Dann ging er zu seiner Mutter und fragte: „Wie hoch ist denn die Geldstrafe ausgefallen?" Victoria schaute ihn an und sagte mit leiser Stimme: „5000 Euro." Er überlegte einen Moment, dann sagte er: „Du bist doch bei dieser Talkshow eingeladen, oder?" „Schon", sagte seine Mutter, „Aber was hat das damit zu tun?" Louis grinste und meinte: „Bekommen die Leute denn nicht Geld für so was?" Er ließ eine verwirrte Victoria zurück und ging in sein Zimmer. Auch Laura und Anton räumten ihr Geschirr auf. Victoria blieb allein. Sie spürte, dass sie die aufsteigenden Tränen nicht mehr lange würde zurückhalten können. Gerade, als sie das Licht in der Küche löschen wollte um nach oben in ihr Schlafzimmer zu gehen, läutete es an der Tür. „Oh bitte nicht", entfuhr es ihr. Bestimmt waren das irgendwelche Leute von der Presse. Sie wollte niemanden sehen, Reporter schon mal gleich zweimal nicht. Vorsichtig öffnete sie die Haustür. Davor stand ihr gut aussehender Marius mit einer Weinflasche. „Ich dachte mir, du könntest ein bisschen Gesellschaft jetzt gebrauchen", sagte er und lächelte sie liebevoll an.

Talk um Zehn

Sie ließ ihn ein und er ging zielstrebig ins Wohnzimmer. Mit zwei Rotweingläsern und einem Korkenzieher kehrte Victoria aus der Küche zu Marius zurück. „Setz dich", sagte er sanft, „ich mach' das schon." Er öffnete die Flasche, goss etwas von dem Wein in beide Gläser und reichte ihr eins davon. Sie saßen nebeneinander auf dem Sofa. Ohne sie zu unterbrechen, ließ er sich von Victoria schildern, was sie im Gerichtssaal erlebt hatte. „Ich hatte schon vermutet, dass es so ausgehen würde", resümierte er. Es brannten nur ein paar Kerzen, ansonsten war es dunkel im ganzen Haus. Victoria saß neben Marius wie ein Häufchen Elend. In sich zusammengesunken nippte sie an ihrem Rotwein. Marius rutschte näher an sie heran. „Komm doch mal her, Victoria", sagte er. Er nahm ihr das Weinglas aus der Hand und stellte es ab. Dann zog er sie an sich und nahm sie in seine Arme. Jetzt ließen sich Victorias Tränen nicht mehr zurückhalten. Sie begann zu weinen und so saßen sie eine ganze Weile nebeneinander. Er hielt sie einfach nur ganz fest und sie ließ ihren Tränen freien Lauf. Als sie sich wieder etwas beruhigt hatte, fragte er sie. „Soll ich da bleiben? Willst du, dass ich bei dir bleibe, damit du nicht allein bist?" Victoria nickte stumm und wenig später gingen sie in ihr Schlafzimmer. Marius hielt sie die ganze Nacht in seinen Armen. Es war ein gutes Gefühl, nicht allein zu sein, gestand sie sich ein.

Am nächsten Morgen wunderten sich die Kinder, dass der Frühstückstisch für fünf Personen gedeckt war. Sie saßen schon alle beim Frühstück, als Marius herunterkam und sich etwas schüchtern dazu setzte. „Guten Morgen", sagte er freundlich, „ich bin Marius." Anton fragte geradeheraus: „Bist du der Kameramann?" Marius antwortete: „Ja, das bin ich." Louis ergriff das Wort und knüpfte an seinen Gedankengang vom Abend zuvor an. „Sag mal, Marius. Dann weißt du doch bestimmt, ob unsere Mutter für diese Talkshow, in die sie eingeladen ist, ein Honorar verlangen kann?" Jetzt schaute auch Laura von ihrem

Frühstücksbrot auf, zu dem 'Neuen' ihrer Mutter, wie sie ihn nannte. Marius sagte sofort: „Na klar, kann man dafür ein Honorar verlangen. Wenn es der Redaktion einer Sendung wichtig genug ist, dann bezahlen sie dafür, dass diese Person auch kommt." Victoria schaute Marius mit großen Augen an. „Ehrlich?" „Aber ja", antwortete er. Er trank einen Schluck Kaffee, setzte seine Tasse wieder ab und fügte hinzu: „vor allem, wenn die Zeitungen jetzt wieder über deine Gerichtsverhandlung berichten. Der Sender rechnet dann mit höheren Einschaltquoten. Das ist ja auch genau das, was sie erreichen möchten." Die Argumentation leuchtete Victoria ein. Das sah doch ganz nach einem weiteren Funken Licht am Horizont aus, dachte sie. Wieder klingelte es an der Tür. Alle schauten sich an. „Ich wusste ja gar nicht, dass du schon so früh Klienten hast", bemerkte Marius. Victoria zuckte mit den Schultern und ging zur Haustür. Eine besorgt dreinblickende Katja mit den aktuellen Ausgaben der wichtigsten Tageszeitungen stand vor der Tür. „Guten Morgen Kinder", begrüßte sie Laura, Louis und Anton. Dann sah sie Marius. „Oh, guten Morgen. Wer sind Sie denn?" Katja schaute fragend Victoria an. „Ich wusste ja gar nicht, dass du um diese Zeit schon Klienten hast?" Alle außer Katja mussten lachen. „Habe ich etwas Falsches gesagt?", fragte eine verwirrte Katja. „Nein", schüttelte Victoria den Kopf und stellte ihr ebenfalls eine Tasse Kaffee vor die Nase. „Ich bin Marius", stellte er sich vor und gab Katja die Hand. Sie begriff sofort und nickte vielsagend. Laura mischte sich in das Geschehen ein und forderte ihre Brüder auf: „Los Jungs. Beeilung, der Bus kommt gleich." Geschirr klapperte, als die Kinder aufstanden und ihre Schultaschen schulterten. Die üblichen Verabschiedungen klangen aus dem Flur, dann hörte man, wie die Haustür ins Schloss fiel.

Victoria machte Platz auf dem Küchentisch. Dann breiteten sie die Zeitungen aus. „Wenigstens diesmal nicht auf Seite eins", bemerkte Victoria. Katja las den Artikel vor. „Victoria Leonhardt – Psychopathin oder Psychotherapeutin? In einem wenig spektakulären Prozess wurde die Psychotherapeutin, die bei zwielichtigen, mehrstündigen Ritualen in der Kirche erwischt worden war, zu einer Geldstrafe von 5000 Euro verurteilt. Der Richter sah den Tatbestand des schweren Hausfriedensbruchs als erwiesen an. Der Aussage von Victoria Leonhardt, die von einem Pflichtverteidiger vertreten wurde, war nicht zu entnehmen, was genau sich hinter ihren Absichten verborgen hatte. Haben wir es hier mit einer fanatischen Gläubigen zu tun, die in der Kirche Partys feiern will? Oder handelt es sich vielmehr um eine verwirrte Geisteskranke? Es bleibt deshalb offen, welche Absicht sich hinter ihrer gesetzwidrigen Handlung verbirgt." Katja las bis zum Ende des Artikels. Der Reporter dramatisierte das Ganze noch in dem er mutmaßte, dass der Richter hinter dem möglichen Strafmaß einer Gefängnisstrafe zurückgeblieben war. Victoria könne somit froh sein, dass ihre Strafe so gering ausgefallen war. „Na toll", resignierte sie, „das trägt nicht gerade zum Erfolg meiner Praxis bei." „Und", fragte Marius, „was steht denn in den anderen Zeitungen?" Katja blätterte sie durch und zeigte es ihm. „Hier Marius. Lies es dir durch. Sie schreiben in etwa alle das Gleiche." Nachdem Katja und Marius alle Artikel, die Victoria betrafen, durchgelesen hatten, sagte er: „Ich finde die Idee deines Sohnes gut, Victoria. Du könntest wirklich versuchen, ein Honorar mit dem Sender auszuhandeln, der dich zu 'Talk um zehn' eingeladen hat." Katja nickte und meinte: „Das ist wirklich eine gute Idee." „Gut, wenn ihr meint. Ich denke darüber nach", seufzte Victoria. Sie trank einen großen Schluck Kaffee und meinte dann: „Zeit zum Nachdenken habe ich ja genug im Moment." Sie redeten noch ein bisschen über die Situation. Marius meinte, sie sollte jetzt nichts überstürzen und ihre Zukunft nicht so schwarzsehen. Das Interview war immerhin auch eine Chance, ihre Meinung zu dem Geschehen darzulegen. Etwa eine halbe Stunde später verließen Marius und Katja eine nachdenkliche Victoria. „Ich halte euch auf dem Laufenden", versprach sie und schloss die Haustür hinter den beiden. Wenige Minuten später wählte sie die Nummer der Redaktion 'Talk um zehn'. Als sich eine Frauenstimme am anderen Ende der Leitung meldete, sagte sie: „Guten Morgen. Hier ist Victoria Leonhardt. Kann ich bitte Ihren Redaktionsleiter sprechen?" Als sie nach etwa zehn Minuten den Hörer auflegte, war in Victorias Gesicht ein neuer Hoffnungsschimmer aufgetaucht.

Übermorgen schon sollte die Sendung live ausgestrahlt werden. Sie hatte sich etwas verspätet. Um diese Zeit gab es einfach zu viel Verkehr in der Stadt. Um von ihrem Haus hierher zu gelangen, musste sie ganz auf die andere Seite der Stadt. Das hatte sie wieder einmal unterschätzt. Warum sie überhaupt schon am Nachmittag hier sein sollte, wenn die Sendung erst am Abend stattfand, konnte sie sich sowieso nicht erklären. Aber sie würde es bestimmt erfahren. Sie parkte den Wagen vor dem Eingang des Senders und stieg aus, während sie sich darüber Gedanken machte, was sie bei der Talkshow heute Abend eigentlich erzählen sollte. Gesagt hatte man ihr nur, dass ein paar interessante Gäste zum Thema „Kirche heute" da waren. 'Da bin ich ja mal gespannt', dachte sie. Ein bisschen aufgeregt war sie schon. Es war das erste Mal, dass sie in einem solchen Rahmen etwas zu ihrer Einstellung zu Jesus sagen würde. Am Eingang wartete schon eine junge Frau auf sie. „Frau Leonhardt?" „Ja", antwortete Victoria. „Kommen Sie bitte mit, ich bringe Sie in die Maske. Sie bekommen von uns noch ein hübsches Make-up, bevor es losgeht." „Bin ich zu spät dran?", fragte Victoria unsicher. „Nein", antwortete die junge Frau freundlich. „Wir beginnen in der Regel fünf Stunden vor Sendebeginn mit den Vorbereitungen. Die Gäste und unser Moderator Wolfgang Weinberg müssen auch vorher in die Maske. Danach werden die Themen für die Talkshow im Detail besprochen und so weiter. Außerdem muss das Studio vorbereitet sein. Wir haben ungefähr 50 Personen als Publikum, die müssen wir ja auch noch reinlassen." Sie lächelte wieder freundlich. Mit dem Fahrstuhl ging es in den fünften Stock. Dort angekommen, gelangten sie nach ein paar Schritten zu einer Tür, auf der in großen Buchstaben „Maske" stand. „Bitte hier entlang, Frau Leonhardt. Ich hole Sie in ungefähr 50 Minuten wieder ab."

Victoria trat in den Raum ein und sah sich um. Es sah so ähnlich aus, wie in einem großen Friseursalon. Ein attraktiver, modern gekleideter Mann, den sie auf 30 schätzte, und dem man seinen Beruf ansah, stand hinter einem Frisierstuhl. Er sprach Victoria locker an und sagte: „Kommen Sie ruhig her, ich beiße nicht." Sie setzte sich, immer noch ein wenig unsicher. „Das erste Mal im Fernsehen, was?" „Ja", sagte

Victoria kurz. „Und nervös?", fragte er weiter. „Was glauben Sie denn? Ich weiß ja nicht, ob Sie Zeitung lesen?", gab sie zurück. „Aber natürlich. Denken Sie, ich weiß nicht, wer Sie sind?" Er legte ihr einen Frisierumhang um. „Ich finde es cool, dass jemand wie Sie den Mut hat, hier mal ganz neue Wege zum Thema Glauben und Kirche zu gehen." Dann hantierte er mit Kämmen und Bürsten herum. Sie atmete tief aus und entspannte sich ein wenig. „Kaffee?", fragte er. „Gute Idee", gab sie zurück. „Schnaps?" „Lieber nicht", antwortete sie. „Ich glaube, ich brauche heute einen klaren Kopf. In meinem Leben ist sowieso gerade alles durcheinander." „Ganz wie Sie wollen, Frau Leonhardt. Ich heiße übrigens Joe." Er sah sie prüfend an, dann packte er jede Menge Schminkutensilien aus und verteilte sie um sich herum. „Wie wollen Sie denn Ihr Make-up? Eher ein bisschen kräftig oder lieber dezent?", fragte er sie. „Na ja", sagte Victoria, „mit den weißen langen Haaren ist ein bisschen mehr Betonung der Augen schon ganz gut. Es sieht sonst so langweilig aus, finde ich." Victoria prüfte ihr Spiegelbild und entschied: „Vielleicht irgendetwas dazwischen. Entfalten Sie sich einfach, Joe." „Gerne", antwortete er freudig. „Aber vorher hole ich Ihnen erst noch eine schöne Tasse Kaffee."

Eine gute halbe Stunde später war Victoria perfekt gestylt. Sie fand, dass sie eher aussah, als ob sie gleich zu einem Fotoshooting für Shampoowerbung für weiße Haare gehen würde, statt an einer Talkrunde teilzunehmen. „Meine Güte, Joe. Was man mit Make-up und Styling so alles aus einem Menschen machen kann." Sie staunte nicht schlecht. Wenig später wurde sie, wie versprochen, von der netten Assistentin wieder abgeholt. Victoria bedankte sich bei Joe und verabschiedete sich. „Sie machen das schon. Heizen Sie diesen verknöcherten Kirchentypen mal so richtig ein", sagte er und schenkte ihr ein aufrichtiges Lächeln. Die freundliche Frau nahm Victoria wieder mit. Jetzt ging es mit dem Fahrstuhl nach unten. „Ich bringe Sie jetzt in ihre Garderobe. Dort können Sie es sich bequem machen. Wir haben auch etwas zu essen und zu trinken vorbereitet. Etwa 45 Minuten, bevor wir auf Sendung gehen, hole ich Sie dort wieder ab." Die Fahrstuhltüren glitten auseinander und vor ihr lag ein Flur. Hier war es schon sehr viel belebter. Beschäftigt wirkende Mitarbeiter gingen an ihnen vorbei oder kamen ihnen entgegen. Vor einer der Türen blieb ihre Begleiterin stehen und wandte sich an Victoria: „In diesem Raum werden Sie sich sicher wohl fühlen. Der Moderator, Herr Weinberg, kommt in ungefähr 30 Minuten und bespricht den Ablauf der Sendung mit Ihnen."

Victoria fand sich in einem gemütlich eingerichteten, hellen Raum wieder, mit weißem Ledersofa und einem Glastisch davor. Gegenüber stand ein Fernseher, dahinter erhellten große Fenster den Raum mit dem warmen Licht der späten Nachmittagssonne. An einer Wand waren gerahmte Fotos von bekannten und weniger bekannten Prominenten zu sehen. Auf einem Tisch, der an einer anderen Wand stand, gab es jede Menge Getränke, Obst und Süßigkeiten. 'Na gut', dachte sie, 'dann mache ich es mir hier erst mal gemütlich.' Sie setzte sich auf das Sofa, legte den Kopf in den Nacken und die Füße auf den Glastisch. Dabei schloss sie die Augen. Ihr Herz klopfte heftig. Es wäre besser gewesen auf den Kaffee bei Joe zu verzichten. Egal. Ihr ging durch den Kopf, was er oben in der Maske zu ihr gesagt hatte. Wenn sie darüber nachdachte, fiel ihr auf, dass sie gar nichts gegen die Kirche hatte. Ganz im Gegenteil. Es war schließlich super, dass es so viele Gotteshäuser gab. Nicht nur hier, sondern auf der ganzen Welt. Victoria hatte auch gar nichts gegen andere Religionen. Wenn sie gefragt wurde, welcher Religion sie angehörte, antwortete sie stets mit „keiner". Schließlich hatte sie doch ihren direkten Draht nach oben, warum brauchte sie also eine Religion? Sowieso, fand sie, sollte doch jeder an das glauben dürfen, was für ihn stimmte. Hauptsache, man wurde sich überhaupt dessen bewusst, dass es eine große göttliche Energie gab. Nein, es war die unzeitgemäße Haltung der Kirche, die ihr in der heutigen Zeit so sehr widerstrebte. Dazu zählte Victoria auch die frauenfeindliche Einstellung der Kirche. Aber als Gegner der Kirche sah sie sich ganz und gar nicht. Wenn es ihre Zeit erlaubte, sang sie sogar im städtischen Gospelchor in Kirchenkonzerten mit. Das war immer ein besonders ergreifendes Erlebnis. Das Schöne an so einem Gospelkonzert war, dass die Kirchen dann aus allen Nähten platzten. Es war jedes Mal so. Sie lächelte vor sich hin, als ihr einfiel, dass ein Pfarrer nach einem Konzert sogar offen ausgesprochen hatte, er wünschte, seine Kirche wäre ständig so gut mit Menschen gefüllt, wie zu diesem Anlass. Victoria liebte die Kirchengebäude sogar, das besondere Licht, den Geruch und die Atmosphäre. Einfach großartig, fand sie.

Ihre Gedanken wurden durch ein Klopfen an der Tür jäh unterbrochen. Wie lange mochte sie wohl so versunken gewesen sein? Sie nahm die Füße vom Tisch und stand auf. Die Tür ging auf und ein glatzköpfiger Mann, der vielleicht ihr Alter hatte, trat ein. „Hallo Frau Leonhardt", begrüßte er sie stürmisch. „Ich bin Wolfgang Weinberg. Ich moderiere die Sendung 'Talk um 10'. Wie geht es Ihnen?" Victoria fand ihn sehr sympathisch und antwortete: „Schön Sie kennen zu lernen. Danke. Mir geht es gut." Sie setzten sich auf das Sofa. „Sind Sie gar nicht aufgeregt?", fragte er sie erstaunt. „Doch", räumte sie ein. „Ein bisschen. Es geht schon. Natürlich habe ich Herzklopfen. Schließlich bin ich ja nicht gerade unvorbelastet bei dem Thema, um das es heute Abend gehen soll." Der Moderator nickte und stieg darauf ein, indem er gleich zur Sache kam. „Ja, deshalb haben wir Sie ja auch eingeladen. Wenn wir eine Talkrunde veranstalten, haben wir natürlich gerne Gäste, die gegensätzliche Meinungen vertreten. Wir konnten den Recherchen über Sie nicht entnehmen, was Sie konkret mit der Kirche zu tun haben …" Er musterte Victoria eindringlich, dann fuhr er fort: „Es waren vielmehr die Schlagzeilen über Sie. Dadurch sind wir auf Sie aufmerksam geworden." „Ah ja. Ich verstehe", sagte sie und nickte. Er führte weiter aus: „Wie wir Ihrem Zeitunginterview im 'Morgenstern' entnehmen konnten, vertreten Sie eine moderne Haltung zu Glaube und Gott. Mit dem, was sie sagen, vor allem auch, mit der Art, wie sie es formulieren, treffen Sie den Nerv der Zeit. Das gefällt uns." Victoria staunte sehr, als sie das hörte. Erleichterung machte sich in ihr breit und sie sagte: „Bisher habe ich von der Presse und den Medien nur Kritik an meiner Haltung und meinen Worten bekommen. Es tut gut, das zu hören, was Sie gerade sagten." Wolfgang Weinberg lächelte sie an und sagte wohlwollend: „Wir haben uns sehr gefreut, als sie zugesagt haben, das war uns das hohe Honorar, das sie gefordert hatten, wert." Victoria musste daraufhin lachen. „Wissen Sie, ich kann damit meine Geldstrafe bezahlen. Sonst hätte ich die Strafe womöglich absitzen müssen." Sie lachten jetzt beide und er meinte: „Dann haben Sie es ja jetzt überstanden, was?" Sie wurde wieder ernst. „Nicht ganz", gab Victoria zurück. „Seit mich die Presse in das Licht einer Sektenführerin gerückt hat, ist meine Praxis fast leer." Er runzelte die Stirn. „Das ist schade", entgegnete er und fügte sofort hinzu, „aber wer weiß? Vielleicht kann das, was Sie heute Abend sagen, etwas bewirken." Sie sah ihn an, dann schüttelte sie den Kopf. „Herr Weinberg. Womit ich mir ganz sicher bin, ist, dass ein einzelner kleiner Mensch es niemals erreichen wird, viele Menschen mit seinen Worten zum Umdenken zu bewegen." Er nahm einen nachdenklichen Gesichtsausdruck an. „Vielleicht haben Sie recht", sagte er und schaute sie an. Victoria erwiderte seinen Blick und fügte seufzend hinzu: „Ich kenne bisher nur einen, der das erreicht hat. Das war vor etwa 2000 Jahren und er hat es nicht lange überlebt." „Kopf hoch, Frau Leonhardt", ermunterte er sie. „Ich gebe Ihnen jetzt noch ein paar Informationen für den heutigen Abend. Wir haben einige Vertreter der katholischen Kirche sowie einen Vertreter der evangelischen Kirche eingeladen. Es könnte schon sein, dass Sie verbal ein bisschen angegriffen werden, aber das machen Sie schon." Er lächelte sie wieder an. „Gut sehen Sie aus." „Danke." Sie räusperte sich und wurde rot. „Das hat Joe gemacht." Einen Moment dachte sie, dass ihr das Fotoshooting für die Shampoowerbung möglicherweise doch lieber wäre. Die Sitzung mit Urs hatte sie auf jeden Fall ruhiger gemacht, denn sonst würde sie erst gar nicht still sitzen können. Der Moderator stand auf und sah auf seine Armbanduhr. „Meine Assistentin holt Sie in 35 Minuten. Alles wird gut." Er zwinkerte ihr zu und war auch gleich verschwunden. „Der hat leicht reden", sagte Victoria laut und holte sich vom Tisch eine Flasche Wasser und ein großes Stück Schokolade. Wenig später war es soweit.

Im Studio nahm sie den ihr zugewiesenen Platz ein. Rechts von ihr saß der Moderator Wolfgang Weinberg. Zu ihrer Linken hatte sich der evangelische Pfarrer Amselfeld niedergelassen. Er war ein kleiner, dicker Mann mit Glatze und einem braunen, dünnen Haarkranz auf seinem Kopf. Durch seine dicke Hornbrille grüßte er Victoria freundlich. Ihr gegenüber, zur Rechten des Moderators saß ein langer, hagerer Mann mit eher düsteren Gesichtszügen. Er hatte eine Hakennase und Victoria spürte, wie sein leicht arroganter Blick zu ihr herüber schwenkte. Er wurde ihr als Kardinal Schickenender vorgestellt. Ihr fiel auf, dass er etwas nervös mit seinen Augenbrauen zuckte, während er seine spinnenartigen langen Finger verschränkte. Der letzte Gast, der vorgestellt wurde, war eine Frau, die etwa 50 sein mochte, Margarethe Scheunenhuber. Der Moderator stellte sie als Kirchenbeauftragte der Landesregierung vor. Damit kam sie sich anscheinend wichtig vor, vermutete Victoria, nachdem sie einen abwertenden Blick von ihr aufgefangen hatte. Für Victoria war die Frau jetzt schon eine aufgeblasene Wichtigtuerin, die ihr da in einem offensichtlich zu engen, dunkelbraunen Wollkostüm gegenüber saß. Sie versuchte, sich zu entspannen und die Diskussion einfach auf sich zukommen zu lassen. Immerhin fühlte sie sich in ihrem weißen, engen Kleid und den weißen hochhackigen Schuhen ganz wohl.

„Einen wunderschönen guten Abend meine Damen und Herren. Ich darf Sie, liebe Gäste und Zuschauer, hier im Studio und zuhause vor den Bildschirmen, herzlich begrüßen", begann ein strahlender Wolfgang Weinberg. Er stellte alle Gäste persönlich vor. Dann fuhr er fort mit dem Thema, um das es in der Sendung ging. „Nichts ist wohl ein umstritteneres Thema, als Kirche und Religion. Wir haben immer noch religiöse Gruppen, die es nicht scheuen, wegen ihrem Glauben Kriege zu führen. In einer Zeit fortgeschrittener Industrialisierung, in der wir über modernste Kommunikationstechniken verfügen, wird über Gott und Religion so kontrovers diskutiert, wie selten zuvor in der Geschichte der Menschheit." Er sah zu seinen Gästen und dann wieder in die Kamera. „Ich lade Sie ein, zu einer spannenden Diskussion zum Thema 'Kirche heute' und gebe die erste Frage an unseren evangelischen Pfarrer Amselfeld." Der Moderator schaute auf die Karte, die er in der Hand hielt und dann zum Pfarrer. Er fragte ihn. „Herr Pfarrer Amselfeld. Wie sehen Sie Ihren Auftrag für die Mitglieder Ihrer Kirche?" Der Pfarrer räusperte sich. Dann antwortete er: „Nun, ähm, ich versuche meiner Gemeinde zu vermitteln, dass es darum geht, Vertrauen in Gott zu haben. Ich ermutige sie, in jeder Situation das Gute zu sehen. Natürlich stelle ich fest, dass immer weniger Gläubige in die Gottesdienste kommen." Der Moderator schaute zu Kardinal Schickenender und stellte ihm die nächste Frage: „Wie sehen Sie das? Bemerken auch Sie, dass die Zahlen der katholischen Kirchenbesucher rückläufig sind?" Der Kardinal zuckte mit den Augenbrauen, holte tief Luft und meinte etwas abfällig: „Die Menschen zweifeln zu sehr an dem Wort Gottes. Um Orientierung zu finden, folgen sie lieber irgendwelchen selbsternannten Predigern."

Es war offensichtlich, dass seine Bemerkung auf Victoria anspielte. Er fuhr fort: „Wir, als katholische Priester, müssen versuchen, den Menschen wieder mehr Halt in ihrem Leben durch die Verkündigung des Wortes vom Leiden und der Auferstehung Jesu zu geben." Victoria spürte bereits, wie es leicht in ihr zu brodeln begann. 'Schon wieder das Thema mit dem Leiden Christi', durchfuhr es sie. Wolfgang Weinberg spürte das anscheinend auch und sprach sie direkt an: „Frau Leonhardt, was sagt eine Frau wie Sie, die mit ihren Ansichten über Jesus und Gott ganz neue Wege geht, zu den Ausführungen unseres Kardinals?" Victoria schaute erst zum Moderator, dann zum Kardinal. Sie lächelte, beugte sich etwas nach vorne und begann: „Es ist doch absolut unrealistisch, dass ein Mann, der selbst nicht Vater ist, nicht verheiratet ist, der auch noch nie selbst für seinen Lebensunterhalt sorgen musste, einer Glaubensgemeinde sagen will, was sie zu tun hat. In der Kirche werden Texte in einer veralteten Sprache vorgelesen, die aus einem veralteten Buch entnommen sind." Sie räusperte sich kurz, dann sprach sie weiter. „Die Menschen von heute brauchen Redner, die eine moderne Sprache des Glaubens sprechen, mit lebensnahen Verknüpfungen zu ihrem Alltag." Die Miene des Kardinals verfinsterte sich. Der evangelische Pfarrer mischte sich ein. „Hier muss ich Frau Leonhardt beipflichten." Er lächelte Victoria an. Sie sah auf seiner Stirn ein paar Schweißperlen. Er erklärte: „Da ich selbst Vater und Ehemann bin, kenne ich viele Probleme meiner Gläubigen aus eigener Erfahrung." Victoria knüpfte an seine Bemerkung an und ergriff wieder das Wort. „Da sehen Sie es. Die Menschen von heute brauchen einen Zugang zu Jesus und zu Gott, der in direktem Bezug zu ihrer Lebenssituation steht." Sie blickte von einem zum anderen, bevor sie weiter sprach. „In meiner Arbeit ist der Glaube ganz tief verankert. Bei mir lernt jeder Einzelne, wieder an sich zu glauben, was gleichzeitig bedeutet, auch wieder an Gott zu glauben. In meiner Praxis, in meinen Seminaren machen die Menschen die Erfahrung, dass Jesus Lebensfreude ist." Der Kardinal schaute abfällig zu ihr hinüber und kommentierte: „Das sollen wir einer Frau, die schweren Hausfriedensbruch in einer Kirche begangen hat, glauben?" Leises Gemurmel entstand hinter ihnen im Publikum. Der Moderator ließ die provokante Frage auf die anderen Gäste wirken. Victoria dachte an Urs. Es war eine Erfahrung, der sie zuzustimmen hatte, erinnerte sie sich, wollte sie sich nicht als Opfer fühlen. 'Ja', dachte sie energisch, 'ich stimme zu.' Dann holte sie tief Luft und ergriff erneut das Wort: „Auf legalem Weg hätte jemand wie Sie mich vermutlich nicht in Ihre Kirche gelassen, oder?" Nervös zuckten seine Augenbrauen und mit ernstem Gesichtsausdruck antwortete er entschieden: „Ganz sicher nicht. Wie könnte die heilige Kirche jemanden wie Sie als Vertreterin des Wortes Christi dulden." Der katholische Priester machte eine kurze Pause, richtete sich auf und sah ihr direkt ins Gesicht, bevor er weiterredete: „Nennen Sie mir doch mal bitte ein Beispiel, was Sie besser machen könnten, als ein geweihter Priester der heiligen Kirche Roms?" Eine bessere Frage hätte sich Victoria wohl nicht wünschen können und so antwortete sie prompt: „Nehmen wir mal das Thema Abtreibung, Paragraph 218. Da maßt sich ein alter Mann in Rom mit roten Schuhen an, zu entscheiden, ob es einer Frau zusteht, ein Kind, mit dem sie schwanger ist, abzutreiben oder nicht. Dieser Mann weiß überhaupt nicht, wie sich eine Frau in dieser Lage fühlt." Victoria bemühte sich, ruhig und langsam zu sprechen. Sie holte noch einmal tief Luft, bevor sie weiter ausführte: „Das ist bestimmt keine Entscheidung, die eine Frau oder ein junges Mädchen leichtfertig trifft. Frauen, die so etwas getan haben, plagen sich oft jahrzehntelang mit tiefer Schuld. Kommt dann ein geweihter Priester Ihrer Kirche und arbeitet diese seelische Belastung mit ihr auf?" Sie fuhr fort: „Natürlich nicht! Wissen Sie, Herr Kardinal, ich arbeite die Schuld mit den Frauen in meiner Praxis auf. Sich selbst zu verzeihen, dafür, dass sie vor Jahren so eine Entscheidung getroffen haben, schaffen die wenigsten wirklich. Der Schmerz über den Verlust des ungeborenen Kindes sitzt tief in ihrem Herzen." Jetzt mischte sich die Kirchenbeauftragte Margarethe Scheunenhuber ein. „Sicher, Frau Leonhardt, das mag stimmen, was Sie da sagen. Aber hat denn die Kirche nicht noch einen anderen Auftrag?" Sie schaute etwas von oben herab in die Runde. „Was ist mit den Versuchungen des Alltags, mit dem so genannten Bösen, mit dem wir alle zu kämpfen haben. Soll uns die Kirche nicht davor bewahren?" Die Frage stand im Raum. Victoria war neugierig, wie die Herren Kirchenvertreter sich wohl dazu äußern würden. Pfarrer Amselfeld schickte sich an, die Frage zu beantworten. „Ähm", begann er, „natürlich, Frau, ähm, Scheunenhuber. Wir sehen uns natürlich auch als Institution, die die Probleme auf der Welt angeht und versucht, den Gläubigen Orientierung zu geben. Nicht wahr, Herr Kardinal?", gab der Pfarrer das Wort weiter. Der Schweiß rann ihm inzwischen von der Stirn die Schläfen herunter. Er wirkte sehr unsicher. Der Kardinal zuckte schon wieder nervös mit seinen Augenbrauen. Dann nahm er die Frage auf und antwortete: „in der Tat. Es ist die Aufgabe der Kirche, die Menschen vor dem Bösen zu bewahren. Es begegnet uns in vielen Bereichen des täglichen Lebens, in Form von Versuchungen. Immer wieder wird der Mensch daraufhin geprüft, wie standhaft er Verlockungen des Bösen gegenüber ist." Victoria war fassungslos und mischte sich ein.

„Herr Kardinal. Gestatten Sie einer Unwürdigen, eine weitere Frage zu stellen?", fragte sie mit ganz unterschwelliger Ironie in der Stimme. „Aber natürlich", ereiferte er sich, „fragen Sie ruhig, Frau Leonhardt." Peter Weinberg verfolgte die Diskussion gespannt. Es wurde immer interessanter, genau wie er insgeheim gehofft hatte. Victoria Leonhardt einzuladen, war eine gute Entscheidung gewesen. Sie räusperte sich kurz, dann stellte sie ihre Frage. „Sie bringen doch den Kindern schon in der Grundschule im Religionsunterricht bei, dass Gott die Erde in sieben Tagen erschaffen hat, oder?" Die Miene des Kardinals erhellte sich ein wenig und seine hängenden Mundwinkel zeigten geringfügig nach oben. Er antwortete: „Ganz richtig, natürlich ist die Schöpfungsgeschichte, in ihren beiden biblischen Ausprägungen elementarer Bestandteil unserer Lehre. Zweifeln Sie etwa daran?" „Nein", meinte Victoria, „ganz im Gegenteil. Wenn dem so ist, dann ist doch alles, ich betone wirklich alles, was es auf dieser Erde gibt, göttlichen Ursprungs, also reine Liebe, oder?" „Natürlich. Ich verstehe nur nicht, worauf Sie hinaus wollen. Vielleicht können Sie etwas deutlicher werden, Frau Leonhardt?", forderte der Kardinal sie energisch auf. Victoria nahm einen unschuldigen Gesichtsausdruck an und redete langsam weiter. „Dann erklären Sie mir doch bitte, wie etwas, das göttlichen Ursprungs ist, böse sein kann?" Der Kardinal schwieg. Sie fragte weiter. „Wie kann etwas, das von Gott, der höchsten und allumfassendsten Energie des Universums, erschaffen wurde, böse oder teuflisch sein?" Ein allgemeines Raunen entstand. „Ruhe bitte", gebot der Moderator, „Lassen Sie Frau Leonhardt ausreden. Es klingt sehr interessant, was sie sagt. Bitte." Er gab das Wort wieder an Victoria und nickte ihr zu. Sie schaute zum Kardinal und sagte mit weicher Stimme: „Es ist doch vielmehr so, dass in jedem Lebewesen auf der Erde ein göttlicher Funke ist. Das Böse steht doch nur für das, was wir ablehnen, weil wir es nicht wahrhaben wollen, oder weil es uns verletzt. Es ist eben bequem, wenn man jemand anderem die Schuld an etwas geben kann, anstatt zu erkennen, was es mit einem selbst zu tun hat. Aus meiner Sicht ist der Teufel eine arme Socke, ein Sündenbock, der langsam ausgedient hat." Sie machte eine kurze Pause und blickte in die Runde. „Seien Sie doch mal ehrlich, die Herren Kirchenvertreter. Es geht doch hierbei nur um Macht. In dem Moment, wo sie diesen armen, abgemagerten Kerl, den Sie an jedes Holzkreuz genagelt haben, abhängen, um ihn durch einen gut aussehenden, freudestrahlenden Jesus zu ersetzen, wäre es vorbei. Die Menschen würden sich trauen, ihre eigene Wahrheit zu leben und damit automatisch die aufrichtigste Form ihres Glaubens an Gott. Keiner würde mehr das Kreuz des ewigen Leids, das Sie jeden Sonntag verkünden, in sich tragen wollen. Alle Menschen wären frei und damit wären die alten Tage der Kirche gezählt." Der Kardinal rutschte unruhig auf seinem Stuhl herum. Er schüttelte den Kopf und winkte ab. „Frau Leonhardt", sagte er, „Sie wissen ja gar nicht, wovon Sie reden." Doch Victoria lächelte ihn nur warmherzig an. „Das weiß ich ganz genau. Ich sehe es in den Augen der Menschen, wenn sie ihre Liebe zu sich selbst und zu Gott wieder gefunden haben." Abschließend sagte sie: „Es gibt keinen strafenden Gott, das ist ein Irrtum. Gott liebt alle seine Kinder, er wertet niemals." Jetzt schaltete sich Pfarrer Amselfeld ein. „Unglaublich, was Sie da sagen, Frau Leonhardt. Das ist genau das, was ich versuche, meiner Gemeinde zu vermitteln. Ich muss das aber immer mühevoll für meine Sonntagspredigt zusammen schreiben. Wie schaffen Sie es, so frei und unbefangen darüber zu reden?" Sie strahlte ihn an wie ein Kind und sagte nur: „Er spricht durch mich. Es ist ganz einfach." Die Gesichtszüge von Margarethe Scheunenhuber hatten sich auf wundersame Weise erhellt und auch sie wollte von Victoria wissen: „Wie kommt jemand wie Sie, Frau Leonhardt auf alle diese Erkenntnisse?" Victoria lachte und sagte nur: „Das, Frau Scheunenhuber, ist eine lange Geschichte!"

Die Vision

„In der Tat bin ich überrascht", begann sie die Konversation mit Victoria, „wissen Sie, es wäre sicher sehr interessant, Näheres über Sie und Ihre Arbeit zu erfahren. Gerade für mich, als Schnittstelle zwischen Landesregierung und Kirche könnte der eine oder andere Grundgedanke, den Sie vertreten, ganz hilfreich sein." Kaum hatte Frau Scheunenhuber zu Ende gesprochen, ergriff der Moderator Herr Weinberg wieder das Wort. „Meine lieben Gäste und Zuschauer, wir sind am Ende unserer Sendung angelangt." An seine Gäste gewandt, sagte er: „Ich danke Ihnen sehr für Ihre Teilnahme an dieser spannenden Diskussion. Mein besonderer Dank gilt Ihnen, Frau Leonhardt, für die tiefen Einblicke in Ihre Arbeit und Denkweise." Er blickte direkt in die Kamera. „Schalten Sie auch nächste Woche wieder ein, wenn es heißt 'Talk um zehn'. Damit verabschiede ich mich von Ihnen, Ihr Moderator Wolfgang Weinberg." Die Lichter an den Kameras erloschen und die Zuhörer standen nach und nach auf, um das Studio wieder zu verlassen. Der Moderator bedankte sich nochmals persönlich bei allen Teilnehmern der Talkrunde. Der Kardinal war der Erste, der sich verabschiedete. Offensichtlich hatte er keine Absicht, noch einmal mit solchen Fragen konfrontiert zu werden. Pfarrer Amselfeld hingegen bat Victoria um eine Karte und versprach sich bei ihr in den nächsten Tagen zu melden. Ebenso Frau Scheunenhuber. Sie lud Victoria ein, sich demnächst zu einer Besprechung zu treffen.

Wolfgang Weinberg seufzte und Victoria zugewandt sagte er: „Das war wirklich unglaublich. Alle Achtung, da waren Sie ja ganz schön mutig." Sie wurde rot und entgegnete: „Ich habe nur gesagt, was meine aufrichtige Meinung ist. Dabei bin ich noch nicht einmal tiefer eingestiegen in das Thema. Aber vielleicht war es besser so." Er nickte und lächelte sie an. „Frau Leonhardt, ich wünsche Ihnen, dass das heute viele Menschen gesehen haben und Sie aufsuchen." Sie bedankte sich und nahm ihre Sachen, dann fügte er noch hinzu: „Ich bin sicher, das war nicht das letzte, was wir von Ihnen gehört haben." Sie schaute ihn fragend an, während er sich umdrehte und das Studio auf der anderen Seite durch den Ausgang verließ. Etwas verwirrt ging Victoria aus dem Gebäude und zu ihrem Wagen um nach Hause zu fahren. Sie war gespannt von Katja und Marius zu erfahren, was sie von ihrem Auftritt hielten. Auch unterwegs im Auto ließ sie die Talkshow nochmals Revue passieren und fragte sich, ob sie nicht doch zu heftig aufgetreten war.

Aber sie musste jetzt wohl abwarten, wie die Resonanz sein würde. Zuhause an den Bildschirmen hatten Laura, Louis, Anton, Katja und Marius die Diskussion bis zum Schluss verfolgt. Marius hatte kommentiert: „Ganz schön gewagt, was eure Mutter da sagt." Laura hatte nur gemeint: „Ich weiß noch nicht, ob ich es gut finden soll, meine Mutter in diesem Zusammenhang im Fernsehen zu sehen." Damit hatte sie das Wohnzimmer verlassen um noch mit ihren Freundinnen im Internet zu chatten, bevor sie zu Bett gehen wollte. Louis und Anton waren ebenfalls auf ihre Zimmer gegangen. Katja und Marius hatten beschlossen, auf Victoria zu warten, bis sie aus dem Fernsehstudio wieder zurück war. Etwa eine Stunde später drehte sich ein Schlüssel im Haustürschloss. Victoria war inzwischen todmüde. Sie umarmte erst Katja, dann Marius. „Hey Liebes", entfuhr es Katja, „das war gut. Ich bin stolz auf dich, wie du dich da präsentiert hast." Auch Marius nickte anerkennend. „Danke meine Lieben. Ich würde jetzt einfach nur gern noch ein Gläschen Rotwein mit euch trinken und dann schlafen gehen." Nach etwa 30 Minuten verabschiedeten sich die beiden und Victoria ließ sich erschöpft in ihr Bett sinken und fiel in einen tiefen, traumlosen Schlaf. Sie konnte und wollte sich keinerlei Gedanken machen, was die Talkshow auslösen könnte oder nicht. Schließlich, dachte sie bevor sie einschlief, würde sie es noch früh genug erfahren und schlimmer konnte es auch nicht mehr werden.

Über Nacht geschah dann das Wunder, auf das Victoria insgeheim so gehofft hatte. Ab dem nächsten Tag stand das Telefon nicht mehr still. Eine Flut von Anrufern brach über sie herein. Jeder erklärte ihr, er hätte die Sendung am Abend zuvor im Fernsehen gesehen und wolle unbedingt so schnell wie möglich einen Termin. „Frau Leonhardt, Sie sind meine letzte Hoffnung. Ich habe ein Kind verloren und finde einfach keine Ruhe mehr", klagte eine deprimiert klingende ältere Dame. Ein anderer Anrufer bekannte: „Ich bin spielsüchtig. Bisher konnte mir niemand helfen. Wissen Sie Rat?" Victoria notierte die Namen der Anrufer und vergab einen Termin nach dem anderen. Der letzte, der sich an diesem Tag meldete, sagte: „Ich bin einfach neugierig, wie Sie arbeiten. Von so einer Art des Therapierens habe ich noch nie gehört. Auch er bekam einen Termin. In den nächsten Tagen riss der Strom der Anrufer nicht ab. Die Kinder beschwerten sich schon, dass das Telefon ständig läutete. „Mama, wenn ich deine Telefonsprechstundenhilfe sein soll", meinte Laura sogar, „dann musst du mich aber auch dafür bezahlen." Victoria vergab inzwischen schon Termine für den übernächsten Monat. 'Unglaublich', dachte sie fassungslos. Wenn das nicht ein Grund zum Feiern war, überlegte sie und entschied, einen kleinen telefonischen Rundruf zu starten. Die Presse und das Fernsehen – für Victoria waren sie zuerst Fluch und dann Segen geworden. Ihr Verstand kam mit den Ereignissen wirklich nicht mehr mit. Jetzt fand sie sich mit einem vollen Terminkalender wieder. Seit der Talkshow war das Interesse an ihrer Arbeit in einer Weise gestiegen, wie sie es niemals für möglich gehalten hätte. Sie erreichte Katja, Marius, Valeria und Urs und lud sie kurzfristig, noch für den gleichen Abend, auf ein Glas Prosecco und ein Stück Pizza ein.

Um sieben Uhr klingelte Marius, der Katja mitbrachte. Ein paar Minuten später stand eine strahlende Valeria, mit einem Blech duftendem frischgebackenen Kuchen, vor der Tür. Urs, der dazu neigte, zu spät zu kommen, traf etwa eine Viertelstunde nach den anderen ein. „Ich habe dir eine Aufzeichnung von der Sendung besorgt, Victoria. Dann kannst du das mal in Ruhe anschauen", sagte Marius und legte ihr eine DVD auf den Tisch. „Danke Marius", strahlte sie ihn an, „daran hatte ich gar nicht gedacht. Ich hätte die Talkshow aufzeichnen können." Valeria sagte in ihrem unverwechselbaren russischen Akzent „Hast du gut ausgesehen. So normal, gar nicht so verrückt wie sonst. Hätte man dich glatt für Werbung für Haare nehmen können." Da musste Victoria lachen und gab zurück: „Du wirst es nicht glauben, Valeria. Genau das Gleiche habe ich auch gedacht, als ich aus dieser Maske kam. Für einen Moment wäre es mir vielleicht sogar lieber gewesen." Sie nickte und fügte hinzu: „Ich war schon ganz schön aufgeregt." Katja beteiligte sich an dem Gespräch: „Die Themen, die du gewählt hast, fand ich zwar etwas heftig, aber du hast deine Haltung aus deiner Sicht ganz gut vertreten." "Ja", antwortete Victoria und ergänzte, "ich habe das Thema Zölibat bewusst vermieden. Obwohl es die Spatzen von den Dächern pfeifen, dass die Kirche die Alimente für die Kinder ihrer Pfarrer bezahlt. Urs stimmte ihr zu. "Da gebe ich dir recht, Victoria. Da hätten sich der liebe Kardinal und viele andere bestimmt persönlich angegriffen gefühlt. Es war sicher klüger, das Thema außen vor zu lassen." Sie zuckte mit den Schultern und sagte an Urs gewandt. "Also, wenn sich die Pfarrer ganz normal, wie alle anderen mit Frauen einlassen dürften, müssten sie jedenfalls nicht kleine Jungs begrabschen." Urs, der gerade einen Schluck aus seinem Wasserglas trank, verschluckte sich und musste heftig husten. Als er sich wieder beruhigt hatte, sagte er hastig: "Dass du das nicht gesagt hast, war das Allerklügste überhaupt."

"Und ich bin froh, dass unsere Mutter jetzt wieder Arbeit hat", mischte Louis sich ein und setzte sich dazu. Hinter ihm kam sein Bruder Anton und nahm auf dem Stuhl neben Louis Platz. "Ja", sagte er, "wir haben von Anfang an nicht gewusst, ob das was wird, als unsere Mum die Praxis aufgemacht hat." Anton schaute auf Louis. Der führte weiter aus: "Aber dann, als nach und nach die ersten Klienten kamen, waren wir ganz schön stolz auf unsere Mutter. Stimmt`s Laura?", fragte er in die andere Ecke des Wohnzimmers, in der Laura an ihrem Notebook saß und mit ihren Freundinnen chattete. "Ja doch", antwortete sie genervt, "trotzdem hätte ich lieber eine Mutter, die nicht ständig in den Schlagzeilen und im Fernsehen ist." Damit war für sie das Gespräch beendet. Anton fügte hinzu: "Wir finden es jedenfalls ganz super, so wie es jetzt ist, Mum." Louis wollte aber auch noch einen abschließenden Satz loswerden und sagte ernst: "Mama?" "Was ist denn?", fragte Victoria verwundert. Er schaute seine Mutter eindringlich an und sagte mit gesenktem Blick: "Uns wäre es auch lieber, wenn wir jetzt erst mal nichts mehr über dich in der Zeitung lesen müssten." Unter dem Tisch, für alle anderen nicht sichtbar, nahm Marius Victorias Hand. "Na klar", antwortete Victoria und nickte. "Ich habe auch nicht die Absicht, so bald wieder Schlagzeilen zu machen." Dann schickte sie ihre Kinder ins Bett. Die Zeit an diesem Abend verging rasend schnell. Sie plauderten noch ein wenig über die Ereignisse der letzten Tage. Victoria unterdrückte ein Gähnen. „Jedenfalls habe ich in den nächsten Wochen erst mal genug zu tun. Da bleibt mir keine Zeit, mir etwas Neues auszudenken. Es gibt sowieso nur eine einzige Sache, die mich noch interessieren würde." Alle drei drehten den Kopf und schauten Victoria mit großen Augen an. Katja fragte sofort angespannt nach. „Was meinst du denn damit? Von welcher Sache sprichst du?" Victoria schaute auf und antwortete: „Warum schaut ihr mich denn alle so an? Ich wollte euch doch nur erzählen, was ich für eine Vision habe und wie ..." Katja, Marius, Urs und Valeria fielen ihr gleichzeitig ins Wort. „Nein", sagte Katja energisch und schüttelte den Kopf, „lass das bleiben." Urs ermahnte sie ebenfalls: „Bitte Schätzchen, in der nächsten Zeit erst mal keine Visionen mehr." Valeria schaute Victoria richtig böse an und knurrte: „Nächstes Mal, ich dich persönlich legen über Knie, wenn du nicht Finger lässt!" Marius druckste herum. Dann sagte auch er: „Weißt du Victoria. Ich finde auch, du solltest deinen jetzigen Erfolg nicht wieder gefährden." Darin waren sich Katja, Valeria, Marius und Urs einig. Victoria sollte auf keinen Fall mehr irgendwelche Ideen aushecken, geschweige denn Visionen erfinden um womöglich wieder eine Katastrophe auszulösen.

Obwohl Victoria ihre Reaktionen völlig übertrieben fand, hielt sie sich zurück. Sie erzählte nicht, worum es sich bei ihrer Vision handelte. Vielleicht hätten ihre Freunde das auch nicht verstanden. Diese Vision hatte nicht das Geringste mit etwas Verbotenem zu tun, sondern einfach nur mit Victorias Bild, das in der Zeit vor der Gerichtsverhandlung auf einmal vor ihrem inneren Auge aufgetaucht war. Es war die Vorstellung, eine geführte Meditation mit ganz vielen Menschen zu machen. Wie genau das ablaufen sollte, das wusste sie auch noch nicht. Sie war sicher, es würde ihr schon das Richtige einfallen, hätte sie nur erst mal die Gelegenheit dazu. „Okay, okay. Ich lasse es ja", antwortete sie und schmollte ein wenig. Inzwischen war es schon spät geworden. Urs verabschiedete sich zuerst. Auch Marius und Katja brachen auf. Ein paar Minuten später stand auch Valeria in der Tür und umarmte Victoria zum Abschied. Dabei ermahnte sie Victoria noch einmal: „Hast gehört, was wir dir gesagt haben. Du machte keine verrückte Sachen mehr, sonst ich sperre dich ein, ich verspreche!" Victoria kam sich vor, als ob ihre Eltern mit ihr redeten und antwortete trotzig: „Ja. Ist ja gut. Ich habe es gehört." Valeria entließ Victoria aus ihrer Umarmung und fügte noch einen letzten Satz hinzu: „Ehrlich Victoria. Haben dich und deine Kinder so gerne. Wollen nicht noch mal so viel Traurigkeit in deine Augen sehen." Sie lächelte sie an, dann drehte sie sich um und ging zu ihrem Auto. Für den Bruchteil eines Moments war Valeria, als ob sie in Victorias Augen ein leichtes schelmisches Funkeln gesehen hätte. Sie startete den Wagen und fuhr nach Hause. Die Warnung, die sie und die anderen drei heute Abend Victoria mitgegeben hatten, sollte eigentlich reichen, hoffte Valeria, wider besseren Wissens. Victoria fühlte sich richtig müde. Der nächste Tag würde lang werden, denn sie hatte einen vollen Terminkalender. Sie ging Zähneputzen, zog ihr grasgrünes Nachthemd mit den rosa Blümchen an, kuschelte sich in ihre Decken und knipste das Licht aus. Zufrieden über den Erfolg ihrer Arbeit, dachte sie, dass sie demnächst auch mal mit den Kindern verreisen könnte. Vielleicht sogar nach Amerika. Wer weiß, wo ich noch überall hinfliege, träumte sie vor sich hin, bevor sie in einen tiefen Schlaf fiel.

In den nächsten Wochen änderte sich erfreulicherweise die Berichterstattung der Zeitungen. Von der anfänglichen Titulierung als Sektenführerin war keine Rede mehr. Einige ihrer neuen Klienten hatten Leserbriefe geschrieben, die veröffentlicht wurden. Man hatte Victoria sogar darum gebeten, ihre Seminartermine abdrucken zu dürfen. Fast schien es, als wären die Zeitungen stolz, wenn sie über Victorias Aktivitäten berichten durften. Es entwickelte sich prächtig. Victoria dachte schon gar nicht mehr an ihre Vision. Bei den vielen Terminen hatte sie fast gar keine Zeit mehr für andere Dinge. Außerdem musste sie sich noch um die Kinder kümmern und die wenige Freizeit verbrachte sie zum größten Teil mit Marius. Sie beide waren sich immer näher gekommen. Das hatte sie nicht gedacht. Der Prozess und die Ereignisse darum herum, rückten immer weiter aus ihrem Bewusstsein. Mit dem Honorar des Fernsehsenders hatte sie ihre Strafe bezahlen können. Mit den Einnahmen, die sie mit der Praxis erzielte, konnte sie alle laufenden Rechnungen begleichen und hatte sogar noch etwas übrig. Jetzt saß sie auf ihrer Terrasse, hielt einen schönen Latte Macchiato in den Händen und spürte die Sonne auf ihrem Gesicht. Noch 15 Minuten, dann käme schon wieder der nächste Klient.

Drinnen hörte sie das Telefon klingelte. Sie ging hinein und meldete sich: „Victoria Leonhardt" „Einen wunderschönen guten Tag, Frau Leonhardt", begrüßte sie eine Frau stürmisch. „Mein Name ist Leila Lahlehli." Die Frau sprach mit einem leichten Akzent. „Ich bin von der Redaktion Friedhelm Anderson, von der Late-Night-Show SuperTV tonight auf 7/24 media." „Und was wollen Sie von mir?", fragte Victoria neugierig. „Einladen, Frau Leonhard. Wir wollen Sie einladen, in unsere Sendung. Ich schicke Ihnen alle Unterlagen zu, dann haben Sie diese übermorgen in der Post. Selbstverständlich erwartet Friedhelm Anderson Ihre Zusage. Ich wünsche Ihnen noch einen schönen Tag." Damit legte Leila Lahlehli auf. Victoria saß mit offenem Mund da und starrte den Hörer an. Leise wiederholte sie: „SuperTV tonight, das gibt es doch nicht." Da müsste sie sich jedenfalls keine Gedanken um ihre Kleidung machen. Im Gegenteil, da würde es richtig gut passen, die buntesten Sachen anzuziehen, die ihr Kleiderschrank hergab. 'Oh je, die Kinder', durchfuhr es sie sofort. Wie sollte sie das ihren Kindern erklären? Hatten die nicht erst vor Kurzem gesagt, sie wünschten ihre Mutter nicht mehr auf irgendwelchen Titelseiten oder Bildschirmen zu sehen? Schon gar nicht bunt und schrill gekleidet. Aber SuperTV tonight, das war doch die bekannteste Late-Night-Show im ganzen Land, das wusste sogar Victoria. Obwohl sie in letzter Zeit nicht viel fernsah. Der nächste Klient stand schon vor der Tür. Deshalb beschloss sie, erst mal abzuwarten, bis der Brief mit den Einzelheiten im Briefkasten läge. Tatsächlich warf ihn der Briefträger am übernächsten Tag ein. Blitzschnell holte sie die Schlüssel für den Briefkasten, eilte hinaus und kam mit der Post in der Hand wieder zurück. Da war er. Von der Redaktion SuperTV tonight an sie, Victoria Leonhardt, gerichtet. Unglaublich. Sie riss das Kuvert auf und begann laut zu lesen.

„Sehr geehrte Frau Leonhardt,
wir haben in den letzten Wochen viel über Sie in der Presse gelesen, sowie die Sendung 'Talk um zehn' gesehen. Unserer Redaktion ist nicht entgangen, dass Sie inzwischen sehr erfolgreich sind mit ihrer Praxis. Unser Produzent, und Moderator von 'SuperTV tonight', Friedhelm Anderson, hat sich überdies bei Wolfgang Weinberg über Sie erkundigt. Sie haben anscheinend einen tiefen Eindruck hinterlassen. Das hat Friedhelm Anderson persönlich veranlasst, Sie in unsere Sendung einzuladen. Wir möchten Sie bereits nächsten Mittwoch in der Sendung haben.
Über Ihre Zusage freuen wir uns. Unseren Vertrag, die Honorarvereinbarung und die weiteren Informationen zum Ablauf der Sendung haben wir diesem Schreiben beigefügt.

Herzlichst,
Ihre 'SuperTV tonight'-Redaktion."

Victorias Hände zitterten als sie die Anlagen des Anschreibens auf dem Küchentisch ausbreitete. Sie nahm die Honorarvereinbarung und überflog den Inhalt. Plötzlich wurde sie kreidebleich. 'Das kann doch nicht wahr sein', dachte sie fassungslos. Die boten ihr doch tatsächlich 6000 Euro dafür, dass sie in diese Latenightshow kam. Da musste sie hin, das war so klar, wie nur irgendwas. Schon wieder fand sie sich in einer Zwickmühle. Es war ja schlicht nicht möglich, keinem etwas davon zu sagen und dort heimlich hin zu gehen. Die Show wurde live gesendet und am nächsten Tag würden sie alle im Fernsehen gesehen haben. Das ging auf gar keinen Fall. Aber wie bekam sie das jetzt hin. „Überleg' ganz in Ruhe", sagte sie laut und seufzte. Sie ließ den Brief mit dem Anhang auf dem Küchentisch liegen. Bestimmt würde ihr eine Lösung einfallen.

Victoria hätte sich überhaupt keine Sorgen machen müssen, darüber, wie sie es ihren Kindern erklären konnte. Die Entscheidung wurde ihr dadurch abgenommen, dass Anton an diesem Tag zwei Stunden eher von der Schule nach Hause kam. Während Victoria in ihrem Praxisraum mit einem Klienten arbeitete, fand Anton den Brief von „SuperTV tonight" auf dem Küchentisch. Am Nachmittag wussten es dann alle. Nicht nur Katja, Valeria, Urs und Marius. Nein. Victorias Kinder waren so aus dem Häuschen, dass sie ihre ganzen Freunde anriefen. Sogar jeder Klient, der kam, wurde von den Kindern überfallen mit den Worten: „Unsere Mutter ist nächste Woche bei 'SuperTV tonight', das müssen Sie sich anschauen." Als sie später beim Abendessen saßen, gab es kein anders Thema als die Show. Sogar die Großeltern wussten es inzwischen. Louis hatte sie angerufen und es ihnen erzählt. Laura rutschte auf ihrem Stuhl herum und Victoria spürte, dass sie etwas sagen wollte. „Was ist denn Laura?", fragte Victoria vorsichtig. „Ach, es ist nur ...", sie seufzte. „Mama, bitte zieh dich nicht zu bunt und verrückt an, das ist mir peinlich." „Ist doch gar kein Problem, Laura. Du kannst mir ja helfen, etwas Passendes auszusuchen, okay?", antwortete ihre Mutter. „Ehrlich?", fragte Laura und ihre Augen leuchteten. „Ja", sagte Victoria, „und wir haben noch ein paar Tage Zeit." „Was machen wir eigentlich mit dem Geld, Mum?", wollte Anton wissen. Victoria sah von ihrem Teller auf. „Ach Anton, erst mal auf die Seite legen." Er zog eine Schnute. Das war wohl nicht die Antwort, die er hören wollte. „Sonst nichts?", hakte er nach und in seinem Gesichtsausdruck lag ein leichtes Schmollen. Seine Mutter lächelte ihn an und gab zurück: „Mal sehen, vielleicht fahren wir vier zusammen in Urlaub? Aber erst später." Sofort hatten sie ein neues Thema und diskutierten über die spannende Frage, wohin sie denn fahren oder fliegen könnten. Die Woche verging schnell und Victoria war schon wieder aufgeregt. Dieses Mal war es aber anders. Ganz anders. Es ging nicht um Gott, oder Jesus, auch nicht direkt um ihre Arbeit. In dieser Show ging es nur um sie persönlich und um ihre Geschichte.

Für den Abend im Fernsehen hatte Laura ihr eine richtig tolle Kombination zusammengestellt. So erschien sie im Studio von „SuperTV tonight" mit einem schwarzen Minikleid mit dezenten Pailletten und einer kurzen schwarzweißen Jeansjacke. Ihre Füße steckten in schwarzen Cowboystiefeln aus Wildleder. Die Haare waren nicht wie sonst weiß und wellig, sondern schön geglättet. Mit frischem Make-up und viel Herzklopfen setzte sie sich in den Sessel gegenüber von Friedhelm Anderson. Sie bekam tosenden Applaus vom Publikum. „Herzlich Willkommen, Victoriaaaa Leonhaaaardt", begrüßte er sie stürmisch. Er stieg gleich in das Thema ein, das ihn interessierte, so wie man es von ihm kannte. „Sagen Sie, Victoria, das ist schon ein etwas ungewöhnliches Auftreten für eine Psychotherapeutin. Finden Sie nicht?" Victoria grinste von einem Ohr zum anderen, dann antwortete sie: „Tja, Friedhelm. Ich bin ja auch eine ungewöhnliche Psychotherapeutin." Friedhelm musterte sie von oben bis unten, dann redete er weiter. „In der Tat, Victoria, das sind Sie. Wir haben Ihren Weg der letzten Monate verfolgt. In Ihrem Leben war ja ganz schön was los. Wollen Sie unseren Zuschauern ein bisschen was erzählen?" Victoria wurde ein bisschen nervös. Dann atmete sie tief durch und begann ihre Geschichte.

In wenigen Sätzen erzählte sie, wie sie entschieden hatte, Psychotherapeutin zu werden, von ihrem Mann geschieden wurde und dann ihre Praxis eröffnet hatte. Sie erklärte kurz, worin der Schwerpunkt ihrer Arbeit lag und wie sie mit ihrer Methode den Menschen schnell helfen konnte. Dass sie viel von ihrer Lebenserfahrung profitieren würde, was aber eine lange Geschichte sei. Dann kam sie auf das Seminar in der Kirche und seine Folgen zu sprechen. Friedhelm hakte kurz nach: „Dann wurden Sie verklagt, richtig?" „Ja", sagte Victoria und nickte. „Ich musste wegen schweren Hausfriedensbruchs vor Gericht und habe eine saftige Geldstrafe bekommen." Sie erzählte, wie schwer die Zeit danach für sie und ihre Kinder gewesen war. Erst durch die Talkshow „Talk um zehn" habe sich alles geändert. Viele Menschen, denen sonst keiner mehr helfen konnte oder wollte, hatten sich danach an sie gewandt. Jetzt sei sie so ausgebucht, wie sie es sich nur wünschen konnte. Ihre Seminare seien ebenfalls sehr gefragt, fügte sie am Ende hinzu. „Das ist sensationell, Victoria." Er fand ihre Geschichte sichtlich interessant. „Sagen Sie mal", fragte er weiter, „wie schafft man so was? Sie sind doch auch ganz nebenbei noch alleinerziehend mit drei Kindern u[nd] auch noch eine Hypothek für ihr Haus abzubezahlen. Soweit w[ir wissen,] schmeißen Sie Ihren Laden ganz alleine." Es entstand eine kurze Pause, dann lächelte Victoria ihn an und antwortete: „Das kann doch jeder. Man muss sich nur entscheiden." Er hakte nach und fragte: „Wie meinen Sie das genau?" Victoria erklärte: „Manchmal denkt man, es geht nicht mehr weiter. Aber das stimmt nicht. Man muss sich nur entscheiden, ob man wirklich etwas ändern will um aus seinen Problemen heraus zu finden. Man muss aufhören, alle möglichen Ausreden und Rechtfertigungen zu konstruieren, die einen in der problematischen Situation festhalten." „Aha", entgegnete Friedhelm, „und dann? Was ist noch wichtig?" Victoria überlegte einen Moment, dann antwortete sie: „Es ist vollkommen egal, wie viele Probleme man hat, wie belastet man sich fühlt oder ob man krank ist. Was auch immer es sein mag, warum es einem schlecht geht …", sie machte eine kurze bedeutungsvolle Pause, dann sagte sie ganz ruhig: „Der erste und damit wichtigste Schritt ist, den Mut aufzubringen und die aufrichtige Entscheidung zu treffen, die Situation wirklich verändern zu wollen. Etwas aus sich machen zu wollen, sich selbst zuliebe und zur eigenen Freude. Wer diese Entscheidung aus ganzem Herzen heraus trifft, wird erleben, wie sich vor ihm neue Türen und Möglichkeiten öffnen. Deshalb ist das Wichtigste, sich erst mal für sich selbst zu entscheiden. Es ist ganz einfach." Es war still geworden im Studio.

Friedhelm unterbrach die greifbare Stille mit einer Zwischenfrage: „Ganz einfach, sagen Sie? Haben Sie denn nie daran gezweifelt, dass Sie es schaffen?" Victoria nickte und seufzte: „Das habe ich. Sehr oft sogar. Natürlich bricht man immer wieder mal ein und stellt alles in Frage. Aber es ging auch wieder vorüber. Es ist vielleicht eher als eine Art Überprüfung zu sehen, ob man noch zu seiner Entscheidung steht, etwas aus sich zu machen." Wieder entstand eine kurze Pause, dann fügte Victoria hinzu: „Und es geht darum, sich selbst treu zu bleiben. Es ist wichtig, sich nicht mehr anderen zuliebe zu verbiegen." Der Moderator schaute sie fragend an. „Verbiegen?" Victoria runzelte die Stirn und fuhr fort:

„Ja, wir tun viel zu oft etwas anderen zuliebe, weil wir Angst haben, sie zu verletzen. Zu der Entscheidung, etwas aus sich zu machen, gehört auch, die eigene Wahrheit und Meinung zu vertreten." Sie bekam großen Beifall für ihre Erklärung. „Das sind klare Worte, Victoria. Das gefällt mir an Ihnen. Wissen Sie was? Sie sind wirklich ungewöhnlich. Ich denke, das was Sie gerade gesagt haben, kann vielen helfen, sich aus ihrer Situation selbst zu befreien." Er nickte und spontaner Applaus brach von den Studiogästen über sie herein. Er hob kurz die Hand und der Applaus ebbte ab. Er ergriff erneut das Wort: „Victoria, jetzt haben Sie so viel erreicht. Sagen Sie, was hat denn eine Frau wie Sie noch für Wünsche und Ziele?" In Victorias Augen begann es sofort zu funkeln und zu leuchten. Sie grinste von einem Ohr zum anderen. Dann begann sie zu sprechen. „Ich habe da eine Vision."

Jedem Gedanken folgt Energie

Friedhelm rückte etwas näher an sie heran. „Und die wäre?" Das Leuchten in Victorias Augen verwandelte sich in ein Strahlen, dann fuhr sie fort: „Ich würde gerne eine innere Bilderreise mit ganz vielen Menschen machen. Sie können es auch eine geführte Meditation oder Imagination nennen. Bisher führe ich solche Reisen mit 20 bis 30 Leuten in meinen Seminaren durch. Meine Vision ist, so etwas mit 100, oder vielleicht sogar 1000 Menschen zu machen. Wissen Sie, ich liebe diese Arbeit so sehr und jeder, der dabei ist, fühlt sich zutiefst berührt, von dem was er in seiner inneren Bilderwelt erfährt." Friedhelm machte große Augen und meinte: „Das, meine liebe Victoria, habe ich noch nie gehört. Es klingt aber sehr spannend. Ich wünsche Ihnen, dass Sie eine Gelegenheit finden, Ihre Vision zu verwirklichen." Es folgte wieder Applaus und die „SuperTV tonight"-Musik erklang aus den Lautsprechern. Am Ende ihres Auftritts verabschiedete sich Friedhelm Anderson unter lautem Beifall des Publikums von Victoria mit den Worten: „Es war wunderbar, Sie heute Abend in meiner Sendung zu haben. Schön, dass Sie Ihre Geschichte mit uns geteilt haben. Man merkt bei Ihnen, dass Sie aus Erfahrungen sprechen. Es ist kein angelesenes Wissen. Wenn Sie erzählen, klingt alles so selbstverständlich. Dass Sie durch Ihre Lebenserfahrungen so viel erkannt haben, ist bewundernswert. Da profitieren Ihre Klienten sicher sehr davon." Er machte eine kurze Pause, in der Victoria nochmals großen Beifall vom Studiopublikum bekam. Im Brustton der Überzeugung schloss Friedhelm: „Ich bin sicher, wir werden noch von Ihnen hören." Die Musik aus den Lautsprechern wurde noch etwas lauter und über die Showtreppe, über die sie gekommen war, verließ Victoria leicht benommen das Studio. Sie nahm ihre Sachen aus der Garderobe, verabschiedete sich von den Mitarbeitern des Senders und machte sich auf den Nachhauseweg.

Im Auto sang sie fröhlich vor sich hin. „… kann auf Wasser gehen, ich schrei es hinaus, ich geh' in Flammen auf …" Da fiel ihr ein, dass sie trotz der gut gemeinten Warnungen ihrer Freunde von ihrer Vision erzählt hatte. Es wurde ihr etwas heiß. Na gut, dachte Victoria, dann sind sie eben ein bisschen sauer auf mich. Das wird auch wieder vorbei gehen. Es ist ja sonst nichts passiert, sie hatte ja nur darüber gesprochen. Insgesamt war sie sehr zufrieden mit sich und ihrem Auftritt. Als sie zuhause ankam, war es schon Mitternacht. Dieses Mal hatte sie die Sendung aufgezeichnet. Es wäre sonst zu spät geworden für die Kinder. Sicher konnten sie es kaum erwarten, sich die Sendung anzuschauen. Am nächsten Morgen versprach Victoria ihren Kindern beim Frühstück, den Fernseher anzustellen, sobald alle von der Schule zuhause waren. „Ich habe keine Termine heute", sagte sie, „damit wir das zusammen anschauen können und ihr mich hinterher alles fragen könnt." Wild durcheinander redend packten sie ihre Schultaschen und gingen zum Bus. Victoria musste gähnen. Sie hatte wenig geschlafen, denn es hatte noch ewig gedauert, bis sie innerlich zur Ruhe gekommen war. Es war ja auch nicht alltäglich, dass man abends in einer Fernsehshow war. Es war wohl am besten, sie trank noch einen starken Kaffee. Vielleicht legte sie sich auch einfach noch ein Stündchen hin. Doch sie kam nicht dazu. Das Läuten des Telefons holte sie wieder aus ihren Gedanken. „Hallo, hier Leonhardt", sagte sie und unterdrückte ein Gähnen. „Spreche ich mit Victoria Leonhardt? Sind Sie es persönlich?", meldete sich ein Mann mit holländischem Akzent. „Ja", sagte Victoria und dachte schon, einen neuen Klienten in der Leitung zu haben. „Was kann ich für Sie tun?", fragte sie gelassen, während sie sich etwas reckte und streckte. „Guten Morgen. Ich bin von der Eventagentur Musikspielberg. Mein Name ist Edwin van Doerben." Schlagartig war Victoria hellwach. „Was ... ? Wer ...?", war alles, was sie sagen konnte. Er überhörte sie und fragte etwas ungehalten einfach weiter: „Sagen Sie, haben Sie das ernst gemeint?" Victoria begriff nicht, was er wollte und fragte: „Was denn? Wovon sprechen Sie bitte?" Ganz unverblümt kam er zur Sache. „Wissen Sie, wir suchen schon lange nach einer neuen Idee für eine Veranstaltung. Ihre Idee, Ihre Vision da, von der Sie bei 'SuperTV tonight' gesprochen haben, gefällt uns gut." Es entstand eine kurze Pause. Dann fragte Edwin van Doerben: „Also, Victoria, haben Sie das ernst gemeint? Wir wären daran interessiert ein Festival zu organisieren. Mit Ihnen als Moderatorin. Wir dachten daran, die Veranstaltung 'Bewegung des Lichts' zu nennen." Wieder eine Pause. Der Anrufer rief: „Frau Leonhardt, Frau Leonhardt, sind Sie noch dran?" Victoria versuchte sich zu sammeln. „Einen Moment," sagte sie, „ich muss mich erst mal setzen, mir ist gerade etwas schwindelig."

Dann saß sie auf ihrem Sofa und atmete tief durch. „Können Sie das bitte wiederholen?", forderte sie ihn auf. Edwin van Doerben berichtete ihr von seinen Plänen für die Veranstaltung, die schon in drei Wochen stattfinden sollte. „Ist das Ihr Ernst?", fragte Victoria ungläubig. „Aber natürlich", hörte sie ihn mit seinem holländischen Akzent sagen. „Passen Sie auf, ich schlage Ihnen vor, Sie kommen morgen oder übermorgen in mein Büro. Dann können wir in Ruhe über alles reden." „Ja, gut", meinte sie, immer noch ganz verwirrt. „Wie war noch mal gleich ihre Adresse?" Victoria notierte alles und versprach baldmöglichst vorbei zu kommen. „Vielleicht sollte ich mit dem Prosecco-Trinken aufhören", sagte sie laut, nachdem sie den Hörer aufgelegt hatte. Und kurz darauf: „Oh mein Gott, ich glaube, ich habe Halluzinationen." Noch immer etwas betäubt saß sie inzwischen in der Küche auf einem Stuhl und konnte nicht glauben, was ihr da gerade angeboten worden war. Plötzlich kam ihr Sven wieder in den Sinn. Sie erinnerte sich, wie er vor Monaten nach einem Seminartag zu ihr gesagt hatte: „Du wirst schon sehen, du wirst noch ganze Stadien füllen." Damals hatte sie noch abgewinkt und war verlegen oder sogar rot geworden. Es war ihr ganz und gar unmöglich erschienen. Jetzt, nur ein paar Monate später, sollte es Realität werden? Sie konnte nur noch sprachlos nicken und in Gedanken Urs zitieren. „Ja", sagte sie laut, „jedem Gedanken folgt tatsächlich Energie, genauso wie jeder Vision und jedem inneren Bild." Ein Klingeln an der Haustüre riss Victoria aus ihren Gedanken und sie stürmte durch den Flur um die Tür zu öffnen.

„Katja, Katja, du wirst nicht glauben, was passiert ist." Victoria zog Katja zur Haustür herein, durch den Flur und in die Küche. „Schnell Katja, komm' rein", drängte sie ungeduldig. „Ich muss es dir sofort erzählen, sonst platz' ich noch." Sprachlos sah Katja auf ihre Freundin, die völlig aus dem Häuschen schien und fragte sich, was wohl schon wieder passiert sein mochte. Sie konnte sich nicht im Mindesten vorstellen, was die letzten Ereignisse noch hätte übertreffen können. Victoria schenkte Katja und sich erst mal ein großes Glas Prosecco ein. „Darauf müssen wir anstoßen. Es ist einfach zu unglaublich, ehrlich. Ich kann es selbst noch nicht glauben." „Was denn, Victoria? Was ist denn los? Beruhige dich doch mal. Gibt es etwa neue Schlagzeilen, oder was?", fragte Katja, die immer noch nicht verstehen konnte, warum Victoria so außer sich war. „Nein. Etwas ganz anderes ist passiert. Du wirst es nicht glauben. Ich glaube es ja selbst noch nicht. So ein Typ hat mich angerufen, Edwin van Doerben, von einer Eventagentur, die Musikspielberg heißt." „Ich verstehe immer noch nicht, was daran so aufregend sein soll?", wunderte sich Katja. „Was wollte er denn von dir?" Victoria schaute sie mit großen Augen an und sagte: „Katja, die wollen eine Veranstaltung machen. Mit mir. Als Moderatorin. 'Bewegung des Lichts' ist der Name des Festivals." Victorias Augen glänzten, als sie davon erzählte. „Das sind ja wirklich Neuigkeiten, da bleibt mir ja die Spucke weg", staunte Katja. „Wo soll denn die 'Bewegung des Lichts' stattfinden?", fragte sie. Victoria strahlte sie an, machte eine ganz kleine Pause und holte tief Luft, bevor sie verkündete: „im Fußballstadium. Stell dir vor, da passen bis zu 50000 Menschen rein." Katja fiel die Kinnlade herunter. „Das ist nicht dein Ernst, oder?" Victoria grinste von einem Ohr bis zum anderen und sagte nur: „Prost, meine Liebe. Ich trinke auf die Lebensfreude und die 'Bewegung des Lichts'!" Mit einem lauten „pling" stießen ihre Gläser mit dem kalten Prosecco aneinander. Katja trank einen großen Schluck und stellte ihr Glas wieder auf den Tisch. „Sag mal, Liebes, wie machst du das nur? Ich finde es unglaublich. Kaum sieht man dich ein paar Tage nicht, schon gibt es wieder so viele Neuigkeiten. Kann man dich denn gar nicht mehr allein lassen?" Es verschlug Katja derartig die Sprache, dass sie nicht wusste, was sie dazu sagen sollte. „Was ist denn deine Aufgabe bei dem Festival? Sollst du alles allein moderieren?", brachte sie schließlich hervor. Victoria seufzte und antwortete: „Das ist ja mein Problem. Ich glaube, mir wäre es lieber, nur einen Teil der Moderation zu übernehmen. Vielleicht gibt es die Möglichkeit, mit jemand zusammen zu moderieren. Mit jemandem, der Erfahrung mit Auftritten vor vielen Menschen hat." Victoria leerte ihr Glas und fügte hinzu: „Ich will eigentlich nur meine Imagination der Liebe machen. Du weißt schon, meine Vision." Fragend schaute Katja zu Victoria über den Tisch hinweg. „Welche Vision? Du hast mir nichts von einer Vision erzählt." Victoria erwiderte den Blick und sagte: „Du und die anderen, ihr habt mich ja auch nicht ausreden lassen. Weißt du das gar nicht mehr? Neulich, als wir abends hier bei mir zusammen gesessen waren. Ich wollte gerade davon erzählen, als ihr über mich hergefallen seid. Dass ich das künftig lassen soll, hast du gesagt. Urs, Marius und Valeria genauso. Die hat mir sogar angedroht, mich persönlich übers Knie zu legen, wenn ich noch mal etwas Verrücktes tun würde. Auf gar keinen Fall sollte ich mir etwas ausdenken, was meinen Erfolg wieder gefährden könnte." Das gefiel Katja natürlich gar nicht. Sie hatte es doch nur gut gemeint mit der Freundin. „Es tut mir leid, Liebes. Vielleicht war ich zu voreilig. Weißt du, ich hatte einfach Angst. Schließlich habe ich ja hautnah miterlebt, wie es dir nach deiner Kirchenaktion ging." Victoria schaute sie liebevoll an und lächelte. „Das weiß ich doch. Deshalb habe ich es dir und den anderen beiden auch nicht übel genommen." „Wann soll das Event denn stattfinden?", wollte Katja wissen. „Morgen treffe ich Edwin van Doerben in seiner Agentur, dann erfahre ich alles ganz genau", erklärte Victoria.

Katja seufzte tief und schüttelte den Kopf. „Liebes, wie machst du das nur? Du denkst dir was aus und schon wird es Realität." Daraufhin suchte Victoria Katjas Blick und sah ihr direkt in die Augen. „Du weißt doch Katja, der Geist erschafft die Materie, oder, besser gesagt, unsere Gedanken erzeugen unsere Realität und nicht umgekehrt. Das alles habe ich von Urs gelernt. Ich bin anscheinend der lebende Beweis dafür." „Kann schon sein", bemerkte Katja, „es fehlt wohl nur das Vertrauen, dass dem auch tatsächlich immer so ist, was?" Victoria setzte sich aufrecht hin und entgegnete: „Was soll ich sagen. Das mit dem Vertrauen, das kenne ich nur zu gut. Manchmal verlässt es mich auch." Sie schauten sich schweigend an. Katja fragte: „Dein Erwischtwerden in der Kirche hast du das auch 'erdacht'?" Victoria musste zugeben: „Na ja, irgendwie schon. Es kann auch Realität werden, wovor man Angst hat." Sie machte ein nachdenkliches Gesicht, dann fügte sie hinzu: „Meinst du, ich hatte ein gutes Gefühl dabei, Valeria mit meiner Notlüge den Schlüssel abzuschwatzen? Natürlich hatte ich Angst, erwischt zu werden. Deshalb wird immer das zur Realität, worauf man seine Aufmerksamkeit richtet. Es wird nicht unterschieden zwischen 'wollen' und 'nicht wollen', verstehst du?" „Es wird mir mehr und mehr verständlich", sagte Katja, „Wir haben ja schon öfter darüber gesprochen." „Gut", lächelte Victoria, „dann müssen wir es auch nicht mehr vertiefen." Victoria holte die angebrochene Flasche Prosecco aus dem Kühlschrank und füllte beide Gläser erneut. Es erklang nochmal ein kleines „pling" als die Frauen miteinander anstießen.

Katja fragte neugierig: „Was ist denn das für eine Vision? Was hast du vor?" „Das, meine Liebe, ist mir auch noch nicht so ganz klar. Aber ich bin sicher, dass ich zur rechten Zeit genau weiß, was ich zu tun habe. Soviel kann ich dir aber verraten, das hat noch nie jemand vor mir gemacht! Es ist für mich eine Art Liebesdienst, die Menschen wieder daran zu erinnern, wer sie in Wahrheit sind", antwortete ihr Victoria verheißungsvoll. Damit erhob sich Katja und Victoria brachte sie zur Tür. In der Haustür blieb Katja stehen, schaute ihrer Freundin tief in die Augen und sagte: „Ich wünsche dir, dass deine Vision sich erfüllt, meine Liebe", umarmte sie und drehte sich um. „Danke, Liebes. Ich denke mal, du wirst bestimmt dabei sein", rief Victoria ihr hinterher. Victoria ging wieder zurück ins Haus. Wenig später kamen die Kinder aus der Schule und Louis fragte gleich: „Mama?" „Kind?", sagte Victoria im gleichen Tonfall. „Heute ist doch Freitag. Hast du heute Abend noch etwas vor?", fragte er sie. Etwas abwesend meinte sie: „Gestern hat Marius gefragt, ob ich heute Abend Zeit habe und ich habe 'ja' gesagt." Dann hakte sie nach: „Ist es das, was du hören wolltest?" Victoria atmete auf. Den Kindern hatte sie auch schon von dem Angebot berichtet. „Ich bin gespannt, wie Marius auf das Angebot, diese Veranstaltung zu moderieren, reagieren wird." An Louis gewandt sagte sie: „Du und deine Geschwister, ihr müsst euch jedenfalls keine Sorgen machen. Dieses Mal hat es nichts mit Schlagzeilen oder Fernsehen zu tun." Louis grinste. „Ja Mama, da bin ich auch echt froh, dann kann ich heute Abend bei uns im Wohnzimmer wieder einen Kinoabend machen, oder?" „Geht klar", antwortete sie ihm. „Jetzt muss ich mich schon von meinen eigenen Kindern ausquartieren lassen. Dass es einmal so weit kommt, hätte ich nicht gedacht", beklagte sie sich künstlich. Anton, der alles mitgehört hatte, sagte in gespielt ernstem Tonfall zu seiner Mutter: „Mum, du weißt doch, du musst immer lieb sein zu uns und alles tun, was wir wollen!" Victoria schaute ihn mit großen Augen an. „Warum?", wollte sie wissen. Sicher kam jetzt wieder einer von ihren kindischen Späßen. Mit breitem Grinsen im Gesicht stand Anton neben seinem Bruder und antwortete: „Sei lieb zu deinen Kindern, denn sie suchen dein Altersheim aus!" Die Zwillinge lachten lauthals. Victoria verdrehte die Augen. „Wie witzig!" Was war sie erleichtert, ihre Kinder, insbesondere die Jungs, so lebendig und unbeschwert zu erleben. Es war ein gutes Gefühl für sie. Ein paar Stunden später schickte sich Victoria an, etwas Nettes, nicht allzu Buntes anzuziehen und ein bisschen Make-up aufzulegen.

In braunem Kleidchen und schicken braunen Ballerinas brauste sie Richtung Italiener davon. Dort trafen sich Marius und sie am liebsten. Wie meist war er schon da und erwartete Victoria an ihrem Lieblingstisch, draußen im Garten unter den Weinreben. Es war ein ganz romantischer Platz. „Hallo Bella", begrüßte er sie und stand auf, um sie zu umarmen. Bei der Bedienung bestellte er Rotwein und einen großen Vorspeisenteller für sie beide. „Schön, dass du Zeit hast heute Abend", sagte er und lächelte sie an. Sie lächelte zurück und schwieg. Leichte Unruhe machte sich in ihr breit. Marius spürte, dass Victoria etwas beschäftigte und fragte ganz sanft: „Willst du mir nicht sagen was los ist? Hat es etwas mit mir zu tun?" Sie schüttelte den Kopf. „Nein. Es hat überhaupt nichts mit dir zu tun. Ganz im Gegenteil. Ich finde es ganz wunderbar, dass du und ich ...", sie senkte den Blick, dann schaute sie wieder auf und fügte hinzu, „dass wir zwei uns so nahe gekommen sind." Er erwiderte ihren Blick und meinte: „Ja Victoria, ich bin auch sehr gern mit dir zusammen." Es entstand eine Pause. Der Kellner brachte den Rotwein und die Gläser. Marius knüpfte an das Gespräch an: „Ich hoffe, es ist für dich in Ordnung, dass ich nicht von Anfang an stürmisch über dich hergefallen bin?" Victoria sah ihn fragend an und wollte wissen: „Wie meinst du das? Auf was spielst du denn an?" Mit einem sanften Lächeln im Gesicht entgegnete er: „Weißt du nicht mehr? Unser Wochenende? Als wir beim Wandern waren. Ich hatte den Eindruck, es wäre zu früh, sich dort schon näher zu kommen. Mein Gefühl war, dass du noch nicht bereit warst, dich wirklich auf mich einzulassen." Victoria schluckte. Konnte er Gedanken lesen, oder was? „Ach, das meinst du", sagte sie so entspannt es ihr möglich war. Sie stockte kurz: „Ich erinnere mich gut. Bestimmt war es richtig so. Außerdem, du weißt doch, wenn ich enttäuscht gewesen wäre, dann müsste ich mich doch fragen, warum war ich das? Du kennst meine Ansichten darüber. Ich bin überzeugt, dass es nicht die Schuld des anderen ist, wenn man enttäuscht ist". Er schaute ihr in die Augen. Sie spürte, dass hier etwas auf sie zukam, dem sie möglicherweise nicht so elegant ausweichen konnte, wie es ihr meistens gelang.

„Aber Victoria", sagte er eindringlich, „mir war bewusst, dass etwas an meinem Verhalten nicht richtig war." Sie zuckte mit den Schultern, blickte auf das Weinglas und entgegnete: „Was du meinst, war es aber nicht. Es war etwas anderes." „Aha", entfuhr es ihm, „siehst du, ich wusste doch, dass etwas nicht stimmte. Wolltest du deshalb nicht mehr mit mir in den Biergarten?" Mit großen Augen schaute sie ihn an und fühlte sich plötzlich ertappt. Kleinlaut sagte sie: „Es war etwas, was du gesagt hast, eigentlich so ganz nebenbei. Aber, wie ich dir schon erklärt habe, es hatte nur etwas mit mir zu tun. Denn du hattest mir nur die Wahrheit gesagt und ich hatte eine andere Vorstellung, die dazu nicht gepasst hat." Er schaute sie fragend an und nahm ihre Hand. In etwas ernsterem Tonfall bat er sie: „Könntest du bitte etwas genauer werden und nicht in solchen Rätseln sprechen?" Victoria rutschte auf ihrem Stuhl herum. Ihr Essen wurde serviert. Eine willkommene Unterbrechung, wie sie fand. Vorspeisenteller, zwei weitere leere Teller mit Besteck und Servietten wurden ihnen hingestellt. „Buon Appetito", sagte der Kellner und, mit italienischem Akzent, „lasse Sie sich schmecken, eh?" Dann zündete er noch eine Kerze auf dem Tisch an und ging zurück, Richtung Küche. Wenn Victoria jetzt dachte, sie würde das Thema einfach wechseln können, hatte sie nicht mit Marius' Hartnäckigkeit gerechnet. Er bohrte nämlich erneut nach und wollte jetzt wissen, was bei ihrem Wanderwochenende los gewesen war. Sie hatte sich eigentlich vorgenommen gehabt, kein Sterbenswort darüber zu verlieren. Ehrlich sagen, was damals in ihr vorgegangen war, das wollte sie auf gar keinen Fall. Er sah ihr tief in die Augen. „Was ist jetzt? Sagst du es mir?" Er ließ wirklich nicht locker. Dann musste sie da wohl durch. Sie trank einen großen Schluck Rotwein, räusperte sich und begann zu erzählen.

Sie fing damit an, wie sie sich dabei gefühlt hatte, als er ihr die Geschichte mit der anderen Frau erzählte, die so viel auf Männer geschimpft hatte. Dann kam sie zu der Stelle, als Marius fast nebenbei erwähnt hatte, dass er nicht wüsste, ob er eine Freundin haben wollte oder nicht, er wäre ja schließlich nicht auf der Suche, hatte er ihr damals doch erklärt. Sie machte eine kleine Pause, trank wieder einen Schluck, dann erzählte sie ihm den Rest der Geschichte. Wie sie sich gefühlt hatte und wie traurig sie danach gewesen war. Als sie fertig war, schauten sie sich eine ganze Weile schweigend an. „Es tut mir leid", sagte Marius aufrichtig. „Ist schon gut", winkte Victoria ab, „ich musste da noch etwas erkennen in mir." Sie sah im liebevoll in die Augen und fügte hinzu: „Weißt du Marius, ich finde unsere Liebesfreundschaftsbeziehung wunderschön. Wir gehen so miteinander um, wie ich es mir immer gewünscht habe. Wir achten und respektieren uns gegenseitig. Unser Zusammensein ist leicht und unkompliziert. Jeder von uns gibt dem anderen das, was er freiwillig zu geben bereit ist. Wir haben keine Diskussionen oder Machtspiele." Marius nickte zustimmend. Dann ergriff er das Wort und sagte: „Vielleicht weil wir das alles schon hinter uns haben. Du und ich haben genug Erfahrungen gemacht. Ich denke, wir wissen einfach, dass wir das nicht mehr brauchen. Deshalb können wir uns für ein liebevolles Miteinander, so wie du es beschrieben hast, entscheiden." „Ja", sagte Victoria dann entschieden, „dennoch werden auch wir unsere Erfahrungen miteinander machen. Es ist nun mal so, in Beziehungen lernt und wächst man am meisten. Auch wir zwei werden bestimmt mal aneinander geraten." Er legte den Kopf schief und dachte nach, dann sagte er nur: „Ja, das kann schon sein. Hoffentlich finden wir einen guten Weg, mit unseren Konflikten umzugehen." Victoria und Marius. Dieser Moment gehörte nur ihnen beiden. Sie fühlten sich einander ganz nah, ohne dass sie wussten, wie lange sie ihren Weg gemeinsam gehen würden. In diesem Augenblick war es auch gar nicht wichtig, das zu wissen. Es zählte nur das, was jetzt war, nicht das gestern und nicht das morgen. Victoria schaute Marius erneut tief in die Augen, dann sagte sie: „Ich muss dir noch etwas erzählen."

Die Bewegung des Lichts

Edwin van Doerben war ein Mann um die 50 mit etwas längeren, blonden Haaren und einem Bierbauch. Er machte einen sehr sympathischen Eindruck auf Victoria, als sie ihn in seinem Büro aufsuchte. Er erkannte sie sofort und stürmte auf sie zu, als sie zur Tür herein kam. „Frau Leonhardt", sagte er, „wie schön. Kommen Sie herein. Kann ich Ihnen etwas anbieten?" „Ein Wasser, bitte", sagte Victoria und setzte sich. Sie schaute sich in seinem Büro um. Es sah etwas chaotisch aus auf seinem Schreibtisch. Sie konnte Stapel von Eintrittskarten zu Konzerten erkennen. Jede Menge Zettel mit handschriftlichen Notizen und zwei Mobiltelefone lagen neben seinem Notebook auf dem Schreibtisch. Dahinter an der Wand hingen Konzertplakate aus den letzten fünf Jahren.

„Herr van Doerben", begann Victoria direkt, „Wie haben Sie sich denn das Ganze vorgestellt?" Er holte einen Stapel Papier aus einer Mappe und sortierte ihn. Dann erklärte er: „Wir haben uns gedacht, wir engagieren verschiedene Künstler, Musiker und Bands, die zu der Bewegung der neuen Zeit passen. Schauen Sie, so wie Silbermond mit 'Krieger des Lichts'. Finden Sie das gut?", wollte er wissen. Victoria blieb die Sprache weg. „Ob ich das gut finde? Wie können Sie da noch fragen. Aber natürlich. Das ist das Musikstück, das es auf den Punkt bringt. Ich habe es schon oft bei meinen Seminaren als Abschlusslied gespielt." Er strahlte über das ganze Gesicht. „Wie wunderbar. Ja, dann haben wir noch ein paar andere ausgesucht." Er zählte sie alle auf und blätterte in seinen Unterlagen. „Schauen Sie, Frau Leonhardt", sagte er aufgeregt, „Hier haben wir schon die Zusagen von den Künstlern und Bands. Ich hätte nicht gedacht, dass das so schnell gehen würde. Alle fanden die Idee gut und wollten bei der 'Bewegung des Lichts' dabei sein. Wir haben sogar von weiteren Musikern Anfragen bekommen. Deshalb können wir schon ab dem Mittag Programm anbieten." Er blätterte wieder in seinem Papierstapel. Victoria fragte: „Haben Sie nur Musiker, oder auch noch andere Programmhöhepunkte?" Er sah von seinen Papieren auf und runzelte die Stirn. „Oh, wir haben natürlich Ihren Beitrag, Frau Leonhardt." Er legte die Unterlagen beiseite und fügte hinzu: „Dann haben wir noch weitere Redner eingeladen, die sich in ihren Vorträgen und Büchern mit den gleichen Themen wie Sie, beschäftigen." Er zählte alle Namen auf, die ihm im Moment einfielen. Darunter war auch Robert Betz. „Was", platzte es aus Victoria heraus, „Sie haben Robert Betz auch engagiert? Das ist ja phantastisch. Hat er schon zugesagt?" Edwin van Doerben kratzte sich am Kopf und sagte: „Ja. Ja, er hat schon zugesagt. Warum?"

Das war es, wonach Victoria die ganze Zeit gesucht hatte. Sie schlug Edwin vor: „Könnte ich die Moderation nicht gemeinsam mit Robert Betz durchführen? Wissen Sie, für mich ist das alles ziemlich neu." Herr van Doerben war ein wenig erstaunt und legte seine Stirn in Falten. Dann meinte er: „Wir wollten schon, dass Sie das alleine machen. Warum trauen Sie sich das nicht zu? Sie machen doch auch Seminare. Ich habe Sie zweimal im Fernsehen gesehen. Dabei hatte ich nicht das Gefühl, Sie seien auf den Mund gefallen." Victoria schluckte und lächelte, mit knirschenden Zähnen sagte sie: „Das kann schon sein, aber dies hier ist etwas anderes." Sie schaute mit großen Augen zu Edwin und er zu ihr. Man sah ihm an, dass er überlegte. Mit einem Seufzer sagte Victoria: „Also, wenn es möglich wäre, würde ich die Moderation gerne mit Robert Betz zusammen machen. Er ist ein erfahrener Redner. Er hält schon seit Jahren Vorträge und hat mehrere Bücher geschrieben. Aber das wissen Sie ja längst." Dann lenkte Edwin ein. „Ich sehe zu, was ich machen kann. Wir haben den Termin auf übernächsten Samstag festgelegt. Ab elf Uhr wollen wir die Menschen hereinlassen. Es soll wie ein großes Sommerpicknick werden. Die Plakate sind schon im Druck und werden in den nächsten Tagen überall aufgehängt." Er sprach noch weitere Details zur Organisation und zum Ablauf mit ihr durch. Sie hatten festgelegt, dass es eine kostenlose Veranstaltung werden sollte. Die Musiker würden alle ohne Gage spielen und die anfallenden Kosten wollten sie durch Sponsoren finanzieren. „Wissen Sie,

Frau Leonhardt, als großer Veranstalter muss man auch mal so etwas machen, wenn einem wirklich etwas an der Sache liegt." Sie staunte nicht schlecht, diese Worte aus seinem Mund zu hören. Nie hätte sie gedacht, dass es solche Unternehmen noch gibt. Er schloss mit den Worten: „Ich rufe Sie an, wenn es noch etwas Wichtiges gibt, oder Sie kommen einfach hierher in mein Büro, wenn Sie noch Fragen haben." Er gab ihr die Hand zum Abschied und brachte sie zur Tür. Victoria stieg in ihr Auto und machte sich auf den Weg nach Hause. Ihr war es egal, ob sie Geld für die Veranstaltung bekam oder nicht. Mit ihrer Praxis verdiente sie jetzt ja genug. Der Verkehr war dicht, es ging auf den Abend zu. Gut, dass der nächste Klient erst wieder morgen früh kommen sollte. Ihre Gedanken schweiften während der Autofahrt wieder zur Veranstaltung. Ihr ging es jedenfalls nicht ums Geld. Jetzt wusste sie einigermaßen Bescheid, soweit hatte sie Edwin informiert. Die gemeinsame Moderation sollte bestimmt auch für Robert Betz kein Problem sein.

Victoria wusste jetzt, was sie zu tun hatte. Nun wurde es langsam Zeit, sich genau zu überlegen, wie sie ihre Imagination der Liebe inhaltlich füllen wollte. So ganz unvorbereitet wollte sie so vielen Menschen natürlich nicht gegenüber stehen. Die Tage vergingen, sie hielt tagsüber ihre Sitzungen und danach dachte sie über die Veranstaltung nach. Je mehr sie darüber nachdachte, desto weniger fiel ihr ein. Zwei Tage vor der Veranstaltung kam Katja abends vorbei. „Und, weißt du jetzt, wie du mit den Menschen arbeiten wirst?", fragte sie. „Nein", jammerte Victoria. Sie setzten sich gemeinsam hinaus auf die Terrasse und sahen der Sonne zu, deren letzte Strahlen gerade verschwanden. „So etwas hab' ich bisher noch nicht erlebt. Es war doch sonst immer so leicht und einfach. Ich musste mich nur darauf einstellen, schon hatte ich gute Ideen. Aber dieses Mal nicht." Katja schaute mitfühlend auf ihre Freundin. „Vor allem hast du nicht mehr viel Zeit, übermorgen ist es schon so weit. Hast du denn wenigstens sonst alles vorbereitet?" „Ja", gab Victoria etwas angespannt zurück. Mechanisch leierte sie alles herunter. „Die ganze Moderation ist fertig. Ich führe mit Robert Betz durch das Programm. Wir machen das abwechselnd." Ein tiefer Seufzer. Dann meinte sie zu Katja: „Dabei habe ich jetzt ein ganz gutes Gefühl. Letzte Woche haben wir uns getroffen und den Programmablauf festgelegt und uns abgestimmt, wer von uns wen ankündigt, und so weiter. Das steht alles." Victoria schaute kummervoll zu Katja hinüber und begann zu jammern: „Nur habe ich noch gar keine Ahnung, wie ich meine Imagination inhaltlich gestalten soll." Katja lächelte Victoria an. „Dir wird das Richtige einfallen. Da bin ich ganz sicher. Außerdem habe ich mir etwas überlegt, was deiner Kreativität auf die Sprünge helfen wird." „Was denn?", wollte Victoria wissen. „Nichts Besonderes", sagte Katja grinsend, „aber es gibt etwas, das sprudelt und dich manchmal zum Sprudeln bringt!" Während sie das sagte zog sie eine gekühlte Flasche Prosecco aus einer Tüte. „Pling" machte es kurz darauf, als die Frauen miteinander anstießen. Über ihnen war längst ein sternenklarer Nachthimmel zu sehen. Katja schaute nach oben. „Sieh mal, Victoria. Eine Sternschnuppe. Da kannst du dir etwas wünschen." „Das mache ich jetzt auch. Ich bin sicher, du weißt auch schon was."

Allmählich wurde es Zeit, schlafen zu gehen. Beide Frauen hatten einen anstrengenden Tag vor sich. „Du wirst doch mitkommen, oder?", fragte Victoria ihre Freundin als sie sich zum Abschied umarmten. „Meinst du, ich will bei deinem großen Auftritt nicht dabei sein? Aber natürlich komme ich mit. Ich bin ja selbst schon ganz schön aufgeregt. Weißt du schon, was du anziehen willst?" Victoria schluckte. Sie hatte keinen blassen Schimmer. „Gute Nacht, Katja. Ich muss jetzt ins Bett", verabschiedete sie die Freundin an der Haustür. „Schlaf gut und viele kreative Träume", wünschte ihr diese. Todmüde fiel Victoria in ihr Bett und war wenig später tief und fest eingeschlafen. Als sie am nächsten Morgen den Wecker hörte, kam sie von irgendwoher nur ganz langsam zurück. Sie trottete ins Badezimmer, aus dem Spiegel schaute ihr eine müde aussehende Victoria entgegen. Sie putzte ihre Zähne und drehte das Wasser in der Dusche auf. Noch völlig im Dämmerzustand stellte sie sich unter den Wasserstrahl und ließ ihn über ihren Kopf und das Gesicht rinnen. Sonnenstrahlen schienen durch das Dachfenster herein und trafen auf eine facettierte Kristallkugel, die davor baumelte. Victoria kam aus der Dusche und trocknete sich ab. Das Spiel der Lichtstrahlen vor ihr hatte sie schon oft gesehen. Während sie in einen bunt gemusterten Rock schlüpfte und ein pinkes T-Shirt anzog beobachtete sie, wie das Licht in den Regenbogenfarben reflektiert wurde. Urplötzlich schoss ihr ein Geistesblitz durch den Kopf und mit einem Mal wusste sie ganz genau, was sie zu tun hatte. Bestens gelaunt ging sie in die Küche, um für die Kinder die Brotzeit und das Frühstück vorzubereiten.

Das Telefon klingelte. Es war Edwin van Doerben. „Ich wollte Ihnen nur sagen, dass unsere 'Bewegung des Lichts' so viel Aufmerksamkeit bekommen hat, dass sie die Veranstaltung im Radio und im Fernsehen übertragen", sagte er hastig. Ihr wurde flau im Magen. „Auch das noch. Ich hatte meinen Kindern doch versprochen, so schnell nicht mehr im Fernsehen zu erscheinen." „Tut mir leid", sagte er entschieden, „da müssen Sie wohl durch." Es klickte in der Leitung. „Na gut", sagte sie, „dann muss ich die Kinder wohl darauf vorbereiten." „Auf was willst du uns denn vorbereiten?", fragte Louis neugierig, der gerade am Frühstückstisch Platz nahm.

In der letzten Nacht vor der Veranstaltung schlief Victoria fast gar nicht. Sie hatte Herzklopfen und sie konnte nichts dagegen tun. Um fünf Uhr morgens stand sie dann endgültig auf und ging in die Küche. 'Einen Kaffee', dachte sie, 'den brauche ich jetzt. Noch besser, einen starken Kaffee.' Sie würde wohl niemals locker und entspannt sein, wenn wichtige Ereignisse bevorstanden. Die Kinder hatte sie schon am Abend zuvor bei Freunden vorbei gebracht. Sie ging in die Küche und öffnete die Tür zur Terrasse. Draußen war es noch angenehm kühl. Nach dem zweiten Kaffee fühlte sie sich etwas besser. Immerhin wusste sie jetzt ganz genau, wie sie ihren Beitrag gestalten wollte. Es konnte sicher auch nicht schaden, wenn sie sich noch ein paar Notizen dazu machte. Nicht, dass sie da oben auf der Bühne stand und es fiel ihr womöglich nichts mehr ein. Sie trottete zu ihrem Schreibtisch und holte sich Papier und einen Kugelschreiber. Inzwischen war es sieben Uhr. Das Wasser unter der Dusche stellte sie etwas kühler um richtig wach und frisch zu werden. In zwei Stunden würde Katja sie abholen. Dafür war sie ihr auch sehr dankbar. In ihrer Verfassung war es besser, heute nicht Auto zu fahren. Mit einem weiteren Kaffee in der Hand inspizierte sie ihren Kleiderschrank. Es war höchste Zeit, sich zu überlegen, was sie überhaupt anziehen wollte. Sie zog mehrere Sachen aus dem Schrank und verteilte sie auf ihrem Doppelbett. Es war doch immer das Gleiche und sie war in dieser Beziehung wie alle Frauen, haderte sie mit sich. „Mach es nicht so kompliziert", sagte sie genervt zu sich selbst. Sie entschied sich intuitiv für ein leichtes, türkisfarbenes Sommerkleid und silberne flache Schuhe. Schließlich ging sie ja nicht auf einen Schönheitswettbewerb. Heute ging es um die Bewegung der Herzen, da war es zweitrangig, was sie anhatte. Obwohl, sie konnte sich nicht so richtig entscheiden. In einen Rucksack stopfte sie kurzerhand ein paar Kleidungsstücke, die noch auf ihrem Bett herum lagen. 'Man weiß ja nie', durchfuhr es sie.

Pünktlich um neun Uhr stand Katja vor der Haustür. „Na Liebes, nervös?", fragte sie. „Ein bisschen schon", antwortete Victoria und nahm ihre Sachen. Katja schaute sie an und lächelte in ihrer ruhigen Art. Am Stadion angekommen fanden sie rasch einen Parkplatz in der Sektion für den Backstage-Bereich und waren wenig später schon mitten im Geschehen. Die letzten Vorbereitungen wurden getroffen und Katja begleitete Victoria zu ihrer Garderobe im unteren Teil des Stadions. Dort klopfte wenig später ein strahlender Robert Betz an die Tür. „Hallo Kriegerin", begrüßte er sie. Sie umarmten sich und er ermutigte sie, sich nicht so viele Gedanken zu machen. Es war alles organisiert und geplant. Es würde sicher ein ganz tolles Erlebnis für alle werden. Victorias Aufregung steigerte sich dennoch von Minute zu Minute. Inzwischen ging es bereits auf Mittag zu. Sie wurden mit Mikros, die hinter den Ohren hervorschauten, verkabelt. Es gab Sprechproben und Soundchecks, während die ersten Menschen schon beim Haupteingang herein strömten. Victorias Herz klopfte bis zum Hals als sie das sah.

Dann spielte die erste Band, während sich die Zuschauerränge langsam füllten. Nach dem vierten Song sowie einer Zugabe, gab der Techniker Victoria ein Zeichen. Sie wartete noch bis der Applaus abgeebbt war und schaute sich noch mal um. Ihr Blick fiel auf Katja und auf Robert Betz. Beide zeigten Victoria ihre hoch erhobenen Daumen. Dann trat sie hinaus auf die Bühne, sah die vielen Menschen vor sich und war so überwältigt davon, dass ihr Tränen in den Augen standen. Ein tiefer Atemzug, dann ging sie ein paar Schritte weiter nach vorn. Jetzt war der große Moment gekommen. „Hallo", sagte Victoria und lächelte. Ihr Gesicht war rechts und links von der Bühne auf Großleinwänden zu sehen. „Ich freue mich so sehr, euch zu sehen und ich begrüße euch zur 'Bewegung des Lichts'. Es ist wunderbar, dass so viele von euch gekommen sind. Heute ist ein ganz besonderer Tag. Ich bin sicher, dass ihr viel Freude haben werdet, denn wir haben ein wunderbares Programm vor uns. Ihr seid jetzt eingeladen, an meiner 'Imagination der Liebe und des Lichts' teilzunehmen." Jubel und Applaus ging durch die Menge. Victoria fühlte sich wie ein Popstar. Plötzlich war ihr Lampenfieber nebensächlich. Sie spürte es kaum noch und sprach mit klarer Stimme zu jedem Einzelnen in ihrem Publikum. „Ganz egal, wo du bist, hier drinnen im Stadion, oder draußen vor deinem Radio oder vor deinem Fernseher. Ich lade dich ein, deine Augen zu schließen. Nimm einen tiefen Atemzug. Und noch einen. Komm ganz bei dir an und fühle deine Mitte. Fühle deinen Körper, fühle dein schlagendes Herz." Sie machte einen Moment Pause. Es war ganz ruhig geworden in der Menschenmenge vor ihr. „Fühle tief in dein Herz hinein. Darin befindet sich eine rosafarbene Leuchtkugel, die warm und wohlig strahlt. Kannst du sie wahrnehmen?" Wieder machte sie ganz bewusst eine Pause, bis sie das Gefühl hatte, dass all die Menschen im Stadion gut mit der Imagination mitgegangen waren. Jetzt kam der Teil, den sie vorbereitet hatte.

„In deiner Vorstellung verlässt du nun deinen Platz und gehst hinaus in die Welt. Mit Leichtigkeit kannst du über Meere und Ozeane fliegen, über Täler und Berge, genau dahin, wo es dich hinzieht. Lass dich mitnehmen, in ein Land deiner Wahl, hier auf unserer Erde." Wieder legte Victoria eine kurze Pause ein, bevor sie fortfuhr: „Wenn du an deinem

Platz angekommen bist, erlaube dir, genau an den Ort in diesem Land zu gehen, an dem du dich am wohlsten fühlst." Wieder wartete sie, bevor sie weiter sprach. „Sieh die Menschen, die dort leben. Schau in ihre Augen. Erkenne in ihnen, dass sie deine Brüder und Schwestern sind. Dass sie es schon immer waren und immer sein werden. Fühle das Liebenswerte in ihnen, wie du selbst auch liebenswert bist." Ein weiterer Moment der Stille. „Jetzt spürst du langsam, wie du wächst. Du wirst größer und größer. Immer höher wächst du hinauf, immer weiter. Du wächst so weit in die Höhe, bis du so groß bist, dass du alle anderen, die mit dir in dieser Imagination gereist sind, sehen kannst." Victoria legte eine weitere Pause ein, überflog schnell ihr Manuskript und sprach weiter: „Ihr erkennt euch sofort gegenseitig. Ihr erkennt euch sofort und ihr fühlt die tiefe Wahrheit darüber, dass ihr in Wirklichkeit Brüder und Schwestern seid. Ihr wart es immer und werdet es immer sein." Einige Minuten vergingen, bevor Victoria weiterredete. „Jetzt berührt euch mit den Händen, alle. Gebt euch die Hände und verbindet euch, damit ihr mit allen anderen um den gesamten Erdball herum verbunden seid." Wieder ließ Victoria den Menschen, wo auch immer sie an dieser Imagination teilnahmen Zeit, innerlich mit zu gehen. Dann kam der nächste Teil. Sie sagte: „Du nimmst die starke Energie, die sich unter euch allen aufgebaut hat wahr und kannst sie in deinen Handflächen spüren." Jetzt kam ihr persönlicher Höhepunkt. „Das Licht der rosafarbenen Lichtkugel in deinem Herzen beginnt kraftvoll aus dir heraus in alle Richtungen zu strahlen. Stärker und stärker." Erneut machte sie zwei Minuten Pause bevor sie weiterging. „Die ganze Atmosphäre der Erde füllt sich auf, mit dem Licht eures Herzens und eurer Liebe. Es strahlt auf der ganze Erde. Dieses Licht der Liebe, durch das Gott und Jesus durch euch strahlt, hüllt alles und jeden ein, der darin ist. Jedes Lebewesen wird in seinem Herzen berührt. Und ganz selbstverständlich geht alles, was sich nun in diesem Licht befindet und weniger ist als Liebe, an seinen rechten Platz, wo immer er sich befinden mag."

Victoria atmete tief ein, senkte die Hand, die das Manuskript hielt ließ sich einfach von ihrer Intuition leiten. „Nimm wahr, wie sich alle

Lebewesen auf der Erde erinnern, dass sie göttliche Wesen sind. Brüder und Schwestern, aus einer Familie. Wie könnten Brüder und Schwestern Feinde sein? Der Frieden und die Liebe beginnen tief in dir selbst. Du bist es, der darüber entscheidet, wer oder was du sein willst." Damit machte sie die vorletzte Pause und leitete langsam das Ende ein. „Es ist deine Entscheidung", sagte sie mit Nachdruck, „welchen Platz du dem, was du jetzt fühlst und denkst, in dir geben möchtest. Entscheide dich jetzt." Eine letzte Pause entstand, bevor Victoria die Imagination aufzulösen begann. „Nimm noch einmal alles um dich herum wahr. Alles, was du sehen und fühlen kannst, dann lass die Hände der anderen langsam los. Du spürst, wie du wieder kleiner und kleiner wirst, bis du deine normale Größe erreicht hast. Fliege nun zurück und komme in deiner Zeit und in deinem Tempo wieder, mit allen Seelenanteilen an deinem Platz, von wo du losgegangen bist, an." Victoria zählte noch von fünf bis eins. „Öffne deine Augen und sei wieder ganz im Hier und Jetzt. Schaue zu deiner Rechten und zu deiner Linken. Umarmt euch und nehmt eure Erlebnisse tief in euer Herz hinein." Vor ihr bewegten sich die Menschen aufeinander zu. Victoria ermutigte sie erneut: „Umarme den Menschen, der neben dir sitzt, einen Fremden, deinen Partner oder dein Kind. Sagt euch, wie lieb ihr euch habt." Dann begann Victoria die Menschen, die in ihrer Nähe standen, in die Arme zu nehmen. Zuerst Robert Betz und dann Katja, die an der Seite stand. Dann wandte sie sich wieder der Bühne und den Menschen vor ihr zu.

Überall im ganzen Stadion fielen sich die Menschen in die Arme. Victorias Augen glänzten, als sie das sah. 'Es hat funktioniert', dachte sie freudestrahlend. Aus dem Augenwinkel heraus konnte sie sehen, wie Herbert Grönemeyer die Bühne betrat. Er würde jetzt sein Lied „Mensch" singen. Dazu hatten sie Hunderte weißer Tauben in Käfigen vor der Bühne platziert. Schon ertönten die ersten Klänge und Grönemeyer begann: „Momentan ist richtig, momentan ist gut, nichts ist wirklich wichtig, nach der Ebbe kommt die Flut …". Als er sang, „… und der Mensch heißt Mensch …", ließen sie die Tauben frei. Die weißen Tauben flatterten über das ganze Stadion. Es war ein unbeschreibliches Gefühl. Victoria hatte eine Gänsehaut von oben bis unten. Was für ein Zeichen des Friedens. In diesem Moment wurde Victoria schrecklich sentimental. Gut, dass sie in weiser Voraussicht so viele Taschentücher eingesteckt hatte.

Als die letzten Töne des wunderbaren Liedes von Herbert Grönemeyer verklangen, war es ganz still geworden im Stadion und Robert Betz trat nach vorne.

„Ich grüße euch alle von ganzem Herzen. Ich bin dankbar, dass ich diesen besonderen Tag und diese bewegenden Stunden zusammen mit euch erleben darf.

Ihr konntet in den Minuten eben erleben und fühlen, was es heißt, verbunden zu sein in einer Gemeinschaft der Liebe. Einer Liebe, die uns alle täglich durchströmt, trägt, nährt und inspiriert, auch wenn wir uns ihrer nicht immer gewahr sind. Die Liebe war immer da, ist immer da, wird immer da sein, denn sie ist ewig, so wie jeder von uns ewig lebt, auch wenn wir unseren physischen Körper hier auf Mutter Erde nach einer Weile wieder abstreifen wie ein altes Kleid, das uns gedient hat.

Ihr Lieben, macht euch bewusst und erinnert euch in solchen Meditationen wie eben immer mehr daran, dass es keinerlei Trennung gibt, nirgends im Universum und auch nicht auf Mutter Erde. Wir alle sind mit allen und allem, mit allen im Körper und mit allen außerhalb ihres physischen Körpers, mit all unseren Ahnen, immer verbunden, auch dann, wenn unser Verstand das nicht glaubt und sich trennt. Solange du an Trennung glaubst, wirst du dich getrennt fühlen. Aber das ist nicht die Wirklichkeit. Es gibt keinen Tod und es gibt nichts Totes. Alles lebt. Alles schwingt. Alles pulsiert. Auch die Steine, in denen viel Liebe enthalten ist. Diese Wahrheit, diese Wirklichkeit kannst du nur über dein Herz erfahren und erkennen. Und das geschieht jetzt in diesen Tagen in immer mehr Menschen über ihr Herz, in dem alles Wissen gespeichert ist. Dies sind Tage des Wieder-Erinnerns, des Erwachens.

Unser Herz hat sich lange danach gesehnt, dass wir es wieder öffnen, nachdem wir es schon in unserer Kindheit verschlossen haben, so wie in vielen Leben zuvor. Dieses unser Herz will nichts anderes als zu lieben und vor Freude, vor Glück zu singen. Die Sehnsucht eures Herzens hat euch, wie viele Menschen auf diesem Planeten, zu einem Punkt gebracht, an dem sich das Blatt des Menschheitsbuches wendet. Die Liebe selbst schießt jetzt wie ein Meteor durch die Herzen der Menschen und ruft uns zu: ‚Ihr alle seid meine Kinder. Ihr alle seid Inkarnierte der Liebe. Und ich erinnere euch jetzt mit größter Macht wieder an euer wahres Zuhause. Euer Zuhause ist in mir, war in mir und wird immer in mir sein. Ihr alle seid aus meinem Stoff gemacht. Ich schwinge in jeder Zelle eures Körpers. Ich atme euch. Ich trage euch. Und ich liebe euch unendlich. Ich, eure Gott-Mutter, euer Gott-Vater.'"

Robert Betz machte eine Pause. Es war mucksmäuschenstill auf dem Platz, als ob alle aufgehört hätten zu atmen.

Leiser, aber noch intensiver fuhr er fort: „Ich lade euch ein, zusammen mit mir zu beten und mir die folgenden Worte nachzusprechen. Fühl bei jedem Wort, was es in dir macht. Dein Herz, ja sogar die Zellen deines Körpers kennen die Wahrheit. Die Wahrheit können wir nur über unser Herz fühlend erkennen.

Vater-Mutter-Schöpfer-Gott,
der du bist in uns und um uns und überall,
der du uns atmest, nährst, trägst und liebst.
Danke, dass du uns alle erschaffen hast als deine Kinder.
Danke für diese Stunde des Wiedererinnerns und der Verbindung.
Dein Name sei geheiligt durch unser Denken, Sprechen und Tun.
Dein Reich komme jetzt als das Königreich in uns allen,
als das Gewahrsein unserer Göttlichkeit.
Dein Wille geschehe in allen Himmeln wie auf Mutter Erde
und so auch in diesem unserem Leben.
Hilf uns, diesen deinen Willen zu erkennen
durch die Stimme unseres Herzens, die deine Stimme ist.
Hilf uns, alle unwahren Gedanken zu durchschauen,
und führe uns zur Wahrheit.

Hilf uns, alle Urteile aufzudecken und zurückzunehmen,
die wir je gefällt haben,
und schenke uns die Kraft und Gnade der Vergebung.
Möge dein Geist, der Heilige Geist, unser ganzes Denken lenken
in das Bewusstsein des EINS-SEINS mit ALLEM-WAS-IST,
mit DIR, in das Bewusstsein der LIEBE, die wir alle sind.
Denn dein ist das Reich und aller Reichtum,
alle Macht und alle Herrlichkeit in Ewigkeit. AMEN."
Dann war Stille. Eine lange Stille.

Irgendwann schloss Robert Betz mit den Worten: „Und jetzt, Ihr Lieben, ist es Zeit zu feiern. Wir feiern hier heute die Freude am Mensch-Sein, genauer am Gott-Mensch-Sein. Und die Freude ist die Mutter der Liebe. Lasst uns feiern."

Seine Worte zeigten große Wirkung. Alle standen auf und spendeten begeisternden Beifall, der nicht mehr enden wollte. Hinten auf der Bühne standen schon die Musiker der Band Rosenstolz in den Startlöchern. Robert bedankte sich für den Beifall und wünschte allen noch viel Freude an diesem Tag mit der „Bewegung des Lichts". Er drehte sich um und überließ Rosenstolz mit ihrem Hit „Ich geh' in Flammen auf" die Bühne. Die Menschenmenge im Stadion, auf den Rängen und unten in der Arena, erhob sich. Wie ein riesiger Chor sangen alle mit „... kann auf Wasser gehen, ich schrei's hinaus, ich geh` in Flammen auf, kann jetzt fliegen übers Meer hinaus ... ist der Frühling vorbei, fängt der Sommer erst an, unser Leben lang ... " Victoria winkte Robert zu sich herüber in den hinteren Teil der Bühne. Er schaute sie an und zuckte die Schultern. „Komm bitte zu mir", formten ihre Lippen. Er kam auf sie zu. Sie machte ihm mit einer Geste klar, dass sie ihm etwas mitteilen wollte. Er neigte den Kopf und hielt ihr ein Ohr hin. Victorias Hände formten einen Trichter und sie sagte: „Robert, ich verlasse das hier jetzt." Er schaute sie völlig entgeistert an. Sie nahm ihn bei der Hand und führte ihn hinter die Bühne, wo es ein bisschen leichter war, sich zu unterhalten. Sie sah ihn an und sagte: „Meine Aufgabe ist erfüllt. Ich habe meine Imagination gemacht. Du kannst das Moderieren sowieso viel besser als ich. Durch deine Vorträge und Seminare bist du viel besser und gelassener." Liebevoll lächelte sie ihn an, bevor sie fortfuhr: „Robert, ich möchte raus gehen aus dem Stadion. Ich brauche jetzt ein bisschen Ruhe. Mein Auftrag ist erfüllt. Wenn ich jetzt gehe, behalte ich den Tag und dieses Event so in Erinnerung, wie ich es hier verlassen habe, verstehst du?" Er schaute sie immer noch ungläubig an. „Es merkt keiner, dass ich nicht mehr da bin. Keiner außer uns kennt den weiteren Ablauf." Robert nickte dann nachgiebig und sie umarmten sich. „Mach's gut, meine Kriegerin des Lichts. Ich rufe dich in den nächsten Tagen mal an." „Mach das", sagte sie, „ich würde mich sehr freuen, wenn wir in Verbindung bleiben. Vielleicht gibt es ja mal wieder eine 'Bewegung des Lichts'." Victoria spürte, wie ihr die Tränen in die Augen stiegen und sich nicht mehr unterdrücken ließen. Sie löste sich aus der Umarmung und suchte ihren Weg hinter der Bühne, an den Helfern und Technikern vorbei. Zügig ging sie die Treppe zu ihrer Garderobe hinunter. Dort wollte sie sich noch schnell umziehen. Sie öffnete die Tür, auf der in großen Buchstaben ihr Name stand und drehte drinnen den Schlüssel im Schloss um. Jetzt brauchte sie erst mal ein paar Minuten für sich.

Mit dem Rücken lehnte sie sich an die Tür, schloss die Augen und atmete tief durch. Dann kullerten Tränen über ihr Gesicht. Der ganze Druck der letzten Tage, die Anspannung und Nervosität fielen in diesem Augenblick von ihr ab. Sie hatte das Bild der Menschen in der Arena und auf den Rängen vor sich. Es waren so viele gewesen. Bestimmt würde ihr Edwin in den nächsten Tagen genau sagen, wie viele gekommen waren. Sie öffnete die Augen wieder und schaute sich in dem Zimmer um. Da war er ja, ihr Rucksack. Wie gut, dass sie noch ein paar Sachen zusätzlich aus ihrem Kleiderschrank mitgenommen hatte, weil sie sich bis zum Schluss nicht richtig hatte entscheiden können. Der pinkfarbene Minirock mit den bunten Blümchen war jetzt bestimmt am bequemsten, darunter am besten die lila knielangen Leggings und darüber ein schulterfreies lila Top mit einem rosa Glitzerherz. Noch in die schwarzen Schuhe mit den weißen Kuhflecken geschlüpft und fertig.

Sie packte alle anderen Kleidungsstücke wieder in ihren Rucksack und legte einen Zettel für Katja dazu. Beinahe hätte sie das vergessen. Victoria nahm ihre Schlüssel und etwas Geld aus dem Rucksack, und schaute sich noch mal mit gemischten Gefühlen um. Dann schloss sie die Tür wieder auf und ging mit schnellen Schritten und gesenktem Haupt zum Hinterausgang hinaus.

Als sie hinter dem Stadion in den großen Park gelangte, traute sie ihren Augen kaum. Überall waren Menschen. Sie saßen zusammen und hatten Decken und Picknickkörbe dabei. Soweit Victorias Augen reichten, sah sie bunte Quadrate und Menschen, die darauf saßen. Das hätte sie nicht gedacht, dass die „Bewegung des Lichts" so viele anziehen würde. Tief bewegt ging sie den Weg durch die ganzen Leute hindurch und durchquerte den Park in Richtung Innenstadt. 'Wohin jetzt?', fragte sie sich. Zuhause war keiner. Die Kinder verbrachten das ganze Wochenende bei Freunden. „Ein kalter Prosecco", durchfuhr es sie laut. Ihr Gesicht begann zu strahlen. Tolle Idee, das war jetzt genau das Richtige. Am besten bei ihrem Lieblingsitaliener, zu dem sie so gerne mit Marius ging. Auf dem Weg in die Innenstadt begegneten ihr immer noch Menschen, die Decken und Körbe dabei hatten. Jugendliche, ganze Familien, ältere Menschen, unglaublich. Vom Stadion konnte sie noch ganz schwach die Musik hören. Aber es war ihr nicht mehr wichtig. Victoria wollte jetzt einfach etwas Ruhe haben und einen schönen eiskalten Prosecco.

Sie kam bei dem Italiener an und ging direkt in den Garten hinter dem Haus. Freudig stellte sie fest, dass ihr Lieblingsplatz unter den Weinreben, an dem sie in diesem Sommer schon so oft mit Marius gesessen hatte, unbesetzt war. Überhaupt war gar nichts los. Es war ja auch erst Nachmittag, ging es ihr durch den Kopf. Die Sonne schien herrlich warm herab. Victoria nahm unter den Weinblättern an ihrem Tisch Platz, legte die Füße auf den Stuhl ihr gegenüber und bestellte ihr Getränk. Sie legte den Kopf zurück, schloss die Augen und verschränkte die Arme im Nacken. Die Sonne schien warm auf ihr Gesicht. Doch plötzlich schob sich ein Schatten zwischen die Sonne und Victorias

Kopf. Sie öffnete die Augen und ein strahlender Marius stand mit zwei Gläsern eiskaltem Prosecco vor ihr und fragte kokett: „Entschuldigung junge Frau, ist hier noch frei?"

Epilog

Victoria stand wieder in der Küche. Die Brotzeit hatte sie schon für alle drei Kinder fertig. Es war Montagmorgen und gleich mussten sie zum Frühstück herunterkommen. Während Victoria die belegten Brote für jeden in eine Box packte, beschloss sie, die nächsten beiden Tage keine Sitzungen mit Klienten durchzuführen. Sicher konnte sie die bereits vereinbarten Termine verschieben. Es musste sein. Das Festival und die ganzen Vorbereitungen waren anstrengender gewesen, als sie gedacht hatte und sie war doch ganz schön erschöpft. 'Wenigstens zwei Tage Erholung von dem ganzen Rummel', dachte Victoria. Am besten, sie schaltete gleich den Anrufbeantworter ein. Laura, Louis und Anton würde sie anweisen, nicht ans Telefon zu gehen, wenn es klingelte. Ihr war einfach nur nach Ruhe und Alleinsein. Für den heutigen Tag beschloss sie kurzerhand, ein bisschen raus zu fahren. Als sie beim Frühstück saßen, kam sie darauf zu sprechen. „Nur, dass ihr Bescheid wisst, meine drei Süßen, ich bin heute Mittag, wenn ihr aus der Schule kommt, nicht zuhause." „Warum?", wollte Louis gleich wissen. Laura ging dazwischen und fuhr ihm über den Mund. „Jetzt lass sie doch mal", knurrte sie ihn an. „Ich will es auch wissen. Gibt es wieder etwas Aufregendes?", fragte Anton. „Nein", lächelte Victoria und schüttelte den Kopf. „Es gibt genügend Tiefkühlpizza im Gefrierschrank, oder ihr bestellt einfach eine beim Lieferservice. Ich brauche heute den Tag für mich allein, okay?" „Klar doch Mama, jetzt wo wir es uns leisten können, bestelle ich mir gerne eine Pizza mit allem", kam es prompt von

Louis. „Mach dir keine Sorgen, Mum, du weißt doch, dass wir auch ohne dich auskommen", sagte Anton. Laura wollte den Nachmittag sowieso mit ihren Freundinnen in der Stadt verbringen. Das tat sie jetzt immer häufiger. Sie fragte ihre Mutter: „Warum? Was hast du denn vor?" „Ach, nichts Besonderes", sagte Victoria zu Laura. „Ich will einfach nur ein bisschen für mich sein und ausspannen." „Aber nicht wieder irgendwelche kriminellen oder verrückten Sachen ausdenken, ja?", zog Louis sie auf. Victoria grummelte, gab aber keine Antwort.

Es war höchste Zeit für die Kinder, zur Bushaltestelle aufzubrechen, damit sie ihren Schulbus erwischten. Victoria atmete auf, räumte das Frühstücksgeschirr ab und goss sich noch einen Kaffee ein. Sie nahm ihn mit ins Badezimmer und drehte das Wasser in der Dusche auf. Wenig später stand sie immer noch in ein Handtuch gewickelt vor ihrem Badezimmerspiegel. „Ich glaube, ich fahre raus zum See, warm genug ist es ja noch", überlegte sie laut. Sie zog ein leichtes blaugeblümtes Sommerkleid über ihren Bikini. Dann ging sie noch schnell nach unten und sagte alle Termine ab

Mit ein paar Decken, Handtüchern, etwas Essen und zwei Flaschen Wasser bewaffnet, stieg sie wenig später in ihren Opel Zafira. „Mhm", machte sie, als sie gerade den Zündschlüssel drehen wollte. Hatte sie nicht etwas Wichtiges vergessen? Na klar, jetzt fiel es ihr wieder ein. Ein breites Grinsen ging über ihr Gesicht und sie ging noch mal zurück ins Haus. Aus dem Kühlschrank nahm sie eine Flasche Champagner und aus dem Wohnzimmerschrank eins ihrer besten Sektgläser. „Genau, das fehlte noch!", sagte sie in singendendem Tonfall, dann fuhr sie endlich los. Am See angekommen, parkte sie den Wagen und ging den schmalen Fußweg hinunter zum Ufer. Tatsächlich war sie ganz nahe an der Stelle, wo sie vor noch nicht allzu langer Zeit bei der Silvesterparty mit Katja gewesen war. Hier suchte sie sich einen schönen Platz, von dem aus sie den ganzen See überblicken konnte. Die mitgebrachten Decken waren schnell ausgebreitet, weit und breit war niemand zu sehen. Es gab nur sie. 'Genau das Richtige', dachte sie erleichtert und atmete hörbar auf. Aus ihrem Rucksack zog sie den Champagner und das Sektglas. Den

Champagner hatte sie von Edwin van Doerben bekommen. Er hatte ihn Katja mitgegeben nach der Veranstaltung. Mit dem Rucksack hatte Katja die Flasche dann gestern noch bei Victoria abgegeben. Victoria hatte die Flasche gleich in den Kühlschrank gepackt. Jetzt hatte sie den gekühlten Champagner in der Hand und entfernte erst das Etikett und dann den Draht. Dann holte sie das Glas, das in ein Geschirrtuch gewickelt war, heraus und machte es sich auf den Decken bequem.

Der Korken knallte mit einem lauten „plop" und landete irgendwo weit vor ihr im Wasser. Sie füllte sich ihr Glas randvoll. „Auf das Leben", sagte sie leise, schaute auf die aufsteigenden Luftperlen im Glas vor sich und trank einen großen Schluck. Ach, tat das gut. Wirklich ein guter Tropfen. Natürlich dachte sie unweigerlich an die zurückliegenden Ereignisse. Mit einem breiten Lächeln im Gesicht schüttelte sie den Kopf.

Wenn sie das alles nicht selbst erlebt hätte, sondern als Geschichte von jemand anderem gehört hätte, dann hätte sie es niemals geglaubt. Schon gar nicht hätte sie geglaubt, musste sie sich jetzt eingestehen, dass ein einzelner, kleiner, unbedeutender Mensch so viele Menschen in ihren Herzen berühren konnte. Sie trank noch einen Schluck von dem herrlich kühlen Champagner und ließ den Blick über den großen See schweifen. Ein wunderbares Panorama, war das hier. Im Hintergrund waren die Berge zu sehen und der Himmel war klar und strahlend blau.

'Was ist das Leben doch für ein Abenteuer', dachte sie und seufzte. 'Was hält es für eine Fülle von Erfahrungen bereit', erkannte sie voller Dankbarkeit und Demut. Der Mensch, musste sich wirklich nur entscheiden, ob er etwas aus sich machen und an dem Abenteuer Leben teilhaben wollte, oder nicht. Victoria hatte sich inzwischen entschieden. Sie wollte leben. Jetzt, in diesem Moment, hier am See, gab es für sie keine Zweifel mehr. Für die nächste Zeit durfte es allerdings schon ein bisschen ruhiger sein, gestand sie sich innerlich ein. Aber welche neuen Abenteuer würde ihr Leben wohl noch für sie bereithalten? Urs hatte recht gehabt, als er gesagt hatte: „Gott liebt alle seine Kinder, aber die mutigen, die liebt er am meisten." Victoria fand, dass sie tatsächlich, wie auch Katja meinte, ganz schön mutig gewesen war. „Eigentlich", sagte sie freudestrahlend laut zu sich selbst, „müsste ich diese ganzen Erlebnisse aufschreiben, damit meinem Gedächtnis auch nicht die geringste Einzelheit verloren geht." Ein weiterer großer Schluck Champagner prickelte ihre Kehle hinunter. „Ja, aufschreiben ist gut", sagte sie erneut und nickte. Sie füllte ihr Glas wiederum und fuhr in ihrem Selbstgespräch fort. Sie fragte sich: „Ob ich die Geschichte vielleicht sogar als Buch veröffentlichen könnte?" Ihr Blick ging über den See und dann wieder zu ihrem Champagnerglas. „Mhm", machte sie, „aber welchen Titel könnte man denn so einer ungewöhnlichen, abenteuerlichen Geschichte geben?" Sie hörte, wie die Vögel um sie herum zwitscherten. Es war wirklich eine gute Idee gewesen, hier heraus zu fahren und ein bisschen Ruhe zu tanken. Dann, plötzlich, wie aus heiterem Himmel, erinnerte sie sich an den Albtraum mit Walter. Wie hatte er sie doch gleich genannt? Ihr fiel die Kinnlade runter und ein kurzer Schrei durchfuhr sie. „Die Schwester von Jesus!"

Bücher von Robert Betz

Der neue Bestseller von Robert Betz

Willst Du normal sein oder glücklich?
Aufbruch in ein neues Leben und Lieben

Dieses mitreißende Buch führt den Leser aus einem alten Leben, das durch Anpassung, Aufopferung, Anstrengung und Schwere geprägt war, hinaus und motiviert ihn, sein Leben jetzt in die eigenen Hände zu nehmen und ihm eine völlig neue Richtung zu geben. Robert Betz begleitet den Leser in einer lebendigen und erfrischenden Sprache durch alle Kernbereiche seines Lebens, wie Körper, Beziehung, Sexualität, Arbeit, Geld und Familie.
Heyne Verlag – 2011 · 271 Seiten · Taschenbuch · € 8,99

Auch als Hörbuch erhältlich:
Verlag Roberto & Philippo – 2011 · gelesen von Robert Betz · € 29,80

Raus aus den alten Schuhen
Dem Leben eine neue Richtung geben

Ein mitreißendes Motivationsbuch und eine zeitgemäße Methode der Selbstverwirklichung. Leicht verständlich, unterhaltsam und überzeugend zeigt der bekannte Lebenslehrer Wege auf, wie wir unser gesamtes inneres Potenzial ausschöpfen und ganzheitliches Lebensglück gewinnen können.

Integral, 2008. 272 S., Gebunden · € 17,95

Auch als Hörbuch erhältlich:
Verlag Roberto & Philippo – 2009 · gelesen von Robert Betz · ¤ 29,80

Zu bestellen über www.robert-betz.de